岩　波　文　庫

33-608-2

エピクテトス

人　生　談　義

（下）

國　方　栄　二　訳

岩　波　書　店

凡例

一、本書は、歴史家アリアノスが哲学の師エピクテトスの言葉を書き記した『語録』『要録』および関連の断片、アリアノスの書簡一通を、『人生談義』の書名のもと収録したものである。下巻は『語録』(全四巻)の第三巻・第四巻、「断片」、および『要録』を収める。

一、翻訳にあたって使用した底本、その他の校訂本は以下の通りである。

(底本)

Souilhé, J. et A. Jagu, *Épictète Entretiens*, texte établi et traduit, 4 vols., Collection des universités de France, Paris, 1943–65.(『語録』)

Boter, G. J., *Encheiridion Epictetus*, Bibliotheca Scriptorum Graecorum et Romanorum Teubneriana, Berlin, 2007.(『要録』)

（その他の校訂本）

Wolf, H., *Arriani Commentariorum de Epicteti Disputationibus Libri IV*, Basel, 1560-63.

Meibom, M., *Epicteti Manuale et Sententiae*, Copenhagen, 1711.

Upton, J., *Epicteti Quae Supersunt Dissertationes ab Arriano Collectae*, 2 vols., London, 1739–41.

Schweighäuser, J., *Epictetae Philosophiae Monumenta*, 5 vols., Leipzig, 1799–1800.

Elter, A., *Epicteti et Moschionis Sententiae*, Bonn, 1892.

Schenkl, H., *Epicteti Dissertationes ab Arriano Digestae*, editio maior, Leipzig, 1894.

Oldfather, W. A., *Epictetus: The Discourses as Reported by Arrian, the Manual, and Fragments*, 2 vols., Loeb Classical Library, London and Cambridge, Mass., 1925–28.

Souilhé, J. et A. Jagu, *Épictète, Entretiens, Manuel*, Les grandes oeuvres de l'antiquité classique, Paris, 1950.

このうち、Schweighäuser と Upton の研究に裨益されることが最も多かった。

一、新プラトン主義哲学者シンプリキオス(紀元後六世紀)による『要録』のギリシア語注解が現存する。Dübner 版のほか Hadot による新しい校訂本がある。

Dübner, F., *Epicteti Dissertationes ab Arriano literis mandatæ Fragmenta et enchiridion cum commentario Simplicii*, Paris, 1877.

Hadot, I., *Simplicius Commentaire sur le Manuel d'Épictète*, Philosophia Antiqua 66, Leiden, 1996.

Hadot, I., *Simplicius Commentaire sur le Manuel d'Épictète*, Tome 1, Collection des universités de France, Paris, 2001.

一、同時代の資料としては、次の二点が重要である。

Arnim, H. von, *Stoicorum Veterum Fragmenta*, I–III, Stuttgart, 1903–05.

Long, H. S., *Diogenis Laertii Vitae Philosophorum*, 2 vols., Oxford Classical Texts, Oxford, 1964.

これらについては、以下の翻訳がある。

ゼノン・クリュシッポス他『初期ストア派断片集』全五冊、中川純男、水落健治、山口義久訳(京都大学学術出版会、西洋古典叢書、二〇〇〇―〇六年)。

ディオゲネス・ラエルティオス『ギリシア哲学者列伝』全三冊、加来彰俊訳(岩波文庫、一九八四―九四年)。

一、ギリシア語のカナ表記にあたっては、φ、χ、θをそれぞれπ、κ、τと区別しない。
一、母音の長短は普通名詞において区別し、固有名詞においては原則として区別しない。
一、節番号は、本文下にアラビア数字で付した。
一、訳注は、本文に注番号を付し、巻末にまとめた。

目次

第四巻

上巻目次

『語　録』（承前）

第三巻

第一章　おしゃれについて

1 弁論術をやっているある青年が、いつになく念入りに髪の毛を整え、服装も着飾って、
エピクテトスのところにやって来たとき、彼はこう言った。「どうか言ってくれ。君は
犬や馬が美しいと思うことがないかね。その他の動物もそれぞれあるものが美しいと思
うことがないかね」
2 「美しいと思うことはありますよ」とその青年が言った。
それでは、人間にも美しい人や美しくない人がいるわけだ。
「もちろんです」
そうするとわれわれは、それらの動物のそれぞれが同じ種において同じ理由から美し
いと言うだろうか、それともそれぞれ個別的な理由で美しいと言うだろうか。こんなふ
3 うに考えてみると分かるよ。われわれがみるところでは、犬はある目的に合った自然本

性をもっているし、馬はそれとは違う目的に、サヨナキドリの例でよければこの鳥もまた違う目的に合った自然本性をもっているから、一般的に、それぞれのものはみずからの自然本性において最も優れた状態にあるときこそ美しい、という意見を述べてもさしつかえないだろう。そうではないかね。

4 彼は同意した。

そうすると、少なくともそれらのものの自然本性が異なっているのであれば、犬を美しくするものは馬を醜くするし、馬を美しくするものは犬を醜くすることになる。

「どうもそのようですね」

5 というのは、パンクラティオン[1]の競技者を美しくするものは、レスリングの競技者を優れたものにすることはなく、徒競走の競技者ならまったく笑うべきものにしてしまうからだ。五種競技で美しくても、その同じ人がレスリングをするときわめて醜くなるのではないか。

「その通りです」と彼は言った。

6 それでは何が人間を美しくするのか。犬や馬をその種において美しくするものではないか。

「そうですね」と彼は言った。
それでは、何が犬を美しくするのか。それはその犬に備わった徳(2)だ。馬はどうか。そ
れは馬に備わっている徳だ。そうすると、人間の場合はどうなのか。やはり人間に備わ
7 っている徳ではないか。だから、青年よ、もし君が美しくありたいのなら、この人間の
徳で骨を折ることだ。

「人間の徳とはどのようなものですか」
8 君が感情を交えずにだれかを褒めるとき、どんな人を褒めるか考えてみたまえ。正し
い人かね、それとも不正な人かね。

「正しい人です」

節度のある人かね、それとも節度のない人かね。

「節度のある人です」

自制心のある人かね、それとも自制心のない人かね。

「自制心のある人です」
9 だから、いいかね、君は君自身をそのような人にすれば、自分を美しくすることにな
るだろう。だけど、それらのことを疎(おろそ)かにするかぎり、君が美しくみえるようにあらゆ

る手段をつくしても、君は醜いままでいなければならないのだ。

10 これ以上、私はどう言っていいか分からないね。(3) というのは、私が自分で思っている
ことを君に言えば、君の感情を害することになるだろうし、すぐに出ていってしまって、
戻ってこないだろう。だが、私が君に言わないとなると、私がどんなことをすることに
なるか考えてみてくれ。つまり、もし君が私から有益なものを得ようとやって来たので
あれば、私は君をなんら益することにはならないだろう。もし君が哲学者のところに来
るつもりでやって来たのであれば、私は君に哲学者としてなにも語ることはないだろう。
11 また、君を改善することなく放っておくのは、なんと残酷なことか。後日、君に分別が
つくようになったとき、君がこう言って私を叱るのも当然だということになるだろう。
12 「エピクテトスは私の中に何をみたのだ。私があのような恥ずかしい状態で先生のとこ
13 ろにやって来るのをみていながら、打ちやっておいてなにも言わないなんて。先生はそ
んなに私に絶望していたのか。私は若くはなかったか。道理に耳を傾けようとしていな
かったか。どれほど多くの若者がその年齢でそのようなたくさんの誤りを犯しているこ
14 とか。私はかつて放蕩を尽くしたポレモン(4)という青年がその性格を一変させたという話
を聞いたことがある。先生が私のことをポレモンのような青年になるだろうと思わない

のであれば、それでもいい。私の髪型を直したり、装飾品を私から取り外したり、毛抜
きをやめさせたりすることもできただろう。ところが、先生は私をみて――何て言った
15 らいいんだ――、私の身なりを目にしながら黙っていたのだ」というふうにね。その身
なりがどんな人にふさわしいのかについて私は語らない。君が自分というものに気づい
たときには、自分から言うだろうし、その身なりがどのようなもので、どんな人がそれ
に熱心であるかも分かるだろう。

16 もし君が後日このことで私を訴えるならば、私はどんな弁明ができるだろうか。そう、
私が言っても、君は納得しないだろう。ライオス[5]はアポロンの言葉に納得したのか。彼
はその場を去って、酔っ払い、神託とおさらばしたのではなかったのか。そうするとど
17 うなのか。そのために、アポロンはライオスに真実のことを言わなかったか。私は君が
私の言葉に納得するかどうか分からないが、アポロンはライオスが納得しないことは十
分に分かっていたのに、それでも言ったのだ。

「どうしてアポロンは言ったのですか」

18 この方はなぜアポロンなのか。なぜ神託を降ろすのか。なぜみずからを予言者として、
真実の源泉として、世界中から人びとがこの方のもとにやって来るような、そのような

位置に置いたのだろうか。なぜだれも理解しないのに、「汝(なんじ)自身を知れ[6]」という言葉を
掲げたのだろうか。
19 ソクラテスは自分のところにやって来るすべての人に対して、「自分のことを配慮す
る」ことを納得させただろうか。[7]いや、千分の一もできなかった。それでも、みずから
語っているように、ダイモーンの声によってそのような位置をあたえられたので[8]、けっ
してその仕事を放棄しなかったのだ。だが、彼は裁判の陪審員たちに対して何と言って
20 いるのか。「もし君たちが、今私がしている仕事をもはやしないという条件で私を放免
するとしても、私はそれを受け入れないし、この仕事をやめることもないだろう。むし
ろ、若者であれ老人であれ、要するにその都度道で出くわす人のところに行って、私が
今尋ねていることを尋ねることになるだろう。とりわけ、君たち市民に対してそうする
21 ことになるだろう。君たちは私と種族が近いからね[9]」と彼は言った。ソクラテス、なん
とまあおせっかいで、人に干渉する男だね。「何ということを言うんだ。共同体と種族
を同じくしながら、自分自身のことを気にかけず、国家には悪しき市民を、同族の人に
は悪しき同族の人を、隣人には悪しき隣人を差し出すというのか」
22 いったい、君は何者なのだ。

ここで大切なのは、「私は人間を世話しなければならない者だ」と答えることだ。と
いうのは、普通の仔牛はライオンに立ち向かうようなことはしないが、牡牛がやって来
てライオンに立ち向かうとしたら、もし君がそれでよいと思うなら、その牡牛に訊いて
23 みることだ。「君は何者なのだ」とか「君に何の関わりがあるのか」とかね。いいかね、
どんな種族にも、それが牛であれ、犬であれ、蜜蜂であれ、馬であれ、なにか傑出した
ものをもって生まれたものがいる。それで、その傑出した者に対して、「すると、君は
何者なのだ」とは言わないことだ。もし言えば、どこかからこんな声が聞こえてきて、
君にこう言うだろう。「私は衣服につける紫の縁(10)のようなものだ。私をほかの人と同じ
と思ってはいけないし、私に生まれついたものを非難してもならない。それでもって私
はほかの人と違っているわけだからね」と。
24 ではどうかね。私はそのような人間なのか。とんでもない話だ。君は真理を聞くよう
な人なのか。私はそうあってほしいと思っている。だが、どういうわけか私は白い鬚（ひげ）を
生やし、襤褸（ぼろ）の服を着る(11)ように宣告された身であるし、君も私を哲学者と思ってやって
来ているのだから、君にひどいことを言って絶望させたくない。むしろ、こう言うこと
にしよう。若者よ、君は誰を美しくしたいのだ。まず第一に、君は自分が何者であるの

かを知るのだ。そのうえで自分を着飾らせたまえ。君は人間である。すなわち、心像を 25
理性的に用いる死すべき動物である。だが、理性的にとはどのような意味か。それは自
然本性に完全に一致して[12]、ということだ。では、君がもつ傑出したものとはどんなもの
か。動物的なものか。そうではない。死すべきものか。そうではない。心像を用いる能
力か。そうではない。理性的なものこそ君がもっている傑出したものなのだ[13]。これを飾 26
り美しくすることだ。髪の毛のことはこれを整える人に、その人がいいと思うように任
せることだ。さあ、君は他にどんな名前をもっているのかね。男かね、女かね。 27
「男です」
それなら、男を飾ることだ。女ではなくね。女は生まれつき肌がすべすべして、柔ら
かくできている。そして、髪の毛が多すぎると化け物で、ほかの化け物と一緒にローマ
で見世物になる。男の場合は、化け物とは毛がないことだ。生まれつき髪の毛がないと、 28
これは化け物になるが、自分から自分の毛を剃ったり引き抜いたりすれば[14]、その人をど
う扱ったものだろうか。どこで見世物に出したらよいか、前口上はどんなものがよろし
いか。「皆々様におみせするは、男よりも女になりたがっている者でございます」。なか 29
なかすごい見世物だ。この前口上に驚かない人はいないだろう。ゼウスに誓って言うが、

髪の毛を引き抜く人自身は、自分がしていることがまさしくこのようなことであるのが
30 分からずにいるのだと思う。ねえ、君は自分の自然本性のどこを非難しているのか。君
が男として生まれたことか。ではどうなのか。みんな女に生まれるべきであったのか。
すると、君が化粧をするのは何のためだったのか。みんなが女であったら、誰のために
31 化粧をするのか。だが、それが気に入らないのであれば、徹頭徹尾やってみればよい。
つまり、何と言うか、その髪の毛の原因になるものを取り去ってしまうことだ。われわ
れが間違えて、半分男で半分女だなどと言わないように、君自身を徹底して女にするが
32 よい。君は誰に気に入られたいのか。女の子たちにか。ならば男として彼女らに気に入
られるようにしなければなるまい。

「はい。だけど、女の子たちは肌のすべすべした男を喜ぶのです」

33 首をくくったらどうだい。彼女らが男娼を喜べば、君は男娼になるだろうか。それが
34 君の仕事で、みだらな女たちが喜ぶために君は生まれたのか。われわれは君のような男
をコリントス市民[15]にするだろうか。あるいはひょっとして、地域監督官[16]や青年の監督者
や将軍や体育競技の審判官にしたりするだろうか。さあ、結婚するときは髪の毛を引き
35 抜くのか。誰のために何のためにするのか。子供ができたら、その子供の髪の毛を引き

抜いて、市民の仲間入りをさせるのか。さぞ立派な市民に、元老院議員に、弁論家に
なるだろう。われわれが生み、育てたいと祈っているのは、そのような若者であるだ
ろうか。
36 神々にかけて言うが、青年よ、そうあってはならないのだ。むしろ、一度これらの言
葉を聞いて外に出たら、君自身にこう言い聞かせるのだ。「これらの言葉を私に語った
のはエピクテトスではない。どうして彼にそんなことができるだろうか。そうではなく、
心優しい神が彼の口を借りて言ったのだ。なぜなら、エピクテトスはだれとも話す習慣
37 がないのだから、そんなことを語る気持ちは起きなかっただろうから。さあそれでは、
神の怒りを買わないためにも、神の言葉にしたがうことにしよう」。いや、むしろこう
考えよう。オオガラス[17]が鳴いてなにか君に知らせるならば、知らせているのはオオガラ
スではなく、オオガラスの鳴き声を借りて神が知らせているわけだ。ところが、神が人
間の声を借りてなにかを知らせる場合には、人間をして君にそれを告げさせて、ダイモ
ーンの力を君に認識させ、ある人びとにはこのように、またある人びとには別なふうに、
そして最も重大で大切な事柄については最も優れた使者の口を借りて知らせるのではな
38 いか。詩人が語っているのは、このことでなくて何だろうか。

　　われらはこれに先立ちて
　眼光鋭き、アルゴス殺しのヘルメイアスを遣わして
　かの人を殺めてはならず、その妻に言い寄ってはならぬと伝えしに[18]

39 ヘルメスは地上に降りてきて、彼にそのことを告げようとしたわけだが、今もまた神
々は「アルゴス殺しの使者ヘルメイアス」[19]を遣わしてこのことを、すなわち立派に出来
上がったものを作り替えるような無駄な骨折りをせずに、むしろ男を男とし、女を女と
40 し、美しい人を美しい人とし、醜い人を醜い人としておくように知らせているのだ。君
は肉や髪の毛ではなく、意志であるから、君のもつ意志が美しければ、その時君は美し
41 いだろう。だが、今まで私は君が醜い人だとあえて言わなかった。というのは、君はこ
42 れとはまったく違ったことを聞きたがっているように思えるからだ。だけど、ソクラテ
スは、あらゆる人のなかで最も美しく若盛りであったアルキビアデスに何と言ったか分
かるかね。「美しくあるように努力しなさい」[21]という言葉だった。彼にどんな意味で言
ったのか。「君の髪型を整えて、足の脱毛をしなさい」ということか。とんでもない。

むしろ、「君の意志を美しく飾り、くだらぬ考えを捨てよ」ということだ。
43 「それでは、この体はどうすればいいのですか」
自然のあるがままに任せるのだ。体の世話をするほかの方[22]がおられるのだから、その
方に任せればよい。
44 「つまり、どういうことですか。不潔なままでいるべきでしょうか」
とんでもない。実際にそして本来あるように体を清潔にしておくのだ。男は男として、
45 女は女として、子供は子供として清潔でなければならない。いやむしろ、不潔でないよ
うにライオンから鬣(たてがみ)を引き抜き、雄鶏も清潔でなければならないから鶏冠(とさか)を引き抜くこ
とにしようか。それもよかろうが、雄鶏は雄鶏として、ライオンはライオンとして、猟
犬は猟犬として清潔でいるのがよいのだ。

第二章　進歩しようとする人は何について訓練しなければならないか、およびわれわれは最も大事なことをおろそかにしていること

知徳をそなえた人になろうとすれば、訓練しなければならない三つの領域がある。[1] そ 1
のひとつは欲求と忌避に関する領域であるが、これは欲求しても得そこなうことなく、
忌避しても避けそこなうことがないようにするためである。そして、衝動と反発に関す 2
る領域、簡単に言えば義務[2]の領域であるが、これは秩序にしたがい、理にかなったしか
たで、注意を怠ることなく行動するためである。第三は、欺かれないことと性急な判断
に関する、一般に承認[3]に関する領域である。このうち最も重要で最も緊急のものは、感 3
情に関する領域[4]である。なぜなら、感情が生じるのは、欲求するが得られない場合や、
忌避するがそれに陥ってしまう場合にほかならないからである。これが不安、混乱、不
運、不幸をもたらし、悲しみ、嘆き、嫉妬を引き起こし、人に妬みや羨望を抱かせるも

4 のであり、そうした感情が原因で、理性に耳を傾けることができなくなるのだ。第二の
領域は義務に関わるものである。すなわち、私は彫像のように無感情であるべきではな
く、むしろ、神を敬う(うやま)者として、息子として、兄弟として、父として、市民として、生
まれながらの関係と生まれた後に得た関係を保つのでなければならない。

5 第三の領域は、すでに進歩している人に属するもので、今述べたことを確実におこな
うことに関わっているが、これは睡眠中であれ、飲酒の時であれ、憂鬱な時であれ、な
にか吟味されていない心像がこっそり入り込まないようにするためである。

「それはわれわれの力を超えていますね」とだれかが言った。

6 だが、今の哲学者たちは第一と第二の領域のことは疎か(おろそ)にして、第三の領域に専念し
ている。すなわち、転換論法(5)、質問によって結論を得る推論、仮定論法、虚偽論だ。

7 「それらの事柄においても、人に欺かれないように用心せねばならないからです」と
その人が言った。

誰がそうしなければならないのだ。

「知徳をそなえた人です」

8 そうすると、君に欠けているのはそのことなのだろうか。残りのことはもう訓練した

のか。君はお金のことで欺かれることはないのか。少女をみたとき、その心像に耐えら
れるのか。君の隣人が遺産を相続したとき、煩悶することはないのか。今君には心が堅
固(6)であるということ以外に欠けているものはないのだろうか。かわいそうに、君は現に、9
今言ったことを学ぶのにびくびくして、だれか自分のことを軽蔑する人がいるのではな
いかと心配したり、だれかが自分のことでなにか言いはしまいかと尋ねたりしているじ
ゃないか。そして、もしだれかが来て、「哲学者の中で誰が一番優れているかという話10
になったとき、その場にいた人が、「だれそれ〔君〕こそ唯一の哲学者だ」と語っていた」
と言えば、君の小さな魂は指先くらいの大きさから二ペーキュス(7)くらいになるだろう。
だが、その場にいたほかの人が、「馬鹿なことを言うんじゃない。あの人の話なんか聞
く値打ちもないよ。何が分かっていると言うんだ。ごくごく初歩のことで、それ以上は
なにも分かっちゃいないんだ」と言おうものなら、驚きのあまり蒼白になって、たちま
ち金切り声をあげてこう言うのだ。「その男に私が何者なのか、偉大な哲学者であるこ
とをみせてやろう」と。君が何者であるかは、まさにその行動から分かる。どうして、11
ほかのことでそれをみせようとするのか。君は知らないのか。ディオゲネス(8)はソフィス
トのひとりに中指を立てて(9)、その人が怒りに狂わんばかりになったとき、「これがだれ

それさんなのだ。君たちにその人物をみせてやったよ」と言ったのだ。人間は石や木の 12
ように指でさし示すものではなく、自分の考えをみせたときこそ、その人を人間として
示したことになるのだ。

君の考えもみることにしよう。だって、君は明らかに自分自身の意志を軽視しており、 13
自分の外の意志と関わりのないことを、つまり、だれそれは何を言っているか、自分は
どんな人に思われるか、学者と思われるかどうか、クリュシッポスやアンティパトロス
を読んだかどうか——これにアルケデモス(10)を加えれば完璧なのだが——、そんなことを
気にしているではないか。どうして君はなお不安でいるのか。君が何者であるか、われ 14
われに示さないのか。自分を何者としてわれわれに示してきたかを言ってみる気はある
のか。ここにいるのは、心卑しく、あら探しを好み、怒りっぽく、臆病でもあり、なに
かにつけ不平を言い、だれに対しても非難して、ひと時も平静でいられず、法螺(ほら)ばかり
ふいている人間だ。君がわれわれに示したのはそのような性格だ。さあここから出てい 15
って、アルケデモスを読んでみなさい。そこでネズミが下に落ちてきて音をたてようも
のなら、君は死んでしまうだろう。君を待っているのはそんな死にざまだ。誰だったか、
そうクリニス(11)もそんな死にかただった。この男もアルケデモスを理解したと得意になっ

16 ていた。かわいそうに、君は自分にとってなんの関わりもないものを捨てるつもりはな
いのか。そんなことは不安なしにそれについて学ぶことができる人たちにふさわしいの
だ。彼らならこう言えるからだ。「私は怒らず、苦しまず、嫉妬も抱かず、邪魔されも
せず、強制されることもない。私に残されているものは何か。私には十分な余暇があり、
17 平静がある。議論の転換について、どんなふうに転換すべきかみることにしよう。仮定
18 はどんなふうに立てたら人は不合理に陥らずにすむか、みることにしよう」。こんなこ
とは彼らの仕事だ。これがうまくいった人は、明かりを点し、昼食にするがよい。チャ
ンスがあれば、歌って踊ってもよい。だが、君の船は沈みかけているのに、私のところ
にやって来て、帆を張ろうとしているのだ。

第三章　優れた人の対象となるものは何であり、とりわけ何を目的として訓練せねばならないのか

1 知徳をそなえた人の対象となるのは自分の指導的部分[1]であり、医者や体育教師のそれ
は体であり、農夫のそれは畑である。また、知徳をそなえた人の仕事は心像を自然本性
2 にかなうように用いることである。さらに、すべての魂は真理に同意し、虚偽に対して
は否定し、不明瞭なものに対しては判断を保留するようにし、善に対しては欲求し、悪
に対しては忌避し、悪でも善でもないものに対しては欲求することも忌避することもし
3 ない。というのは、両替商や野菜売りは皇帝の定めた貨幣を拒むことが許されず、もし
君がそれを差し出せば、好むと好まざるとに関わりなく、それと交換に売られているも
のを渡さなければならないが、それと同じことが魂についてもあてはまるからである。
4 すなわち、善が前に現れると直ちに魂を自分のほうに引き寄せ、悪は魂を自分から引き
離すものである。魂が善の明らかな心像をけっして拒まないのは、皇帝が定めた貨幣を

拒まないのと変わるところがない。人間と神の関わりはすべてこれにかかっている。
5 したがって、善はあらゆる親族関係よりも優先される。私は父とはなんの関わりもな
く、むしろ善と関わりがある。

「あなたはそんなに冷酷な人なのか」
6 そのように生まれついているからだ。これは神が私にあたえた貨幣なのだ。だから、
もし善が美や正義と異なるものであれば、父も兄弟も祖国もすべてそのようなものは失
7 われてしまうことになる。いやむしろ私は、君が善を自分のものにできるように、私の
善を軽んじて、君に譲ることにしようか。何と引き換えにか。

「私はお前の父だ」

しかし、善ではない。

「私はお前の兄弟だ」
8 しかし、善ではない。だが、もし善を正しい意志の中に置くのであれば、親族関係を
維持すること自体が善になる。さらには、外的なものを捨てた人は善を獲得することに
なる。
9 「父が私の財産を取り上げますよ」

しかし、そのことが君を害することはない。
「兄弟が私より大きな畑をとろうとしています」
好きなだけとらせるがよい。慎みや誠実さや兄弟愛をより多くとるわけではあるまい。
こうしたものの所有を誰が拒むことができるだろうか。ゼウスだってできないのだ。ゼ 10
ウスにはそのような気持ちはなく、むしろそうしたものを私の力が及ぶものにしたので
あり、ご自分でも所有されているように、邪魔されず、強制されず、妨げられないもの
としてこれらをあたえたのである。
ところで、人によって貨幣が異なる場合、それぞれに応じた貨幣を差し出せば売られ 11
ているものを受け取ることになる。泥棒が地方総督としてこの属州にやって来た。彼は 12
どんな貨幣を使うのか。銀貨である。銀貨を差し出して、好きなものをもっていくがよ
い。女たらしがやって来た。彼はどんな貨幣を使うのか。少女である。「貨幣を受け取
って、その品物を売ってくれ」とだれかが言う。金をよこせ。好きなものを買っていけ、
と彼が言う。少年に熱を上げている人もいる。売り手に貨幣を渡して、好きなものを受 13
け取るがよい。狩猟が好きな人もいる。美しい馬か犬を差し出すのだ。すると、その人
は涙を流し、ため息をつきながら、それと交換に君の好きなものを売るだろう。なぜな

ら、この貨幣を定めた別の力が、内部から人を強制するからだ。
14 人はとりわけこのような種類のことについてみずからを訓練せねばならない。夜が明
けるとすぐに出かけていって、みた相手聞いた相手が誰であろうと吟味して、質問を受
けたつもりで答えるようにせよ。君は何をみたのか。美しい男か、美しい女か。判断の
基準をあてがってみることだ。それは意志と関わりのないものか、関わりのあるものか。
15 意志と関わりのないものか。なら、捨ててしまえ。君は何をみたのか。子供の死を悲し
んでいる人か。判断の基準をあてがってみることだ。死は意志とは関わりのないものだ。
捨ててしまえ。執政官[2]が君と会ったのか。判断の基準をあてがってみることだ。執政官
とはどのようなものか。それは意志と関わりのないものか、関わりのあるものか。意志
と関わりのないものなので、これも捨ててしまえ。それは検査には通らない。投げやっ
16 てしまえ。君とは関わりのないものだ。もしこれを実行して、毎日夜明けから晩までこ
17 れに対して訓練するとしたら、神々にかけて言うが、なにかが成就されるだろう。とこ
ろが実際には、われわれは口をぽかんと開けたまま、ありとあらゆる心像にたちまちの
うちに捕まってしまう始末で、目を覚ますことがあっても、それは学校にいるごくわず
かな間だけなのだ。それで、外に出かけていって、悲しんでいる人をみかけると「あの

人はもうだめだね」と言う。執政官に会うと「幸せなお方だ」と言い、追放刑にあった
人なら「哀れな人だ」、貧乏な人なら「かわいそうに、食べるものがないんだよ」と言
18 うことになる。このような悪しき思いを断ち切って、以下のことに心を集中せねばなら
ない。すなわち、泣くとか嘆くとかいうのは何か。思いである。不運とは何か。思いで
ある。内輪もめとか、不和とか、非難とか、糾弾とか、不敬とか、おしゃべりとかいっ
19 たものは何か。これらはすべて思いであり、ほかのなにものでもない。意志に関わりの
ないことについて、善だとか悪だとか考える思いである。これらのものを意志と関わり
のあるものと置き換えるようにすることだ。そうすれば、その人の周囲のものがどうあ
ろうとも、心の安定を得ることを私は保証する。
20 21 　水盤のようなものが心であり、その水に差し込む光線のようなものが心像である。水
が動くと光線も動いているようにみえるが、実のところ光線は動いているわけではない。
22 だから、人の目が眩(くら)んだりしても、混乱しているのは技術や徳ではなく、それらを感受
する心だ。心が安定すれば、それらも安定することになる。

第四章　劇場で見苦しいほど逆上(のぼ)せあがった人に対して

1 エペイロスの行政官(1)が喜劇役者に見苦しいほど逆上せあがって、そのために公衆の前で悪口を言われた。その後、自分が悪口を言われたことをエピクテトスに告げて、悪口を言った人たちに対して憤慨していると、エピクテトスはこう言った。
すると、その人たちはどんな悪いことをしたのか。彼らも君と同様に、逆上せあがっていたのだ。

2 「人はそんなふうに逆上せあがるものですか」とその人が訊くと、彼はこう言った。
彼らの支配者で、皇帝の友人で、行政官である君がそんなふうに逆上せあがっているの
をみたら、彼らもまた同様に逆上せあがろうとするのではないか。なぜなら、そのよう
3 に逆上せあがってはならないのであれば、君も逆上せあがってはならないことになるか
らだ。だが、逆上せあがるべきものであれば、彼らが君をまねたとてどうして腹を立て
るのだろうか。地位が上の君たち以外の誰を大衆がまねることができるのか。劇場に行

ったとき、彼らは君たち以外の誰に目を向けるだろうか。「みろよ。皇帝の行政官がど 4
んなふうに劇をみておられるか。大声で喚いておられるぞ。それでは、私も喚くことに
しよう。跳びあがっておられるぞ。それでは、私も跳びあがることにしよう。あの方の
奴隷たちがあちらこちらに座って叫んでいるぞ。私には奴隷がいないから、みんなに負
けないようできるだけ叫ぶことにしよう」。そういうわけで、君が劇場に入るときは、 5
ほかの人たちがどのように劇をみるべきかについて、彼らにとって行動の規準として、
手本として入るのだということを肝に銘じなければならない。
　それでは、彼らはどうして君の悪口を言ったのか。すべての人は自分の邪魔をするも 6
のを憎むからだ。彼らはこれこれの人に栄冠をあたえたいと思っていたが、君は別の者
にそうしたいと思っていた。彼らは君にとって邪魔者となり、君は彼らにとって邪魔者
となる。ところが、君のほうが力が強いことが分かっている。そこで、彼らは自分たち
にできることをしたわけだ。つまり、邪魔者の悪口を言うことだ。ところで、君は何が 7
したいのか。自分はしたいことをしても、彼らには言いたいことを言わせないのか。ど
こがおかしいのか。農夫はゼウスによって邪魔されたとき(2)、神の悪口を言わないのか。
船乗りは悪口を言わないのか。皇帝の悪口を言うのをやめるのか。ではどうなのか。ゼ

8 ウスはこのことをご存じないのだろうか。皇帝には人の言葉が耳に入らないのだろうか。
では、皇帝はどうするのか。悪口を言う人をことごとく罰するならば、支配する相手が
9 いなくなってしまうことが、彼には分かっている。ではどうなのか。劇場に入るときに
は、「やあ、ソプロン(3)が栄冠を得ますように」と言うべきだったのか。いやむしろ、「こ
んな場合にも自分の意志を自然本性にかなうように保つことができますように」と言う
10 べきである。私にとって私よりも親しいものはない。だから、他人を喜劇で勝たせるた
めに、自分を傷つけるなんて笑うべきことだ。

11 「それでは、私は誰を勝たせようとすればよいのですか」

勝利者だ。そうしたら、私が望む人がいつも勝つことになるだろう。

「いや、私はソプロンに栄冠を得させたいのです」

家でなら、君の好きな競技祭で競わせて、その人をネメア、ピュティア、イストミア、
オリュンピア(4)の勝者だと宣言するがよい。だが公の場では、分を超えるようなことはせ
12 ず、共通のものをわがものとしてはならない。さもなければ、悪口を言われても我慢す
るがよい。君が大衆と同じことをするときは、君自身を彼らと等しい立場に置くことに
なるからだ。

第五章　病気のために学校を去る人に対して

1 「私は当地で病気になりましたので、故郷に帰りたいと思います」とある人が言った。
2 家では病気をしなかったのか。この地において、君自身の意志が改善されるように、
なにかそのためになるようなことをしているかどうか、考えたりしないのか。もしなに
3 もやり遂げなければ、ここに来たことは無駄になる。帰りなさい。家のことに心を遣う
がよかろう。君の指導的部分を自然本性にしたがうようにすることはできなくても、畑
仕事くらいはできるだろう。君はわずかな金銭を増やし、父親の老後の世話をし、広場
を行ったり来たりし、官職に就いたりするだろう。君は悪しき人間だから、その後なに
4 をしても悪いことになるだろう。だが、もし君がつまらぬ考えを捨てて、その代わりに
別の考えを取り上げて、自分自身の立場を意志とは関わりのないものから意志と関わり
のあるものに置き換えて、「ああ」と嘆くことがあっても、それは父親や兄弟のために
ではなく、「自分のためだ」ということを自分でも理解するならば、まだ病気のことを

とやかく気にすることがあるだろうか。君は分からないのか。病気や死は、われわれが 5
なにをしていても、われわれを襲うはずのものなのだ。畑を耕す農夫をも、航海してい
る船乗りをも襲うのだ。君は何をしているときに襲われることを望むのか。そもそも何 6
をしていようとも、君は襲われるのだ。今よりももっと優れたことをしているときに襲
われることが可能なら、そのほうがよい。
私としては、ものに動じない心をもち、妨げられず、強制もされず、自由であるよう 7
に自分の意志だけを配慮しているときに襲われたいものだ。私は自分の意志に関わって 8
いるときに、病気や死が私をとらえてほしいと思っている。それは神に次のように申し
上げるためである。「私はあなたの命令に叛(そむ)かなかったでしょうね。私はあなたが授け
てくれた手段をほかのことのために使わなかったでしょうね。感覚や先取観念[1]を間違っ
て使わなかったでしょうね。あなたを咎(とが)めなかったでしょうね。あなたの支配を非難し
たりしなかったでしょうね。あなたが望んだから、私は病気になりました。ほかの人た 9
ちも病気になるでしょうが、私は進んでそうなったのです。あなたが望んだから、私は
貧乏になりましたが、喜んでそうなったのです。あなたが望まなかったので、私は官職
に就きませんでした。また、一度も官職を望んだことはありませんでした。そのために、

私が不機嫌になったのをあなたはみたことがないでしょう。私はあなたが何を命じられ
るか、何を示されるか心待ちにしながら、朗らかな顔をしてあなたに近づかなかったで
10 しょうか。あなたは今私がこの祭礼(2)から去ることを望んでおられます。私はここから去
りますが、私がこの祭礼に加わり、あなたの御業を目にし、あなたにつき随っていくこ
11 とを許していただいたことに対して、深く感謝いたします」。こんなふうに私が考えた
り、書いたり、読んだりしているときに、死が私をとらえてほしいものだ。
12 「でも、ここにいたら私が病気をしたときに、母に頭を支えてもらえないでしょう」
それなら、母親のところに帰るがよい。君は病気のときに頭を支えてもらうのに値す
る人間なのだからね。
「いや、家では気持ちのよいベッドで寝ていました」
13 君のベッドのところに帰るがよい。確かに(3)君は、健康なときもそんなベッドで寝るだ
けの値打ちのある人だよ。だから、家にいてもできるようなことを、この地でもやらな
いことがないようにしなさい。
14 しかし、ソクラテスは何と言っているのか。「自分の畑を立派なものにして喜んでい
る人もいれば、自分の馬を立派にして喜んでいる人もいるが、それと同じで、私は自分

自身がより善きものになっているのが分かればうれしい[4]」と彼は言った。
15 「どの点において善きものになっているわけですか。ちょっとした言葉遣いの点にお
いてでしょうね」

君、言葉を慎むがよい。

「ちょっとした理論においてではないでしょうね」

どういうことかね。
16 「実際のところ、哲学者たちが忙しくしているのがそれ以外の何であるか、私には分
からないのです」
だれであれ、それが神でも人間でもけっして咎めたりしないこと、だれをも非難しな
いこと、出かけるときも帰ってくるときもいつも同じ顔の表情をしていることは、君に
17 はつまらないことのように思えるだろうか。ソクラテスが知っていたのは、このような
ことだった。それでも、彼はなにかを知っているとか、教えるとかいうことはけっして
言わなかった。そして、もしだれかがちょっとした言葉や理論を求めると、彼はその人
をプロタゴラスやヒッピアス[5]のところに連れていった。なぜなら、もし野菜を欲しがっ
ている人がいれば、彼はその人を野菜の栽培人のところに連れていっただろうからね。

18 それでは、君たちのなかで誰がソクラテスのような覚悟でいるだろうか。君たちがもしそのような覚悟なら、喜んで病気になり、飢え、そして死ぬことだろう。君たちのなかでだれかが美しい少女を愛したことがあるのなら、私が真実を語っていることが分かるはずだ。

第六章 雑録

ある人が、今は論理学の研究が以前より熱心におこなわれているのに、どうして昔の 1
ほうが進歩が大きかったのかという質問をしたとき、エピクテトスは、いかなる点で今 2
は熱心に研究されていて、いかなる点で当時は進歩が大きかったのか、と尋ねた。なぜ
なら、今熱心に研究されているのなら、その点において今も進歩がみられるはずだから
だ。つまり、今は推論の解法のために熱心に研究がおこなわれ、進歩もみられるが、昔 3
は指導的部分が自然本性にしたがうように保つことが研究されていて、その点での進歩
があったわけだ。だから、これらを混同してはならないし、あることを熱心に研究して 4
いるときに、別のことでの進歩を求めてはならない。むしろ、われわれのうちのだれか
が自然本性にしたがった状態を保ち、そのような生活を送っているのに、その人物が進
歩していないのかどうかという点をみるべきである。実際、進歩していないような人は
ひとりもみられないであろう。

5 優れた人は負けることがない。実際[1]、彼は人より優れていない[2]という点で競うことは
6 ないからである。「畑にあるもの[3]が欲しければ取るがよい。私の召使いを取るがよい。
私の官職を取るがよい。私のちっぽけな身体を取るがよい。それでも、私が欲求するも
のを得そこなったり、忌避するものを避けそこなったりさせることはできないだろう」。
7 優れた人は、意志に関わるものをめぐる競争にのみ携(たずさ)わるのである。そうであるならば、
どうして彼が負けることがあるだろうか。

8 共通の知性〔常識〕とは何か、とある人が尋ねたとき、彼はこう言った。ただ音だけを
判別する聴覚は共通のものであるが、音の調べを判別する聴覚は技術的なものである。

それと同じで、完全に錯乱しているのでない人間が共通の能力によって知るものがある。

このような心の状態が、共通の知性と呼ばれている。

9 軟弱な若者に哲学を勧めることは容易ではない。軟らかいチーズを釣り針で引き上げ
ることはできないからだ[4]。もっとも、素質に恵まれた人であれば、たとえ思いとどまら

せても、それでも知性から離れないものである。それゆえ、ルフス(5)もたいていの場合に 10
は、素質に恵まれた者と恵まれていない者を審査するこの方法を用いて、相手を思いと
どまらせることにしたのである。彼はこう言っていた。「石は上に投げられてもそれ自
身の性向にしたがって下の地面に落ちてくるものだが、それと同じで、素質に恵まれた
者も、人がその者を追い返せば追い返すほど、その者が生来向かっていく方向に向かう
ものだ」

第七章　エピクロス派であった自由人都市の総督に対して

1 ある総督[1]――この人はエピクロス派であった――がエピクテトスのところにやって来
たとき、エピクテトスはこう言った。われわれ素人が君たち哲学者に尋ねるのは、ちょ
うど見知らぬ都市にやって来た人がその都市に明るい市民に尋ねるのと同じで、ふさわ
しいことだ。つまり、この宇宙において最も優れたものは何であるのか。こんなふうに
尋ねるのは、われわれも自分で探し出して、都市にあるものを見物する人たちのように、
2 それを見物するためだ。人間について魂と身体と外的なものがあることには、ほとんど
だれにも異論はないだろう。したがって、君の仕事になるのは、そのうちどれが最も優
れているかという問いに答えることだ。人びとには何と答えたものだろうか。肉だと答
3 えるべきか。そのために、すなわち肉を楽しむために、マクシムス[2]は息子と連れだって
はるばるカッシオペ[3]まで冬に[4]航海してきたのか。相手が否定して、「そんなことはあっ
4 てほしくないですね」と答えたとき、エピクテトスはこう言った。最も優れたことに熱

心であるのはふさわしいことではないか。

「なににもましてふさわしいことですね」

それでは、肉よりも優れたものとしてわれわれは何をもっているのか。

「魂ですね」と相手が言った。

5 では、最も優れたものの善がより優れているのか、それともより劣ったものの善がより優れているのか。

「最も優れたものの善ですね」

ところで、魂の善とは意志と関わりのあるものか、それとも意志と関わりのないものであるのか。

「意志と関わりのあるものです」

それでは、魂の快楽は意志と関わりのあるものであるのか。

相手はこれを認めた。

6 その快楽は何において生じるのか。快楽自体にか。いや、それは考えられない。なぜなら、なにか善いものが先にあって、それを獲得したときにわれわれは魂に喜びを感じるからである。

その点も相手は同意した。
7 そうすると、何においてこの魂の快楽を感じるのだろうか。というのは、もし魂の善
において感じるのであれば、善いものが見出されたことになるからだ。善と、われわれ
がそれにおいて理にかなったしかたで喜びを感じるものとが別であることはありえない
し、先にあるものが善でないのに、結果として生じるものが善であることも不可能であ
るからだ。つまり、結果として生じるものが理にかなったものであるためには、先にあ
8 るものは善でなければならない。けれども、君たちは分別があるかぎりそんなことは言
わないだろう。君たちが語ることとは、エピクロスとも、君たちのほかの学説とも矛盾す
9 ることになるからだ。だから、残るところは、魂の快楽は身体的なものにおいて感じる
ということだ。かくして、身体的なものが優先されるものとなり、善いものだということ
とになる。
10 だから、もしマクシムスが肉以外のもの、つまり最も優れたもの以外のもののために
11 航海したのであれば、愚かなことをしたことになるだろう。また、裁判官であり、他人
のものを取ることができるのに、それを遠慮するとしたら、愚かなことをしたことにな
るだろう。だが、もし君がよければ、こっそりと、また安全に、人に知られないように、

それだけを考察してみようじゃないか。というのは、エピクロス自身も盗むことを悪と 12
は言っておらず、むしろ捕まることを悪としているからだ。そして、事が露見しない保
証を得ることができないから、それゆえに「盗むな」と言うのだ(5)。けれども、君に言っ 13
ておくが、上手にこっそりとやれば、露見することもないだろう。それに、われわれに
はローマに男でも女でも有力な友人がいるし、ギリシア人には気力がないから、こんな
ことのためにわざわざローマまで来るような人はいないだろう。どうして君は自分の善 14
から遠ざかるのか。それは無思慮で愚かなことだ。君が自分は善から遠ざかると言って
も、君の言葉を信用しないだろう。なぜなら、虚偽と思われることを承認したり、真実 15
を否定したりすることはできないように、善と思われることから遠ざかることはできな
いからだ。また、富は善であり、言わば最も快楽を作りうるものである。どうして君は 16
それを自分のものにしようとしないのか。気づかれずにすむのであれば、どうして隣の
奥さんを誘惑しないのか。その夫がこちらを罵(ののし)るなら、首根っこをへし折ればいいでは
ないか。これはもし君がしかるべき哲学者であり、しかも完璧な哲学者であって、君の 17
教説にしたがうのであればの話だ。だが、もしそうでないのであれば、ストア派と言わ
れているわれわれと少しも違わないことになるだろう。つまり、われわれだって言って

いることと、やっていることは同じではない。われわれは立派なことを言っているが、 18
やっていることは醜いのだ。君のほうはこれと反対に、醜い教説を立てているが、やっ
ていることは立派なことだ。
神にかけて君に訊くが、エピクロス派の都市(6)を考えることができるかね。 19
「私は結婚しない」
「私だってそうだよ。結婚してはならないということだからね」
「いや、子供も作ってはならないし、政治的な活動もしてはならないのだ(7)」
そうすると、どういうことになるのか。市民はどこから来るのか。誰が彼らを教育す
るのか。誰が青年の監督者になるのだ。誰が体育場の管理者になるのか。また、彼らに
どんな教育をするのだろうか。スパルタ人が受ける教育か、それともアテナイ人が受け
る教育か。どうか若者を引き取って、君の教説にしたがって指導してみたまえ。だが、 20
その教説は悪いものだ。都市を転覆させ、家を破壊するし、女性にはふさわしくない。
ならば、ねえ君、そんなもの捨ててしまうがよい。君は帝国の首都に住んでおり、治め 21
ねばならず、正しく判決を下さねばならない。他人のものには手を出さず、君の妻以外
の女性を美しいと思ってはいけないし、子供だって、金銀の器だって、自分のものでな

22 いものを美しいと思ってもいけない。今言ったことに合致した教説を探し求めることだ。
そこから出発すれば、まことしやかで、あらぬ方向に導き打ち負かすような事柄から、
23 君は喜んで離れていくことができるだろう。しかし、これらの事柄がまことしやかであ
ることに加えて、われわれがなにか君が言うような哲学をみつけて、自分たちをこちら
のほうへ向かわせ、助長するようなことがあれば、どういうことになるのか。
24 　何が工芸品において最も優れたものか。銀という素材か、それとも技術なのか。手の
25 本質は肉であるが、優先されるのは手による仕事である。そうすると、義務には三つの
ものがあることになる。ひとつは存在に関わるもの、もうひとつは性質に関わるもので、
26 もうひとつは優先されるものそのものである。[8] では、優先されるものとは何か。それは
公事に携わり、結婚し、子供を作り、神を敬(うやま)い、親の世話をして、総じて言えば、欲求
し、忌避し、衝動を感じ、嫌悪を抱いたりするときに、それらの各々をしかるべきしか
27 たで、すなわち自然にしたがっておこなうことである。では、自然にしたがってとはど
のようなことか。自由で、気高く、そして恥を知る心をもつことだ。というのも、ほか
のどんな動物が赤面するだろうか。どんな動物が恥ずかしいという思いをもつだろうか。
28 快楽のほうは、これを自然本性的な行動にしたがわせるために、召使いとして下僕とし

てこれらに従属させるがよい。

29 「だけど、私は金持ちでなにも必要なものはありません」

すると、どうして哲学しているようなふりをするのか。金銀の器で十分だ。どうして哲学の教説が必要なのだ。

30 「ギリシア人たちの裁判官でもありますからね」

判決を下すことができるのか。どうやってそんな知識を得たのか。

「ローマ皇帝が信任状[9]を書いてくれました」

31 音楽について判定するために、信任状を書いてもらうことだね。そんなもの君にとって何の役に立つのか。だけど、どうやって裁判官になったのだ。誰の手にキスをしたのだ。シュンポルスの手か、それともヌメニウスの手か[10]。誰の寝室の前で眠ったのか[11]。誰に贈り物をしたのか。それから、君が裁判官であることは、ヌメニウスと同じだけの値打ちのものでしかないことに気づいていないのか。

32 「だけど、だれでも好きな人を投獄することができます」

石を投げるようにね。

「だれでも好きな人を棒で打つこともできます」

33 ロバを打つようにね。しかし、それは人間を支配することではない。われわれに有益
なものを示すことによって、われわれを理性的なものとして支配することだ。そうすれ
ば、われわれはそれにしたがうだろう。不利益なことを示すことだ。そうすれば、われ
34 われはそれを避けるだろう。われわれを、君を信奉する人にしてくれ。ちょうど、ソク
ラテスが自分自身を信奉する人であったようにね。彼こそは、人間の欲求や忌避、衝動
35 や反発を自分に隷属させることによって、人間を人間として支配する人であった。「こ
れをやれ。やらないと、お前を投獄するぞ」。これはもはや理性的なものを支配するこ
36 とではない。むしろ、「ゼウスが定めたようにするのだ。やらないと、罰を受け、害を
こうむることになるだろう」。どのような害をか。やるべきことをやらないということ、
それ以外のことではない。君は誠実さ、恥を知る心、礼儀を失うだろう。これより大き
な害を他に探すことはできないだろう。

第八章　心像に対してはどのように訓練をするのか

1 われわれは詭弁の問題に対して訓練をするように、心像に対しても毎日訓練するべきであった。なぜなら、それはわれわれにさまざまな問題を提起するからである。

2 「だれそれの息子が死にました」

意志と関わりのないものであるから悪ではない、と答えよ。

「だれそれをその父親が廃嫡にしました。あなたはどう思いますか」

意志と関わりのないものであるから悪ではない。

「皇帝があの人に有罪を宣告しました」

意志と関わりのないものであるから悪ではない。

3 「そのことで苦しんでいますよ」

意志と関わりのあることだから悪だ。

「その人は見事に耐えました」

意志と関わりのあることだから善だ。

4 こんなふうに習慣づければ、われわれは進歩することになる。なぜなら、その心像が把握されうるもの以外のものについて、われわれが承認することはないからである[1]。

5 「息子が死にました」

何が起きたのか。息子が死んだのだ。

「他にはなにもないのですか」

なにもない。

「船が失われました」

何が起きたのか。船が失われたのだ。

「あの人が投獄されました」

何が起きたのか。投獄されたのだ。だが、「不幸だ」というのは、各人が自分からつけ加えたことだ。

6 「でも、ゼウスの業（わざ）は正当なものではありません」

どうしてかね。君が我慢できるようにしたからなのか。大きな心をもつようにしたからなのか。それらを悪でないようにしたからなのか。君がそんな目に遭っても幸福でありうるようにしたからなのか。君にとって事がうまくいかないときに、ドアを開けておいたからなのか[2]。ねえ君、出ていくがよい。そして、嘆かないことだ。

7 もし君が知りたければ、ローマ人たちが哲学者というものに対してどんな印象をもっているか[3]、聞いてみるがよい。彼らのなかでもとりわけ哲学者で評判の高いイタリクス[4]は、ある時に私がいるところで、耐えがたいような目に遭ったかのように、友人たちに腹を立てて、私を指差しながら「我慢できないぞ。君たちは俺を殺す気かい。この俺をこんな男にするつもりなのか」と言ったのだ。

第九章　裁判のためにローマへ行こうとするある弁論家に対して

1 ある人が自分の名誉に関わる裁判でローマに行く途中で、エピクテトスのところに立
ち寄ったとき、彼はその人に旅の理由について尋ねた。そして、その人がこの件につい
2 てどのような意見をおもちかと訊くと、彼はこう言った。もし君が私に、ローマでは何
をするべきか、この裁判が成功するだろうか、失敗するだろうかと尋ねるのであれば、
私はこの件に関して名案をもちあわせていない。だが、どのように行動すべきかと尋ね
るのであれば、君が正しい考えをもっていれば結構だし、つまらない考えをもっている
のであれば悪い[1]と言うことならできる。なぜなら、すべてにおいて行動の原因となるの
3 はなんらかの考えであるからだ。君がクノッソス[2]の長官に任命されたいと思った理由は
何か。君の考えである。君が今ローマに行こうと思っている理由は何か。君の考えであ
る。しかも、嵐をおして、危険を冒し、経費をかけてなのか。

「そうせざるをえないのです」
4 誰がそうするように言っているのか。君の考えである。それゆえ、すべての原因が考
えにあるのだとすれば、人が悪しき考えをもつ場合は、その結末はその原因と似たもの
5 になる。すると、われわれはみんな、君も君の訴訟相手も、健全な考えをもっているだ
ろうか。もっているとすれば、どうして君たちは争うのか。いやむしろ、君のほうが相
手よりも健全な考えをもっているのか。それはなぜか。君がそう考えるからだ。相手も
そう考えるし、狂った人もそう考える。これは悪い判断基準だ。
6 さあ、君が自分の考えに対してなんらかの考察や配慮をおこなったというところを私
に示してくれ。君は今クノッソスの代理人(3)になるためにローマへ航海し、君がもってい
る地位のまま家に留まることに満足していないで、より大きなより人目をひく地位を熱
望しているが、これまでに自分の考えを吟味し、もしなにか悪い考えがあればこれを放
7 棄するために航海するようなことがあったか。そのために君は誰のもとを訪ねたのか。
どんな時間を自分のために割いたのか。それはいくつの時か。もし私に対して恥ずかし
8 いと思うなら、自分で自分のために君の人生を調べてみることだ。君が子供であったと
き、自分の考えを吟味したか。君がかつてしていたことを、今どんなことでもしている

ようにしていなかったか。君が少年のとき弁論家の講義を聴いてみずから練習したとき、
9 自分に何が欠けていると思ったのか。君が青年になって、政治に携わり、裁判で弁論を
おこなって名声を博したとき、誰が君と等しいだけの力量をそなえていると思われたか。
10 どこで君が悪しき考えをもっているという人の批判を甘んじて受けたのか。君ははたし
てどんな話を私にしてもらいたいのか。

「裁判のことで私を助けてほしいのです」

そのための理論はもちあわせていないね。もし君がそのために私のところに来たのな
ら、哲学者のところではなく、野菜売りや靴屋のところへ来たと思うことだ(4)。

11 「そうすると、哲学者たちがもっている理論は何を目的にするものですか」

それは、なにが起きようとも魂の指導的部分が自然本性にしたがい、そのように生き
るためのものだ。これは些細なことだと君は思うのか。

「いいえ、大事なことです」

ではどうかね。それはわずかな時間しかかからぬもので、片手間に得られるようなも
のだろうか。もし君にそれができるなら、得ればよい。

12 それから、君は「私はエピクテトスに会ったが、石や彫像のようだった」と言うこと

だろう。つまり、君は私をみたが、それ以上のことはなにもなかった。相手の考えを学 13
び、今度は自分の考えを示す人こそ、人間に人間として会っているのだ。私の考えを学
び、私に君の考えを示してみたまえ。そのようにしてから私と会ったと言いなさい。お
互いに論駁しようじゃないか。もし私が悪い考えをもちあわせていれば取り去ってくれ。
君になにか考えがあればここに出してくれ。これがつまり、哲学者と会うということだ。
でもそうじゃなくて、「旅のついでだ。船を雇い入れるまでの時間に、エピクテトスに 14
会うこともできるぞ。はたしてどんなことを言うのか、ひとつ会ってみようじゃない
か」と言ってやって来る。それからここを立ち去るときには、「エピクテトスはつまら
ん男だった。話は間違いだらけで、異国語をしゃべっていたぞ」と言うことになる。君
たちは他にどんな判断を下すためにやって来たのか。
「でも、そんなことに気をとられていたら、私はあなたのように畑ももたないし、あ 15
なたのように銀の器もないし、あなたのように家畜もないということになるでしょう」
とだれかが言った。これに対しては、「私はそんなものは要らない。だが、君はたくさ 16
んのものをもっていても、他にも必要なものがある。欲しようと欲しまいと、私よりは
貧しい」と言えばおそらく十分だろう。

17 「では、私には何が必要なのですか」
君にはないもの、つまり平静さ、心を自然本性に合わせること、混乱しないことだ。
18 代理人になるとかならないとかについて、どうして私が気になったりするだろうか。け
れども、君は気にしている。私は君よりも豊かである。皇帝が私のことをどう考えるだ
ろうかと気にやんだりしない。だから、私はだれにもへつらったりしない。それらのこ
とを私は金銀の器の代わりにもっているのだ。君は金の器をもっているが、君の理性、
19 考え、承認、衝動、欲求は土製だ。それらのことを自然本性に合わせて私がもっている
のに、どうして理性についても骨を折らないことがあるだろうか。私にはその余裕があ
るからだ。私の心は理性の他に向けられるようなことはないし、他に向けられないので
あれば、私は何をするだろうか。このことよりもどんな人間的なものをもっているだろ
20 うか。君たちはなにもすることがないと、時間つぶし(5)に劇場に行ったりするが、どうし
21 て哲学者はみずからの理性を鍛えないであろうか。君には水晶の器があり、私には「嘘
つきの論」(6)があり、君にはミュッラの器があり、私には「否定する人の論」(7)がある。君
には君がもっているものはすべてつまらないものにみえるが、私には私のもっているも
のはすべて大事にみえる。君の欲望は満たされることはないが、私の欲望は満たされる。

22 このようなことは口の狭い壺に手をいれて、イチジクやアーモンドを取り出そうとする
子供にも起こる。手がいっぱいだと取り出すことができなくて泣き声をあげる。それか
ら少し放してみれば取り出すことができる。君も欲望を放してみることだ。多くを望む
な。そうすれば得られるだろう。

第一〇章　どのように病気に耐えるべきか

1 どんな考えでも、必要なときにその準備をしておかねばならない。昼食[1]のさいには昼食についての考えを、入浴のさいには入浴についての考えを、就寝のさいには就寝についての考えを準備しておかねばならない。

2 疲れたる眼（まなこ）で眠りについてはならぬ
昼間のそれぞれのおこないにとくと思いをいたすまでは
3 どこで踏み違え、何をなし、なすべくして何をなさなかったか。
これより始め仔細に調べゆきて、そのうえで
悪しきおこないなら叱り、善きおこないなら喜べ[2]。

4 これらの詩句を役立てねばならないが、それはパイアン・アポロン[3]と声高に叫ぶため

ではない。さらに、熱病においてはそれに対する準備をしておかねばならない。熱病に 5
かかったときに、なにもかも捨てて、忘れてしまうのではなく、むしろ、たとえ熱病に
かからなくても、「なおも哲学することができるなら、どんなことであれ好きに起こる
がよい。どのみち私はこの小さな身体の配慮をしなければならない[4]のだ」と言わねばな
らない。哲学するというのはどのようなことか。それは起きてくることに対して心の準 6
備をしておくことではないのか。そうすると、「もし私が起きてくることに平然と耐え
る心の準備ができているのであれば、なんでも好きなように起きるがよい」と言うのと
等しいことが分からないのか。諦めてしまうのは、あたかも一発くらったからパンクラ
ティオン[5]の競技を投げ出すようなものだ。だが、パンクラティオンの場合は、試合を放 7
棄して殴られないようにすることは許されるが、今の場合は、哲学することを放棄して、
何の得るところがあるだろうか。すると、哲学する人は困難な状況に遭遇するたびに何
と言うべきなのか。「それを目的に私は訓練を重ね、そのために私は鍛えてきたのだ」
ということだ。神は君に「お前が規則通りに競技をしたかどうか、しかるべき量を食べ 8
たかどうか、鍛えたのかどうか、体育教師の指示にしたがって訓練したかどうか、その
証拠をみせてみなさい」と仰(おっしゃ)っておられるのだ。それから、君はいざ実行にとりかかる

ときになって気弱になっているのだろうか。今が熱病にかかるときであれば、立派にか
かってみることだ。喉が渇くときであれば、立派に渇いてみることだ。飢えるときであ
れば、立派に飢えてみることだ。それは君の力が及ぶことではないのか。誰が君を妨げ 9
るだろうか。医者は飲むことを禁止するだろうが、立派に渇くのを禁止することはで
きない。食べることを禁止するだろうが、立派に飢えることを禁止することはできな
いのだ。

「だけど、それでは哲学を学ぶことができません」 10

馬鹿だね。何のためにそれを学んでいるのだ。幸福になるためではないのか。平穏に
生きるためではないのか。自然本性にしたがって生きていくためではないのか。熱病に 11
かかったときに、魂の指導的部分を自然本性にしたがわせるのを何が妨げるだろうか。
事柄の吟味も哲学する人の試練もこの点にかかっている。つまり、これも人生の一部で
あって、熱病は散歩や航海や旅と変わることはないのだ。散歩しているときに本を読む 12
ことはあるまい。

「ありません」

熱病にかかっているときだって同じことだ。だが、立派に散歩していれば、散歩する

人にふさわしいことをしていることになる。立派に熱病にかかっていれば、熱病にかか
13 る人にふさわしいことをしていることになる。しかし、立派に熱病にかかるとはどのよ
うなことなのか。神や人を非難せず、起きていることに苦しむこともなく、よく、立派
に死を受け入れ、命じられたことをなし、医者がやって来ても、何を言うだろうかと恐
れることもなく、「結構な具合だ」と言われても、過度に喜ぶこともないことだ。だっ
て、医者が君にどんな善いことを言ったのか。君が健康であるときに、君にどんな善い
14 ことがあったと言うのか。「これはいけないね」と言われても、落胆しないことだ。こ
れはいけないというのは、どのようなことなのか。魂が身体から分離する(6)のが近いとい
うことだ。どうしてそれが恐ろしいのだろうか。今近づかなければ、後で近づかないの
15 か。君が死ねば、宇宙はひっくり返るだろうか。とすると、どうして君は医者におべっ
かを使ったりするのか。どうして君は「先生、あなたがその気になれば、私は元気にな
りますよ」などと言うのか。どうして医者が自慢する(7)ような機会をあたえたりするのか。
足に関しては靴屋に、家に関しては建築家に相応の評価をするように、医者にもこの小
さな身体——すなわち、私のものではなく、自然本性的には屍(しかばね)(8)でしかないもの——に関
して相応の評価をしないのか。熱病にかかっている人には、以上のようなことをする機

会があたえられている。もしこれらのことを全うすれば、その人は自分にふさわしいものを得たことになる。

哲学者の仕事はこれら外的なもの、つまりわずかの酒とか、油とか、身体とかの世話 16
をすることではない。では、何の世話をするのか。自分の魂の指導的部分である。外的
なものに対してはどのようにするべきか。それらのことで理性を失って動揺することの
ない程度にだ。それではさらに恐れたり、怒ったりするべきなのはどんな時か。自分の 17
ものではないもの、なんらの価値もないもののことで恐怖を抱くべきはどんな時か。と 18
いうのは、心の準備をしておくべきことが二つあるからだ。ひとつは、意志に関わりの
ないものは善でも悪でもないこと、もうひとつは、物事を先に動かそうとせず、むしろ
それにしたがっておけばよいということだ。

「私の兄弟は私にあんなふうな態度をとるべきではなかった」 19
いや、その人もいずれ分かるだろう。だが、どんなふうにふるまおうとも、私はその
人のことではなすべき態度で接するだろう。なぜなら、これが私のなすべきことであり、 20
その人がやっているのは私のあずかり知らぬことだ。だれも他人のしていることを妨げ
ることはできないが、自分のことは妨げることができる。

第一一章　雑録

神の秩序にしたがわない人には、言わば法[1]によって定められた懲罰がある。すなわち、 1 2
「意志と関わりのあるもの以外のなにかを善と考える者があれば、羨み、欲求し、へつ
らい、混乱するべし。ほかの人のものを悪と考える者があれば、苦しみ、悲しみ、嘆き、
不幸であるべし」というものだ。それでも、われわれはこれほど厳しく懲罰を受けても、 3
それから離れることができない。
詩人が異国の人について語っていることを心に刻んでおくがよい。 4

異国の人よ、たとえあなたより悪しき人が来たるとも
客人を侮るのは許されぬ。どなたもゼウスが遣わされたものなら
異国の人であれ物乞いであれ。[2]

この詩句は父親についてもあてはまることを覚えておくべきだ。「たとえあなたより 5
悪しき人が来たるとも、父親を侮ってはならぬ。どなたも父祖なるゼウスが遣わされた
ものなら」とね。同じことは兄弟についても言うことができる。だれもが同族の神ゼウ 6
スが遣わされたものなのだ。このように考えれば、われわれは残りの関係においてもゼ
ウスが守り神であることを見出すのである。

第一二章　訓練について

訓練は自然本性に反した風変わりなことによっておこなってはならない。哲学すると 1
称していながら、奇術師のすることと変わるところがなくなるからである。綱渡りをす 2
るのはむずかしいだけでなく、危険でもある。われわれは訓練のために、綱渡りをした
り、登り木を立てたり[1]、彫像を抱きかかえたり[2]する練習をしなければならないのか。け
っしてそうではない。あらゆる困難なこと、危険なことが訓練に適しているのではなく、 3
定められたことをやり遂げるのにふさわしいことが適しているのである。定められたこ 4
とをやり遂げるとはどのようなことか。欲求するときも忌避するときも、妨げられずに
行動することである。それはつまり、どのようなことか。欲求しても得そこなうことな
く、忌避しても避けそこなうことがないことである。だから、訓練もそのためにおこな
うのでなければならない。得そこなうことなく欲求するとか、避けそこなうことなく忌 5
避するとかは、何度も不断に訓練することなしには不可能であるから、外部の、意志と

は関係のないものに向けて訓練をするようなことがあれば、欲求して得ることも、忌避
6 して避けることもできないであろう。また、われわれは意志とは関わりのないものに対
してのみ欲求したり忌避したりするように習慣づけられているほど、習慣の力は強いも
のであるから、この習慣にそれと反対の習慣を対立させねばならないし、心像がわれわ
れを陥れやすいところでは、これに対して訓練する習慣をもたねばならない。
7 私は特に快楽に陥る傾向があり、(3)訓練するためには度を越えて反対の方向へ向かわね
ばならない。私は苦労を回避したがる。この習慣に対して、私はすべてこのようなもの
8 からの忌避を抑えるために、心像を鍛え訓練するだろう。訓練するのはどんな人か。欲
求を抑え、意志と関わりのあるものだけを忌避して、実行が困難なことにおいて練習を
積む人である。したがって、各人がそれぞれ別のことでより一層訓練をするのでなけれ
9 ばならないことになる。とすると、ここに登り木を立てたり、皮のテントを張ったり、
10 臼(うす)と杵(きね)(4)を持ち込んだりするのは何のためか。ねえ君、君が激しやすい人なら、罵(ののし)られて
も我慢し、辱(はずかし)められても気分を害することのないように訓練するのだ。そうすれば、た
とえだれかが君を殴っても、自分で自分に対して(5)「彫像を抱いているのだと思え」と言
11 い聞かせる程度まで、君は進歩することだろう。さらに、酒についてもほどよく飲むよ

うにして、多飲してはならない――これについても、不器用に練習する人たちがいるか
らだ。むしろ、最初は酒を控えるがよい。若い女もお菓子も控えるのだ。それから、よ
い機会があれば、心像が前と同様に君を打ち負かすかどうか知るために、自分で君自身
12 を吟味してみることだ。最初のうちは、君より強いものからは遠くまで逃れるがよい。
若くて哲学を始めたばかりの者には、美しい若い女とは釣り合いのとれない戦いとなる。

人びとが言う「土の壺と石は釣り合わぬ[6]」とはこのことだ。
13 欲求と忌避の次には、衝動と反発に関する第二の領域[7]がある。それは理性によくした
がうためであり、適切な時期、適切な場所、ほかの同様の適切な場合を逸して行動する
ことがないようにするためである。
14 第三の領域は承認に関するもので、まことしやかで、人を引きつけるものに対するも
15 のである。ソクラテスが、吟味なき生を生きるべきではないと言っていた[8]ように、吟味
されていない心像を受け入れるべきではなく、「ちょっと待ってくれ。お前が誰なのか、
どこから来たのかをみせてくれ」と言わねばならない。夜警の当番にあたる者が「合図
の札[9]をみせろ」と言うのと同じで、「受け入れられる心像がもつはずの自然本性からの
しるしをお前はもっているか」とその心像に尋ねるべきである。

そして結局、心像に対して訓練する人が身体に適用するものが、なんとか欲求や忌避 16
に向けられていれば、それらも訓練のためになるであろう。しかし、ただの見せかけの
ためであれば、心が外に向かって、見当違いのものを追いかけたり、「いや、立派な方
ですな」と言ってくれる見物人を探したりする人と変わらないのだ。だから、アポロニ 17
オス[10]が「君が自分のために訓練しようと思うときは、炎暑で喉が渇けば冷たい水を口に
含んで、吐き出せばいいだけで、それをだれにも話さないのがよい」と語っていたのは、
至言だということになる。

第一三章　孤独とは何か、どのような人が孤独なのか

1 孤独とは頼るものがない人の心の状態のことである。というのは、ひとりでいるから
といってただちに孤独であるわけではないのは、多くの人の間にいるからといって孤独
2 でないとは言えないのと同じだからである。実際、われわれが兄弟や息子や信頼してい
る友人を亡くしたときには、たとえローマにいて、多くの群衆と出会い、多くの人と一
緒に住んでいても、また時にはたくさんの奴隷を所有していたとしても、ひとりぼっち
3 で取り残されたと言うようなことがよくある。つまり、孤独な人は、その言葉の意味に
おいては、頼るものがなくて、自分に危害を加えようとする人びとにさらされた人のこ
とである。だから、旅先にあって盗賊の手に陥ったときなどは、特に自分が孤独を感じ
ていると言うのである。なぜなら、孤独な気持ちが取り除かれるのは、人と会うからで
4 はなく、信頼のおける控えめで役に立つ人と会うからである。もしひとりぼっちである
ことが孤独であることの十分な条件であるとすれば、ゼウスも世界燃焼[1]のさいには孤独

であり、自分で自分を嘆くのだと言わねばならない。「ああ、わしにはヘラもアテナも
5 アポロン[2]もいないぞ、兄弟も息子も親族もみんないなくなった」。ゼウスは世界燃焼で
ひとりになったとき、こんなふうに悲しむと言う人びとがいる。というのはこれらの人
びとは、われわれが自然本性において社会的であり、互いに友好的であり、人と交わる
ことを好むものだという自然的な原則から出発するために、ひとりっきりの孤独な生と
6 いうものを理解しないからである。しかし、人はこれに対して、少しも劣ることなく自
分で自分に満足することができ、自分で自分と交わることができるように準備しなけれ
7 ばならない。ちょうどゼウスが自分で自分とともにあり、自分自身において安らい、自
分の支配がどのようなものであるかを考え、自分にふさわしい計画を立てるように、わ
れわれもまた、自分で自分と語ることができ、他人を必要とせず、生を送るのに困るこ
8 とがないようにしなければならない。神の支配や自分とほかのものとの関係について反
省し、自分に起きてくることに対してかつてはどのような態度をとり、現在はどのよう
な態度をとっているか、また自分を苦しめるものが何であり、いかにすればこれについ
ても癒やされるのか、いかにすれば取り除かれるのかを考え、これらのうちで遂行され
るべきことがあるとすれば、それらの道理にしたがって遂行されねばならない。

ごらんの通り、皇帝(3)はわれわれに大いなる平和をあたえているように思われる。もは 9
や戦争も戦闘もなく、大きな盗賊団や海賊団も存在せず、どんな季節でも旅行が可能と
なり、東から西へと航海もできる。けれども、皇帝はわれわれに熱病からの平和をあた 10
えることはできまい。船の難破や大火事や地震や雷からの平和をあたえることはできま
い。愛欲からはどうだろうか。できないのだ。悲しみからはどうだろうか。できないの
だ。嫉妬はどうか。これもできないのだ。要するに、これらのどれもできないのだ。し 11
かし、哲学者の教説はこれらからも平和をあたえることを約束している。では、どんな
ことを言っているのか。「みなさん、もし私に心を向けるならば、どこにいても、何を
していても、苦しめられたり、腹を立てたり、強制されたり、妨げられたりすることは
ないだろう。感情に動かされることなく、あらゆるものから自由になって暮らすことが
できるだろう」。この平和は皇帝によって宣言されたものではなく――どうして皇帝が 12
宣言することなどできるだろうか――、むしろ神によって理性を通じて宣言されたもの
であるが、人がもしこれを手にするならば、たとえひとりでいても満足ではないか。と
いうのは、その人はみずからを省みて、次のように考えるからである。「今や私にはど 13
んな悪いことも起きることはありえない。私には盗賊はいないし、地震もなく、すべて

が平和に満ちており、すべてが平静に満ちている。あらゆる道が、あらゆる都市が、あ
らゆる旅の道づれ、隣人、仲間が無害である。そして、食物を務めとしている神はこれ
をあたえ、別の神は衣服を、別の神は感覚を、別の神は先取観念をあたえてくださった。
14 しかし、必要なものがあたえられないときは、勧めるにふさわしいことを示し、ドアを
開けて「来なさい」と君に告げる。どこに行くのか。少しも恐ろしいところではなく、
15 君がそこから来た親しく同族的なもの、すなわち基本要素の中に行くのだ(4)。君の中で
火であったものは火に、土であったものは土に、気息であったものは気息に、水であっ
たものは水に戻っていく。そこには、ハデスもなく、アケロン河もコキュトス河もピュ
リプレゲトン河もない(5)。むしろ、すべてが神々とダイモーンに満ち満ちているのだ(6)」。
16 人がこのような考えをもつことができ、太陽や月や星々を眺め陸と海を楽しむならば、
少しも孤独ではないし、頼るものがないわけではないのだ。
17 「ではどうなりますか。だれかがひとりぼっちでいる私のところにやって来て、私を
殺すとしたら」
馬鹿だね、その人は君ではなく、君の小さな身体を殺すのだ。
18 そうすると、なおどんな孤独が残っているのか、どんな困ったことがあるのか。どう

してわれわれは自分を小さな子供より劣ったものにするのか。子供はひとりぼっちに残
されたときは、何をするのか。陶片と灰を集めてなにかを作ると、それからそれを壊し
て、また別のものを作る。こんなふうにして時を過ごすのにけっして困ることはない。
19 私のほうは、君たちが船出すると、座ってひとり残されたぞ、こんなふうに孤独になっ
たぞと言って泣くのだろうか。私には陶片も灰もないのだろうか。子供がそんな遊びを
しているのは愚かなせいで、私が不幸なのは賢いからだろうか。

20 [7]大きな力はどれも初心者には危険である。だから、このようなものにはできるだけ我
21 慢するようにするが、自然本性にしたがって〔……〕[8]。しかし、肺病にかかればそうはい
かない。君はいつか健全な生活ができるように、時には病人として生活を送るように努
めねばならない。食事を断って水を飲むのだ。いつか理にかなった欲求がもてるように、
時にはことごとく欲求を控えるのだ。しかし、欲求が理にかなったもので、君自身の中
22 に善きものをもつようになれば、立派に欲求していることになる。ところがそうではな
く、われわれはただちに賢者のような生活を望み、人に利益を施そうとする。どんな利
益か。君は何をしているのか。自分に利益を施したことがあるのか。いや、君は人を進

歩させようとしている。だって、自分を進歩させたことがあるのか。人に利益を施そう
としている。君は自分自身の場合に、哲学がどのような人間を作るのか、人に示すがよ 23
い。そして、無駄話をしないことだ。食べるときは一緒に食べる人に利益をあたえよ。
飲むときは一緒に飲む人に利益をあたえよ。そして、どんな人にも譲歩し、従属し、我
慢し、そのようにして人に利益をあたえよ。自分の唾を彼らのほうに飛ばしてはなら
ない[9]。

第一四章　雑　録

下手な[1]悲劇役者はひとりで歌うことができず、たくさんの人と一緒に歌うように、ひ 1
とり歩きができない人たちがいる。ねえ、君がひとかどの人間なら、ひとり歩きして、 2
君自身と話すようにしなさい。そして、コーラスの中に隠れるんじゃない。君がどんな 3
人間か分かるように、からかわれたり、じろじろみられたり、ゆすぶられたりしてみる
がよい。

人が水を飲むなど、なにかの訓練をしているときは、あらゆる機会をとらえてはみん 4
なに「私は水を飲んでいる」と言う[2]。君は水を飲むために水を飲むのか。ねえ君、もし 5
水を飲むことが有益なことであれば、飲むがよい。そうでなければ、おかしなことをし
ているわけだ。もし君にとって有益であるから水を飲むのであれば、そういう連中をお 6
もしろくなく思っている人びとには黙っていることだ。何だって。君はそんな人びとに

気に入られたいわけか。

7 　行為のうちで、あることは優先的に、あることはその事情のために、あることは実務
のために、あることは迎合から、あることは制度からおこなわれる。

8 　人間から二つのものを取り去らねばならない。すなわち、自惚れと不信感である。自
惚れとは、必要とするものがなにもないと思うことである。不信感とは、こんなにひど
9 い状況では事がうまく運ぶことは不可能だと考えることである。自惚れを取り除くのは
論駁であり、ソクラテスはこれの第一人者であった。〔……〕(3) このようなことが不可能
でないことを考察し探究しなさい。こうした探究は少しも君を傷つけることはないだろ
10 う。おおよそのところを言えば、哲学するというのは、どうやって妨げられることなし
に欲求や忌避ができるかを探究することである。

11 　「私は君より上だね。父親が執政官(4)だから」。ほかの人は、「私は護民官(5)だが、君はそ
12 うではない」と言う。われわれが馬だとしたら、「私の父親はもっと速かった」とか、

「私には大麦や干し草がたくさんある」とか、「私はきれいな首輪をしている」とか言う
のだろうか。君がそんなことを言ったときに、「まあそれはそれとして、ひとつ走って
みようじゃないか」と私が答えたとしたら、どうするかね。さあ考えてみたまえ。馬の 13
競走で悪い馬か善い馬かをそれでもって判別できるようなものは、人間の場合にはない
のだろうか。慎み、誠実さ、正義がそれではないのか。君が人間として優れたものであ 14
るために、これらにおいて優れていることを示すのだ。君が「力いっぱい蹴るぞ」と言
うのであれば、私も「君はロバのすることで自慢しているわけだ」と答えるだろう。

第一五章　なにごとも慎重におこなうべきこと

1 どんな事柄でも、それに先立つことと後で起きることを考えてから、それに携わるが
よい(1)。そうでないと、続いて起きることをなにも考えないために、最初は勇んでやって
も、後になってなにか困難なことが出現すると、醜態を演じてそこから離れることにな
るだろう。
「私はオリュンピア競技で勝ちたいんです」
2 だけど、それに先立つ事柄とそれから結果する事柄とを考えて、そのようにして、そ
3 れが君にとって利益になるのであれば、そのことに携わるがよい。君は秩序を守り、食
餌法にしたがい、お菓子を控えねばならないし、炎暑にも酷寒にも定まった時刻に厳格
に体を鍛え、冷たいものを飲まず、たまたま酒を飲む機会があっても飲んではならない。
4 要するに医者に身を委ねるように、君自身をトレーナーに委ねるのだ。次に、競技に出
たとなると、互いに突きあって(2)、時には手首を脱臼したり、くるぶしを捻挫したり、た

くさん砂(3)を吸い込んだり、殴られたりして、あげくのはてに負けることだってある。
　これらのことをよくよく考えたうえで、それでも君が望むのなら、競技を始めるがよ 5
い。そうしないと、子供に戻って、ある時はレスリングで、ある時は一騎打ちをして遊
んだり、ある時は喇叭(らっぱ)を吹いたり、さらにみたり驚いたりしたことで悲劇の芝居ごっこ
をする。そのようにして、君もある時は競技者になり、ある時は剣闘士になり、さらに 6
哲学者に、またさらには弁論家になるけれども、本気ではなにもなっていない。むし
ろ、あたかも猿のごとく、目にみえるものはなんでも真似をして、いつも次々といろい
ろなものが君の気に入っても、見慣れたものは気に入ることがない。なぜなら、よく考 7
察して、事柄の全体について調べあげ、吟味したうえでとりかかるのではなく、でたら
めに、さめやすい心でそうするからだ。
　そんなわけで、ある人たちが哲学者をみかけたり、だれかがエウプラテス(4)のように話 8
すのを聞いたりすると——だけど、誰が彼のように語ることができるだろうか——、自
分たちも哲学をしようという気になるのだ。いいかね、その仕事がどのようなものかを 9
まずよく考えて、それに耐えられるかどうか、自分の素質をよくみるようにするのだ。
レスラーになりたいのであれば、自分の肩や太腿(ふともも)や腰をよくみるがよい。人が違えば、

10 向いているものも本来違うものだ。君はそんなことをしていて、哲学することができる
と思っているのか。人と同じように食べ、同じように飲み、同じように怒り、同じよう
11 に不満を抱いていてよいのか。むしろ、徹夜して、骨を折り、欲望に打ち克ち、身内の
者たちから離れ、奴隷の子供から馬鹿にされ、出会った人びとからは笑われ、官職、名
誉、法廷などすべてにおいて遅れをとらねばならない。

12 以上のことをよく考えたうえで、もしそれでよいと君が思い、これらのものに代えて、
ものに動じない心、自由、平静を得たいと望むのであれば、哲学に近づくがよい。さも
なければ、哲学には近づくな。子供のように、今は哲学者だが、後で税務官に、その次
13 は弁論家に、またその次は皇帝任命の太守になりたがってはならない。これらをひとり
で兼ねるわけにはいかないのだ。君は善人であれ悪人であれ、一個の人間でなければな
らない。君自身の指導的部分か外的なもののいずれかを完成しなければならない。内的
なものに励むか、外的なものに励むか、つまり哲学者か一般の人(5)か、いずれかの立場を
とるほかないのだ。

14 ガルバ(6)が殺されたとき、ある人がルフスに「宇宙は摂理によって支配されています

か」と尋ねた。すると、彼は「話のついでであれ、私がガルバを例に、宇宙が摂理によって支配されていることを証明したようなことはあるまいね」と答えた。(7)

第一六章　交際は慎重にせねばならないこと

1 会話や宴会など一般に共同生活の中で、しばしば人びとと交際する者は、自分が彼ら
と同じようにするか、あるいは彼らを自分の流儀に合わすようにさせるか、そのどちら
2 かにならざるをえない。というのは、消えた炭でも燃えている炭の側に置かれると、こ
ちらが側の炭を消すことになるか、側の炭がこちらを燃やすことになるかのどちらかで
3 あるからだ。だから、これだけの危険があるので、一般の人とこのような交際をすると
きには用心して、煤のついた人と体を擦りあわせると自分も煤にまみれるほかはないこ
4 とを、よく覚えておかねばならない。もし相手が剣闘士[1]や馬や競技者のことを話したり、
さらに悪いことに、人間の値踏みを始めて、「あいつはひどいが、こいつはいいね。こ
こはひどいものだったが、ここはよかったじゃないか」などと言えば、あるいはおまけ
に嘲ったり、笑いものにしたり、悪意のあるところをみせたりしたら、君はどうするか。
5 楽器の奏者が竪琴を手にとって弦に触れると、すぐに調子が合っていないことに気づい

て、楽器の調節をするものだが、君たちの中には、そんな心構えのできている人がいる
かね。ソクラテスはどんな力をもっていたから、あらゆる交際において一緒にいる人を
自分のほうへ引き寄せることができたのか。君たちのどこにそんな力があるのか。君た 6
ちは一般の人たちに引きずり回されるに決まっているのだ。
　それでは、なぜ一般の人たちは君よりも力があるのか。それは彼らはつまらないこと 7
でも自分の考えによって話すが、君たちはよいことでも唇によって話すからだ。だから、
その言葉は気が抜けて生彩を欠き、君たちの勧告的な議論や、いろいろなところで騒が
しく語る哀れむべき道徳論を聞くと、吐き気をもよおすのである。かくして、一般の人 8
でも君たちに勝ることになる。というのは、どんな場合も力をもつのは考えであり、負
けないのは考えだからだ。そういうわけで、君たちの中で優れた意見が固まって、安定 9
したものとなるための力を獲得するまでは、一般の人とのつきあいには慎重であること
を君たちに忠告する。さもないと、君たちが学校でなにかを書き込んでも、毎日陽があ
たった蠟のように[2]溶けてしまうだろう。だから、君たちが蠟に書き込んだ意見をもって 10
いる間は、陽の光から遠くに離れていることだ。そのために、哲学者たちは故郷からも 11
離れることを忠告しているのだが、それは古い習慣が妨げとなって、それとは異なる習

慣が生まれ始めることを許さないからだし、われわれと出会った人から、「おいみろよ、
だれそれは哲学なんかやっているぞ。前はこれこれの男だったのに」と言われるのに耐
12 えられないからだ。かくして、医者も長患いの人を異なる土地に、異なる気候のところ
13 に送るのだが、この処置は正しい。君たちも異なる習慣を入れるようにして、自分の意
14 見を固めて、それでもって自分を鍛えるのだ。いやなかなかそうはいかない。むしろ、
君たちはここから劇場や剣闘や屋内運動場や円形競技場(3)へ行って、そこから同じ人間の
15 ままこちらに戻ってきて、また再びここから向こうへ行く始末だ。そして、よい習慣は
なにひとつなく、自分に対して注意や関心を向けることもない。さらに、「私に現れて
いる心像をどのように扱ったものだろうか。自然本性にしたがってか、あるいはそれに
逆らってか。心像に対してどのように答えたものだろうか。意志と関係のないものに対
しては、それは私とは関わりのないものだと答えようか」と自問するようなこともない
16 のだ。もし君がまだこんな状態に陥っていないのなら、これまでの習慣から逃れよ。も
し一人前の人間になり始めようとするのであれば、一般の人との交際から逃れよ。

第一七章　摂理について

もし君が摂理に対して非難するのであれば、よくよく考えねばならない。そうすれば、 1
物事が理にかなって生起していることが分かるだろう。
「そうなのですが、不正な人のほうが得をしていますよ」 2
どんな点でそうなのか。
「お金ですね」
だったら、その点でその人は君より勝っているわけだ。つまり、人にへつらうし、恥
を知ることがなく、用心深い点だ。それに何の驚くことがあるのか。だが、誠実さの点 3
でその人が君より多くをもっているかどうか、慎みの点で君より多くもっているかどう
かという点をみることだ。というのも、そうでないことを君は知るだろうから。むしろ、
君が勝っているところでは、君のほうがより多く所有していることが分かるだろう。あ 4
る時私も、ピロストルゴス[1]は幸せ者だと不平を言っている人に、「君はスラと一緒に寝

たいのかね」と言ったことがある。
「そんな日は来ないでしょう」と彼は答えたよ。

5 すると、その人[2]が自分が売っているものの代価を得たのであれば、どうして君は非難するのか。あるいは、どうして君が嫌悪する手段で富を得た人のことを幸せだと言うのか。それとも、より勝った者により勝ったものをあたえるとしたら、摂理はどんな悪いことをしているというのか。あるいは、慎みは富よりも勝るものではないのか。

彼は同意した。

6 それでは、ねえ君、より勝ったものをもっているのに、どうして君は不平を言うのか。より勝った者は、より勝っているという点において、より劣った者よりも多くもつというのが自然の法であることを、記憶し心に留めるのだ。そうすれば、君はけっして不平を言うことはないだろう。

7 「だけど、妻が私にひどい扱いをするのです」

結構だ。もしだれかが君にどうしたのだと訊いたら、「妻が私にひどい扱いをする」と言えばよい。

「他になにもないのですか」

なにもないね。
「父は私になにもくれません」 8
「それがどうしたというのだ。「父は私になにもくれません」と言うだけだ。[3]」君は自
分の心にそれが悪いことだということを加えて、嘘をつかねばならないのか。だから、 9
自分の心から追い出すべきは貧乏ではなく、貧乏についての君の考えなのだ。そして、
そのようにすればうまく事が運ぶようになるだろう。

第一八章　知らせによって混乱してはならないこと

1 なにか君の心を混乱させるようなことが起きたときに心しておくべきことは、知らせ
2 は意志に属するどんなことにも関わるものではないということだ。というのは、人は君
が間違って受け取り、間違った欲求を抱くようにするような知らせを伝えることはでき
ないからだ。

「できませんね」

でも、だれかが死んだという知らせならある。しかし、それは君にとって何の関わり
があるのだろうか。だれかが君のことを悪しざまに言う。それは君にとって何の関わり
3 があるのだろうか。君のお父さんがなにかの準備をしている。何に対してか。君の意志
に対してではあるまい。どうやってそんなことができるのか。むしろ、君の小さな身体、
わずかに所有しているものに対してである。君は助かったわけだ。君に対してではない
4 からね。裁判官は君に神を敬わないという罪を宣告した。だが、裁判官たちは同じこと

をソクラテスにも宣告しなかっただろうか[1]。そのような罪を宣告するのは君の仕事ではあるまい。

「違います」

5 それなら、どうして君はそんなことに関心をもつのだ。君の父親にはなすべき仕事が
あり、それを果たさなければ、父親たることを失い、家族に対する愛情や優しさを失っ
てしまう。しかし、そのために君は父親がほかのどんなことであれ失うことを願っては
ならない。なぜなら、人があることで過失を犯しても、別のことで害をこうむるような
ことはけっしてないからだ。

6 さらに、君がなすべき仕事は、しっかりと、慎み深く、そして激情にかられることな
く弁明をすることだ。そうしないと、君も息子たることを失い、慎み深さや気高い心を
失ってしまうことになる。ではどうだろうか。裁判官は危険を免れているだろうか。い
7 やそうではない。裁判官も同じほどの危険にさらされている。それなら、なぜ君は彼が
どんな判決を下すかと恐れるのか。自分のものでない悪が君に何の関わりがあるのだ。
8 君の悪とは間違った弁明をすることだ。ただこのことだけを警戒するようにせよ。罪を
宣告されるか否かは他人の仕事であるように、他人の悪でもあるのだ。

『語　録』　98

「だれそれがあなたを脅しています」

私をだって。いや、そんなことはないだろう。

「あなたを非難していますよ」

その人がみずからの仕事をどのようにおこなうかは、自分で分かるだろう。

「あなたに不正な判決を下そうとしていますよ」

哀れな人だ。

第一九章　一般の人の態度と哲学者の態度はどのようなものか

1 一般の人と哲学者の第一の相違は、前者は「ああ、私は子供のせいで、兄弟のせいで
なんて不幸なのだ。父親のせいでなんて不幸なのだ」と言うが、後者は「ああ、私はな
んて不幸なのだ」と言わねばならないとしたら、少し間をおいて「私のせいで」と言う。
2 なぜなら、意志だけが意志自身を妨げ、害するが、それを除いて、意志と関わりのない
3 ものは意志を妨げ、害するということはありえないからである。だから、われわれが道
を踏み間違えたときには、自分自身を咎め、自分の考えのほかには心の不安や動揺の原
因となるものはないということを忘れないほど、自身も意志の力に心を傾けるようにす
4 れば、あらゆる神々に誓って君たちに言うが、われわれは進歩したことになる。だが実
際のところは、われわれは最初から違った道を歩んできたのだ。例えば、われわれがま
だ子供だった頃、口を開けて歩いていてなにかに躓いたりすると、乳母はわれわれを叱
らずに、その石を叩いたものだった。いったい石は何をしたというのか。君の子供の馬

鹿な行動のために、石はよけねばならなかったのか。さらに、われわれが風呂から帰っ 5
てきたときに食べるものがないと、子守役の召使い[1]はわれわれの欲求を抑えてかかるの
ではなく、代わりに料理係を打ちすえる。ねえ君、われわれは君を料理係の守役に決め
たのではなく、われわれの子供の守役にしたのだから、子供をしつけて、子供のために
なることをすればいいのだ。

このように、われわれは成長しても子供のようにみえる。音楽を知らない人は音楽に 6
おいて子供であり、読み書きを知らない人は読み書きにおいて子供であり、教育のない
人は人生において子供であるからだ。

第二〇章　すべての外的なものから利益を得ることができること

1 知的な心像[1]の場合には、ほとんどすべての人が善悪とはわれわれの内にあるもので、
2 われわれの外にあるものにはないと考えている。だれも「昼である」ことを善であると
か、「夜である」ことを悪であるとかは言わないし、「三は四である」ことを最大の悪だ
3 とは言わない。それならむしろ、何と言うのか。「知識は善で、誤謬は悪である」と言
うのだ。したがって、虚偽そのものについても善が成立することになる。つまり、虚偽
4 であるという知識は善であるわけだ。そうすると、人生においても同様でなければなら
ない。「健康は善で、病気は悪である」のか。ねえ君、そうではないのだ。では、どう
なのか。「正しいしかたで健康であることは善で、悪しきしかたで健康であるのは悪で
ある」

「すると、病気からも利益を得ることができるのですか」

神にかけて言うが、死からは得られないだろうか。足が不自由であることから得られ[2]
5 ないだろうか。メノイケウス[3]が死んだとき、彼が得た利益は少なかったと思うかね。
「そんなことを言う人は、メノイケウスが得たような利益を受けてほしいものです」[4]
ああ、ねえ君、彼は祖国を愛し、高邁な心をもち、誠実で、気高い性格をもった人間
6 ではなかったのかね。もし彼が生きながらえていたら、これらすべてのものを失わなか
ったか。これらとは反対の性格を得なかったか。つまり、臆病で、心が卑しく、祖国を
嫌い、生きることに未練をもつ人にならなかったか。君は彼が死んだことによって得た
7 利益は小さかったと思うかね。そうではあるまい。むしろ、アドメトスの父[5]はあのよう
に卑しく惨め（みじ）めに生きながらえたが、大きな利益を得ただろうか。後に彼は死ななかった
8 のか。神々にかけて君たちに言うが、物事に驚くことはやめなさい。なによりもまず、
自分を物事の奴隷にするのをやめなさい。そして、物事のためにそれらをあたえたり奪
ったりできる人びとの奴隷になるのもやめなさい。
9 「すると、それらの物事から利益を得ることはできるのですか」
すべてのものから利益を得ることができる。

「自分を罵る人からもですか」

競技者は競技の相手からどんな利益を得るのか。非常に大きな利益だ。罵る人だって
私を鍛える相手になる。つまり、私の辛抱し、怒らず、穏やかであるという性格を鍛え
10 てくれるのだ。君はそんなことはないと言うが、私の首をつかみ腰や肩を矯正してくれ
る人は私に利益をあたえてくれるし、体育教師は適切にも「杵を両手で持ち上げろ[6]」と
言って、その杵が重ければ重いほど、それだけ多く利益を得ることになる。それなのに、
人が私を怒らないように鍛えてくれた場合は、その人は私に利益をあたえていないのだ
11 ろうか。君がそんなふうに考えるのは、人から利益を得ることがわかっていないからだ。
隣にいる人が悪いだって？　その人にはそうであっても、私にとっては善い人だ。つま
12 り、私の寛大で公正な性格を鍛えてくれるのだ。父親が悪いだって？　その人にはそう
であっても、私にとっては善い人だ。つまり、それはヘルメスの小さな杖[7]なのだ。「お
前が望むものに触れてみよ。そうすれば、黄金になるだろう」と言う。いや、そうでは
ない。むしろ、君が望むものをもってきなさい。そうすれば、私はそれを善きものにす
るだろう。病気をもってこい。死をもってこい。貧窮をもってこい。中傷をもってこい。
死刑をもってこい。ヘルメスの杖を使えば、みんな有益なものになるだろう。
13 「あなたは死をどうするつもりですか」

君に栄誉をもたらし、あるいはみずから自分の行為で、自然の意志にしたがう人間と
はどのようなものであるかを示すため以外の何であろうか。
14 「あなたは病気をどうするつもりですか」
私はそれの本性を示して、病気になっても私はこれを凌いで、しっかりとして、ゆと
15 りをもち、医者にはおべっかを使わず、死ぬことを祈ることもないだろう。君はさらに
何を求めるのか。君があたえるすべてのものを、私は好運なもの、幸福なもの、尊ぶべ
きもの、羨ましいものにするだろう。
16 ところがそうではなくて、君は「病気をしないように気をつけて。それは悪だから」
と言う。それは「三が四だという心像をもったりしないように気をつけて。それは悪だ
から」と言うのと同じようなことだ。ねえ君、どうして悪なのだ。もし私が病気につい
て考えるべきことを考えていれば、どうしてそれがさらに私を害することがあるのか。
むしろ、利益をあたえてくれるのではないだろうか。だから、もし私が貧乏について、
17 病気について、官職がないことについて考えるべきことを考えておれば、それで十分で
はないのか。有益なものになるのではないだろうか。どうして私はさらに外的なものに
善や悪を求めねばならないのか。

だが、実際はどうなのか。こんな議論はここだけのことで、だれひとりとしてこれを 18
家にもって帰る者はいない。家に帰ればすぐに、召使いの子や隣人と争い、自分をから
かう者、嘲笑する者と争う始末だ。レスビウス(8)に幸いあれだ。毎日私のことをなにもわ 19
かっていないと反論しているからね。

第二一章　軽率に哲学の講義を始めようとする人びとに対して

1 哲学理論を飲み込んだだけの人たちはすぐにこれを吐き出そうとするもので、これは
2 胃を患った人が栄養物を吐き出すのに似ている。まずはこれらをよく消化するのだ。そ
うすれば、もはや吐き出すことはないだろう。さもないと、本当に吐瀉物になって、不
3 潔で食べるに適さないものになってしまう。だが、それらを消化したのなら、君自身の
指導的部分が変化したところをみせてくれ。ちょうど競技者が訓練を重ね栄養物を摂っ
た結果であるその肩をみせ、技術に携わる人が学んだ結果をみせてくれるのと同じこと
4 だ。大工がやって来て、「大工の技術について私が話すのを聞いてください」などとは
言わない。むしろ、賃金をもらって家を建てて、その技術をもっているところをみせる
5 わけだ。君もなにかそんなふうにするようにしなさい。人間らしく食べ、人間らしく飲
み、身なりを整え、結婚し、子供を作り、市民としての仕事をして、悪口を言われても
辛抱し、分別のない兄弟にも耐え、父親にも息子にも隣人にも仲間にも我慢することだ。

6 君が実際に哲学者からなにかを学んだことがわれわれに分かるように、これらのことを
みせてくれ。だが、君はそうしないで、むしろ「こっちに来て、私が解釈を語るから聞
7 いてくれ」と言うのだ。行って、君が吐き出す相手をみつけなさい。「さて、私はクリ
ュシッポスの著作にだれも及ばないような解釈をして、その文体をこの上なく明瞭に分
析いたしましょう。さらに、アンティパトロスやアルケデモスの豊かな表現もつけ加え
ることにいたします」とね。
8 それから、若者たちが自分の祖国や両親のもとを去るのは、君がちょっとした文体を
9 解釈するのを聞きに来るためなのか。むしろ、帰るときには、辛抱強く、協力を惜しま
ず、情念に乱されない、平静な人になっているべきであって、そうしたことから出発し
て、起こってくることに見事に耐え、それで自分を飾ることができるような、人生にお
10 いて不可欠なものを若者たちがもつためではないのか。どうやって君は自分がもってい
ないものを彼らに分けあたえることができるのだろうか。というのも君は、学び始めた
ときから、推論や転換論法や質問によって結論を導く議論がどうしたら解かれるかとい
う問題で時を過ごす以外のことをなにかやったことがあるのか。
11 「だけど、だれそれは自分の学校をもっていますよ。私だってもてないはずがないじ

ゃないですか」
12 つまらないことを言うね。学校というものはでらためにできるものでも、偶然にでき
るものでもないのだ。しかるべき年齢と生活とこれを導く神が必要なのだ。君はそう思
っていないが、港を出るときに(1)神々に犠牲を捧げ、ご加護を祈らない人はいないし、デ
メテル(2)に祈らずに人が種を蒔くことはないのだ。これほどの大きな仕事に携わるという
のに、神々の助けを借りずに無事にとりかかれるものだろうか。そして、その教師のも
13 とに通う人びとだってうまくやっていけるだろうか。ねえ、君は次のように言って、
秘儀(3)を汚している以外に何をしているというのか。「エレウシス(4)には神殿があるが、ご
らん、こちら〔学校〕にもあるよ。あそこには秘儀解釈者(5)がいる。私も秘儀解釈者を置こ
う。あそこには伝令使(6)がいる。私も伝令使を任命しよう。あそこには松明係(7)がいる。私
も松明係を置こう。あそこには松明がある。それなら、ここにも。語られる言葉も同じ
14 だ。あそことここで起きていることに何の違いがあるのか」。不敬きわまりない人だね。
なにも違わないだって？　場所が違っても時が違っても、ご利益があると言うのかね(8)。

いや、犠牲を捧げ、お祈りをして、前もって身を浄め、神殿に、しかも古来の神殿に赴
15 くのだという気持ちをもっていかねばならない。このようにしてこの秘儀からご利益が

生まれ、このようにしてわれわれは、これらの秘儀が生きかたの教化と矯正のために古
16 人によって設けられたのだという考えに思い至るのだ。ところが、君はこの秘儀を時も
場所もわきまえず、犠牲式も浄めもせずに公表し、そのまねごとをしている。秘儀解釈
者が身につけるべき衣服ももたず、髪も整えず、鉢巻きもせず、しかるべき発声もなく、
しかるべき年齢でもない。彼のように身を浄めることなく、ただ言葉だけを覚えてこれ
を語るのだ。言葉というものはそれだけで神聖であるのだろうか。
17 　これには別のやり方で携わらねばならない。事は重大で神秘的であり、偶然にだれか
18 れなしにあたえられるものではない。若者を教導するのには、たまたま賢いというだけ
では十分ではない。むしろ、ゼウスにかけて言うが、そのためにはなんらかの準備と適
性が必要であり、ある種の身体と、なかんずくこの役目をはたすには、神がこれを勧め
19 るのでなければならない。それはちょうどソクラテスには人を論駁する役目を、ディオ
ゲネス[9]には王者のごとく人を叱責する役目を、ゼノン[10]には人を教育し教説を作る役目を
20 勧めたのと同じことである。君は薬のほかはなにももたずに医院を開いているようなも
21 ので、薬をどこでどのように用いるべきかも知らず、研究したこともない。「ごらんよ。
あの人は目に塗る軟膏をもっているが、私ももっている」。すると、まさか君は軟膏を

使う能力をもっているというのではあるまい。それがいつ、どのように、そしてどんな
22 人に役に立つか知っているのではあるまい。それなのに、なぜこれほど重大な事柄で骰
子遊びのようなことをして、安逸に生きて、君にはまったくふさわしくない仕事に手を
出しているのか。その仕事はできる人に、立派にやってみせる人に任せるがよい。自分
自身の行為によってみずから哲学を辱めてはならないし、その仕事を中傷する人びとに
23 加担してもいけない。むしろ、君が哲学理論に惹かれるのであれば、座ってそれについ
て自分自身で思索して、自分のことをけっして哲学者などと言ってはならないし、他人
がそう言うのを許してはならない。むしろ、「この人は間違っている。私が欲求し、衝
動を感じ、承認するのは以前となんら違うところはないし、一般に心像の使用において
24 も以前の状態と少しも変わっていないからだ」と言うことだ。君が自分自身について考
え、言うべきなのはこのようなことだ。もしも君がふさわしいことを考えようとするな
らばの話だが、そうでないのであれば、骰子遊びをして、今やっていることをすればよ
かろう。それが君にはふさわしいのだから。

第二二章　キュニコス派の思想について

1 　エピクテトスの知人で、明らかにキュニコス的な生き方に傾倒していたひとりが、
「キュニコスの徒とはどのような人であり、キュニコス派[1]の先取観念とはどのようなも
のですか」と尋ねたとき、彼は以下のようなことを言った。
2 　いずれ暇なおりに考えてみることにしよう。だが、これだけは言うことができる。神
を顧みることなくこれほど重大な事柄に乗り出す人は、神の怒りを招くことになり、世
3 間に恥辱をさらすほかはないだろう。というのも、立派に整えられている家にだれかが
やって来て、「私がこの家の管理者でなければいかん」などと自分から言うようなこと
はないからだ。さもなければ、家の主人が戻ってきて、その人が偉そうにとり仕切って
4 いるのを目にしたら、外に引きずり出して打ちのめすことだろう。この大きな国家（宇
宙）においても同じことが起きている。なぜなら、ここにも家の主人がいて、それぞれ
5 の事物を配置しておられるからだ。「お前は太陽だ。お前は天を運行して、年と季節を

作り、果実を大きくし育て、風を起こしまた鎮め、人間の身体を適度に温めることがで
きる。さあ行きなさい。運行し、そのようにして最大のことから最小のことに至るまで
動かしていくのだ。お前は仔牛だ。ライオンが現れたときは、お前のするべきことをす 6
るのだ。さもないと、泣き叫ぶことになるだろう。お前は牡牛だ。進み出て、闘いなさ
い。それがお前の仕事だし、似つかわしく、そうすることができるからだ。お前は軍勢 7
をイリオン[2]に導くことができる。アガメムノンであれ。お前はヘクトルと一騎打ちをす
ることができる。アキレウスであれ」。だが、もしテルシテス[3]がやって来て統帥権を要 8
求するならば、これを手に入れることができないか、手に入れたとしても大勢の面前で
恥をかくかのどちらかだ。
君[4]もこの問題[5]については入念に考察するようにしなさい。それは君が考えるようなも 9
のではないのだ。
「私は今もぼろぼろの外衣[6]を着ているし、これからも着るだろう。今も固い寝床に横 10
たわるし、これからもそうするだろう。ずだ袋[7]と棍棒(こんぼう)を手にとって歩き回り、出会っ
た人に物乞いをしたり、罵(ののし)ったりし始めるだろう。また、脱毛したり、髪の毛をなで
上げたり、緋(ひ)色[8]の衣装を着て歩き回っているのをみたら、怒鳴りつけてやることにし

ている」
11 もし君がこの問題をそんなふうに思い描いているのなら、そんな思いから離れること
12 だ。近づいてはならないし、それは君とはなんの関わりもないのだ。だが、もし君がこ
の問題をあるがままに思い描き、しかも自分をそれにふさわしくない人間と考えるので
なければ、自分がどれほど大きな仕事に手を出しているのかをよく考えることだ。
13 まず第一に、君自身のことではどんなことであれ君が今やっていることともはや変わ
るところがないと思われてはならない。神や人間を非難するのはやめよ。欲求を完全に
抑制し、忌避を意志に関わるものだけに向けるようにして、激情、憤怒、嫉妬、憐憫は
起こしてはならない。少女やわずかな名誉や少年やお菓子[9]を好ましいものと思ってはな
14 らない。というのは、君はよく心得ておかねばならないが、ほかの人たちがこのような
ことをするときは、壁や家や物陰で閉ざして、身を隠すものを少なからずもっているか
らだ。「戸を締め、寝室の前に人を置いて、「だれか来たらお留守ですとか、ご多忙です
15 とか言え」と言う。だが、キュニコスの徒はこんなことをする代わりに、慎みで身を隠
さねばならない。さもなければ、裸で大空の下で恥ずべきおこないをすることになるだ
ろう。キュニコスの徒には慎みこそが家であり、戸であり、寝室の前に立つ召使いであ

り、物陰なのだ。なぜなら、自分のものを隠そうとしてはならないからだ——さもなけ 16
れば、大空の下の自由人たるキュニコスの徒は死ぬことになり、外部のものを恐れだし、[10]
身を隠すものを必要とし始めることになる。また、身を隠したくなることがあっても、
それができない。[11]というのも、どこにどうやって身を隠すというのか。だが、大衆の教 17
師、教育係である人が偶然陥れられるようなことがあれば、どのような目に遭わねばな
らないのか。だから、そのような危惧を抱きながら、なお誠心誠意ほかの人を教導する 18
ようなことができるだろうか。とんでもない、不可能というものだ。
そこで、まず君は次のような指針にしたがって[12]君自身の指導的部分を清浄にしなければ 19
ばならない。「今や私の精神は自分が働きかける素材であり、それはちょうど大工にと 20
って材木が、靴屋にとって皮革が素材であるのと同じことだ。その仕事は心像
を正しく用いることだ。この小さな身体は私にとってなにものでもない。身体のもろも 21
ろの部分も私にとってなにものでもない。死か。その全体であろうと一部であろうと、
来たいときに来ればよかろう。追放か。人は私をどこに追放できるというのか。宇宙の 22
外は不可能だ。私がどこに出ていこうとも、そこには太陽があり、そこには月があり、
そこには星々があり、夢と予兆と神々との交わりがある」

23 次に、以上のような準備ができても、真正のキュニコスの徒であればそれで満足する
ことは許されない。むしろ、人びとが善悪について道を間違え、善悪の本質をそれがあ
らぬほかのところを探して、それがあるところには思いを寄せていないことを告げ知ら
24 せるために、ゼウスから人びとのもとに使者として送られたことを、また、カイロネイ
アの戦いの後ピリッポスのところに連行されたディオゲネスのように(13)、密偵として送ら
れたことを自覚せねばならない。なぜなら、キュニコスの徒とは人間にとって何が味方
25 であり、何が敵であるかを探る密偵であるからだ。恐怖の念にわれを忘れて敵でもない
人を敵だと言ったり、そうでなくても心像によって惑わされたり、混乱させられたりせ
ずに、みずから正確に観察したうえで、戻って真実を報告しなければならない。
26 　だから、もしそんなめぐり合わせになったなら、悲劇の舞台に立って(14)、声を張り上げ
てソクラテスの言葉を告げることができなければならない。「ああ君たち、どこへ行く
のだ。何をしているんだい。かわいそうに、君たちはまるで目がみえない人のように前
後不覚に転げまわっているじゃないか。本当の道を捨てて、間違った道を歩んでいる。
君たちは順調で幸福な生をそれがない別のところに求めて、ほかの人が教えてくれても
27 信じないのだ。どうして君たちは幸福な生を外に求めるのだ。それは身体の中にはない

のだ。信じられなければ、ミュロンをみなさい。オペリオスをみなさい(15)。それは所有の
うちにもない。信じられなければ、クロイソスをみなさい(16)。現代の富める人たちをみな
さい。彼らの生涯はどれほどの悲嘆に満ちていることか。幸福な生は官職の中にはない。
そうでなければ、二度も三度も執政官であった人は幸福であったはずだが、実際はそう
28 ではない。この問題について、われわれは誰の言葉を信じたらよいのか。彼らがもって
29 いるものを外からみて、その心像に眩惑されている君たちか、それとも彼ら自身か。彼
らは何と言っているか。彼らの言葉は、彼らが悲しんでいるとき、呻吟しているとき、
執政官職や名望や栄光のためにより不幸でより危険な境遇にあると思っているときにこ
30 そ、聞いてみることだ。幸福な生は王位にあるのではない。そうでなければ、ネロやサ
ルダナパロス(17)は幸福であったことになるだろう。しかし、アガメムノンですらサルダナ
パロスやネロよりも立派であったにもかかわらず、幸福ではなかったのだ。ほかの者た
ちが鼾をかいて寝ているときに、彼は何をしていたか。

　　頭髪を幾本も根元より掻きむしり(18)

そして、自分では何と言っているか。

私はかくも心を悩ませている[19]

さらに、こう言っている。

不安にさいなまれ、わが心臓は胸の
外へ飛び出しそうじゃ[20]

かわいそうに[21]、あなたの何が悪いのか。財産かね。

「そうではない」

身体かね。

「そうではない」

だが、あなたは黄金と青銅に富んでいる[22]。とすると、あなたの何が悪いのか。それはあなたが疎(おろそ)かにし、だめにしているもの、すなわちわれわれがそれによって欲求し、忌

避し、衝動を感じ、反発する能力だ。どんなふうに疎かにしたのかだって？　この能力 32
がそのために生まれついている善の本質と、悪の本質について知らないし、何が自分の
もので、何が他人のものかが分かっていないのだ。そして、他人のものが悪い状態にあ
るとき、「なんてことだ。ギリシア軍が危険に陥った」などと言うわけだ。かわいそう 33
な指導的部分だ。これだけが疎かにされ、見捨てられているのだ。

「彼らはトロイア軍によって殺され、死のうとしている」

だけど、トロイア軍が彼らを殺さなかったら、死なないというわけではあるまい。

「それはそうだが、みんなが一度にではないだろう」

それにどんな違いがあるのか。もし死ぬことが悪であるならば、一度に(23)死のうが別々に死のうが、同じように悪であろう。死によって身体と魂が分離すること以外のことが起きようとしているわけではあるまい。

「それ以外にはなにもない」

ギリシア軍が死んでいくとき、あなたのドアは閉ざされているのか(24)。死ぬことが許さ 34
れていないのかね。

「許されているとも」

では、なぜあなたは「ああ、私は王なのに、ゼウスの王笏[25]をもっているのに」などと
言って、嘆いたりするのか。不幸な神が存在しないのと同様に、不幸な王は存在しない[26]。
35 では、あなたは何者なのか。まさしく羊飼いである。なぜなら、あなたは羊飼いと同
じで、オオカミが自分の羊の群れの一頭をさらっていったときに嘆くからだ。そして、
36 あなたの配下の兵士たちこそその羊の群れである。では、どうしてあなたは遠征にやっ
て来たのか。まさかあなたの欲求や忌避が、衝動や反発が危険にさらされていたという
わけではないだろう。
「いやそうではない。私の弟の妻がさらわれたのだ[27]」と彼は言った。
37 だとすれば、不貞の女がいなくなったのだから、もっけの幸いではないのか。
「それでは、われわれはトロイア人から軽蔑されることになる」
トロイア人は思慮ある人たちなのか、それとも無思慮な人たちなのか。もし思慮ある
人たちであれば、どうして彼らと戦争をするのか。もし無思慮な人たちであれば、そん
な人たちをどうして気にするのか。
38 「すると、これらのものの中に善がないとすれば、善は何の中にあるのか。ゼウスの
使者であり密偵[28]であるお方よ、私たちに教えてくださらんか」

それはあなたがたが思いもしなければ、探そうともしないところにある。というのは、
もしあなたがたが探そうとすれば、それが自分自身の中にあることを発見しただろう。
そして、外をさまよったり、他人のものを自分のものと思い込んで探したりすることは
ないだろう。みずからあなたがた自身を振り返ってみて、自分がもっている先取観念を 39
よく調べてみることだ。善についてどんな心像をもっているのか。順調で、幸福で、妨
げられないものだ。さあ聞くが、善とは自然本性において偉大なものとは思わないのか。
語るに値するもの、侵害されないものだとは思わないのか。そうすると、その順調で、 40
妨げられないものをどのような事柄の中に探し求めるべきであろうか。隷属的なものの
中か、それとも自由なものの中か。

「自由なものの中だね」

それでは、あなたがたがもっている身体は自由なものか、それとも隷属的なものか。

「よく分からないね」

身体というものは、熱病や痛風や眼病や赤痢に、僭主や火や鉄に、つまりすべてそれより強いものに隷属することが分からないのか。

「確かに隷属しているね」

41 それならば、身体に属するものがどうしてなお妨げられないものでありうるだろうか。自然本性において死んだもの、土や泥であるものが、どうして偉大で語るに値するものであるだろうか。それではどうなのか。あなたがたはなにひとつ自由なものをもっていないのか。

「多分なにもないね」

42 では、誰があなたがたに虚偽だと思われているものを承認するように強いることができるのか。

「だれもできないね」

誰があなたがたに真だと思われているものを承認しないように強いることができるのか。

「だれもできないね」

43 するとその場合、あなたがたは自分の中に自然本性における自由を見出していることになる。また、あなたがたの中で誰が、有益なものやふさわしくないことの心像をもつことなしに、欲求したり、忌避したり、衝動を感じたり、反発したり、準備したり、計画したりすることができるだろうか。

「だれもできないね」

そうすると、あなたがたはそれらの中にも妨げられることのない自由をもっているこ
44 とになる。かわいそうな人たちだ、これを仕事とし、これに専念して、そこに善を求め
なさい。

45 それに(29)、どうして裸で、家も竈（かまど）もなく、不潔で、召使いも祖国ももたない無一物の人
46 間が幸福に暮らすことができるだろうか。ごらんなさい。そんな生き方が可能だという
47 ことを行為でもって示そうとする人(30)を神があなたがたのもとに送られた。「私をごらん
なさい。家や祖国や召使いもなく、地面に寝て、妻子もなく、邸宅もなく、ただ大地と
48 空と一枚の外衣があるのみ(31)。それで、私に何が欠けているだろうか。苦しみも恐怖もな
く自由ではないか。君たちのうちのだれかが、私が欲求しているのに得そこなったり、
忌避しているのに遭遇したりしているときをみかけたことがあっただろうか。神や人間
を非難しているときがあっただろうか。人を咎（とが）めたときがあっただろうか。君たちのう
ちのだれかが、私が気むずかしい顔をしているのをみかけたことはあるまいね。君たち
49 が恐れたり賛嘆したりしている相手に私はどんな対応をしたのか。召使いのようにでは
ないか。私をみて自分の王や主人をみていると思わない人がいるだろうか(32)」

ごらんなさい。これがキュニコス派の言葉であり、性格であり、意図である。君のほ 50
うはそうではなくて、ずだ袋と棍棒(こんぼう)と大きな顎(33)をもつのがキュニコスだと言っている。
出されたものはなんでもたいらげ、袋にしまい込む。出会う人を時もわきまえず罵って、
誇らしげに両肩をみせる始末だ。君がどれほど大きな仕事を手がけようとしているか分 51
かるかね。まず、鏡を手に取って、君の両肩をみなさい。腰や太股(ふともも)を確かめてみなさい。
ねえ、君はオリュンピア競技祭に名前を登録しようとしているのだ。けっして意気のあ
がらないつまらぬ競技祭ではない。オリュンピア競技祭では、負けてその場を去るだけ 52
ではすまない。まず、アテナイやラケダイモンやニコポリス(34)の人だけでなく、全世界の
人が注視する中で恥をかかねばならないのだ。次には、なにげなく競技祭に参加した者(35)
は、鞭で打たれねばならないが、鞭で打たれる前に、喉が渇き、炎暑に焼かれ、たくさ
ん砂埃(すなぼこり)を吸わねばならない(36)。

もっと慎重に考え、君自身を知ることだ。ダイモーンのしるし(37)をよく吟味しなさい。 53
また、神のご加護なしに着手してはならない。というのは、神が忠告するときは、君が
栄光を手にすることになるか、おおいに打たれることになるかのどちらかを望んでおら
れることを知らねばならないからだ。実際、まさにこのことがキュニコスの徒の仕事と 54

非常にうまい具合に関係しているのだ。彼はロバのように打たれなければならない。そ
して、打たれながら、自分を打つ人を万人の父として兄として愛さねばならない。とこ 55
ろがそうじゃない。だれかが君を打つと、周囲の人がみているところで「皇帝陛下[38]、あ
なた様の平和な御世に私はなんというひどい目に遭うことだろう。執政官格総督のとこ
ろに連れていってくれ」と吠え立てるのだ。だが、キュニコスの徒にとって皇帝とは、 56
執政官格総督とは何であるのか。自分をこの世に送り、自分が仕えているゼウス以外の
者とは何であるのか。ゼウス以外のものに訴えたりするのか。いや、むしろそれらの何
をこうむろうとも、ゼウスが自分を鍛えておられるのだと信じているのではないか。へ 57
ラクレスはエウリュステウスによって鍛えられたとき、自分を惨めだとは思わなかった[39]。
むしろ、臆することなく、課せられたことのすべてをなし遂げたのだった。それなのに、
ディオゲネスの王笏[40]をもつに値するキュニコスの徒が、ゼウスによって格闘させられ鍛
えられているときに、泣きわめいて不満を言ったりするだろうか。ディオゲネスは熱病 58
にかかったときに、通行人たちに向かって何と言ったのか、聞くがよい。彼はこう言っ
たのだ。「頭の悪い奴ら[41]だ、立ちどまらないのかい。競技者が命を落としたり、はたし
合いをしたりするのをみるために、遠路はるばるオリュンピアに出かけるくせに、熱病

と人間のはたし合いはみようとしないのかい」[42]。おそらくこのような人間なら、逆境を 59
むしろ誇りとし、みずからを通行人の見世物に値すると言い張るくらいであるから、自
分をこの世に送り込んでくれた神に対して、自分を相応に扱ってくれないと言って非難
することはないだろう。いったいいかなる点において非難するのか。神が申し分のない
生を送っておられる点だろうか。何を責めるのか。みずからの徳においてより輝いてお
られる点だろうか。さあ、それでは貧困について、死について、労苦についてディオゲ 60
ネスは何と言っていたのかをみよう。みずからの幸福をペルシア大王のそれ[43]とどんなふ
うに比較していたのか。むしろ、比較のしようがないと考えていたのではないか。不安、 61
苦悩、恐怖、満たされぬ欲求、うまくいかぬ忌避、羨望、嫉妬がうごめく中で、そのど
こに幸福の余地があるだろうか。しかし、誤った考えのもとには、これらすべてが必然
的に存在するのだ。

さて、その青年[44]が「病気をしたときに、友人がその人に病気の治療を受けに来なさい 62
と言ったら、それにしたがうべきでしょうか」と尋ねると、エピクテトスは次のような
ことを言った。どこにキュニコスの友人がいるのか私にみせてくれたまえ。だって、そ 63
の人が友人のひとりに数えあげられるにふさわしいのなら、もうひとりのキュニコスの

徒でなければならないからね。ちょうどディオゲネスがアンティステネス(45)の友人であり、
クラテス(46)がディオゲネスの友人であったように、友人に値するとみなされようとするな
らば、王笏と王位をともにする神の奉仕者でなければならない。それとも君は、キュニ 64
コスの徒のところにやって来て挨拶するだけで、もう彼の友人となり、彼に入門する値
打ちがあると思うのかね。したがって、君がそんなふうに考え(47)、そのような姿を思い描 65
いているのであれば、むしろ結構な糞の山でも探し出して熱病の間くるまって、体が冷
えないように北風に注意をすることだ。どうやら君はどこぞの家にでも行って、しばら 66
くの間食わせてもらいたいのだろう。それなら、そのような大きな仕事に手をつけるこ
とが君に何の関係があると言うのか。
「結婚や子供はキュニコスの徒によって先決の問題として受け入れられているのでし 67
ょうか(48)」とその青年は言った。
もし賢者の国というものを認めてくれるならば、おそらく人はやすやすとキュニコス
的な生に赴くことはないだろう(49)。というのは、何のためにそのような生き方を受け入れ
たりするだろうか。だが、それにもかかわらず、キュニコス的生をとる人がいると仮定 68
するならば、その者が結婚し子供を作ることになんのさしつかえもないだろう。なぜな

ら、彼の妻も、義理の父も別のキュニコスの徒となり、子供もそのように養育されるで
あろうから。しかし、世の中が現在のように言わば戦闘状態にあるような状況にあって 69
みれば、キュニコスの徒は妨げられることなく神への奉仕に専心し、私的な義務に縛ら
れることなく、さまざまな係累──それに関わることをやめれば、善美なる人格を保つ
ことができず、それに関われば、神々の使者、密偵、伝令であるのをやめざるをえない
ようなこと──に巻き込まれることもなく、人びとの間を自由に往来することができな
ければならないのではないか。というのは、考えてもみたまえ。そんな係累があれば、 70
人は義理の父に自分から誠意のあるところをみせねばならないし、妻のほかの親族や妻
自身に対しても同様であり、さらには病気の世話や金儲けに忙殺されることにもなる。
ほかのことはさておき、子供をお風呂に入れて洗ってやるには湯を沸かす釜が必要だし、 71
子供を産む妻のためには羊毛とオリーブ油と子供の寝床と水飲み容器が必要となる──
これだけでもたくさんの家具だ。他でも忙しいし、気晴らしも必要だ。あの公的なこと 72
に専念してくれる王者(50)はどこにいるのか。

民をあずかり、さまざまにおのが心を砕く身なれば(51)

結婚する者、子供を作る者などほかの人びとについて、誰が自分の妻を大切にし、誰
が虐待しているか、誰がけんかをしているか、どの家が整っていて、どの家がそうでな
いかを監督せねばならないというのに。ちょうど医者が診察に回って、脈をとっては、
73 「熱がありますね。頭痛がしますね。痛風ですね。絶食しなさい。食べなさい。お風呂
はだめです。切除しないといけません。焼灼しないといけません」と細々と言うような
74 ものだ。個人的な義務に縛られている人にとってどこにそんな暇があるだろうか。子供
のために衣服を作ってやらねばならないのではないか。さあ、子供に小さな書板と尖筆
(52)をもたせて、読み書きの先生のところにやらねばならないし、それに子供用の寝台も用
意しなければならない。なぜなら、胎内から出てきたばかりで、キュニコスの徒という
わけにはいかないからだ。だが、そうしてやれないなら、そんな育てかたをして殺して
75 しまうよりは、生まれたらすぐに捨ててしまう(53)ほうがましというものだ。考えてもごら
んなさい。われわれはどこへキュニコスの徒を堕落させ、どんなふうに彼から王者たる
品格を奪っているか。
76 「ごもっともですが、クラテスは結婚しましたよね(54)」

君が私に言っているのは、恋愛から生まれた特殊な事情であって、しかもその女性は
もうひとりのクラテスなのだ。だが、われわれが探究しているのは特殊な事情のない一
般的な意味での結婚のことだ。こんなふうに探究してみると、結婚という問題はキュニ
コスの徒にとって優先事項としては見出されないことになる。
「そうすると、キュニコスの徒はどうやって社会を維持することができるのでしょう 77
か」
神にかけて言うが、自分の代わりに二、三人のひどい面をした[55]子供を作った人間のほ
うが、すべての人びとが何をしているのか、どんなふうに暮らしているのか、何に心を
向け、義務に反して何をなおざりにしているのかについて可能なかぎり監視している人
間よりも、より大きな善をおこなっているのだろうか。また、自分の子供を残した人間 78
は、子をなすことなく死んだエパミノンダス[56]よりも、テバイに大きな利益をもたらした
だろうか。また、五〇人ものつまらぬ子をなしたプリアモスや、ダナオスやアイオロス[57]
のほうが、ホメロスよりも多く社会に貢献したのだろうか。さらに、将軍や文筆の仕事[58]
をしていれば、人は結婚や子づくりから遠ざかるだろうし、子供がなかったことの代償 79
としてなんの価値もなかったなどとは思わないだろうが、キュニコスの王者たる品格の

ほうは子供がないのと同等の価値をもたないのだろうか。

80 われわれはキュニコスの徒の偉大さに気づかず[59]、ディオゲネスの性格をその真価にお
いて思い描いていないのではないのか。むしろ、屁をひることはとにかく、他にはなに
ひとつ古代の人びとをまねることがなく、「食卓の番人ども[60]」でしかない現在のキュニ
81 コスの徒に目を奪われているのではないか。そもそもが、われわれはこのようなことに
動じたり、キュニコスの徒が結婚せず、子供を作らないからといって、不思議に思った
りすることはなかったのだ。いいかね、彼らは全人類の生みの親であり、男は息子であ
り、女は娘であって、そのような立場からすべての人に近づき、すべての人の世話をや
82 いているのだ。それとも、君は彼らがおせっかいから人に悪態をついていると思うかね。
むしろ、父親として、兄弟として、共通の父親であるゼウスに仕える者としてその仕事
をおこなっているのだ。

83 もしなんなら、キュニコスの徒は政治にも関わるべきかどうか尋ねてみるかね[61]。馬鹿
げた話だ。君はキュニコスの徒が関わっている国制[62]よりも大きな国制を求めているのか。
84 それとも、アテナイ人にもコリントス人にもローマ人にも等しく、全人類を相手に財源
や歳入や平和や戦争についてではなく、幸福と不幸について、好運と不運について、隷

属と自由について対話しなければならない人間が、アテナイくんだりにやって来て、歳
85 入や財源の話などするだろうか。これほど大きな政治に携わっている人間のことを、君
は政治に携わるべきかどうかなどと尋ねるのか。ついでに、公職に就くべきかどうかも
訊いてみるかね。もう一度君に言おう。馬鹿げているよ。彼が就いている公職以上に大
きな、どんな公職のことを言っているのか。
86 　とはいえ、このような人物にもしかるべき身体は必要である。なぜなら、彼が肺を病
んで痩せて蒼白になってやって来たとしたら、その証言は同じような重みをもたないか
87 らだ。つまり、その人は一般の人びとに対して、魂の状態を示すことによって、特別に
もてはやされるものがなくても知徳をそなえた人でありうることを証明するだけでなく、
身体を通じても、空の下の単純素朴な生活が身体を損なうものではないことを示さねば
88 ならない。「みよ、私と私の身体がその証拠だ」。こんなふうにディオゲネスはふるまっ
ていた。彼は燦然として歩き回り、体つきだけで多くの人びとを振り向かせたからだ。
89 だが、キュニコスの徒が哀れみを受けるようでは、物乞いと思われてもしかたがない。
みんなが顔をそむけ、不快の念を抱く。要するに、不潔きわまりないと思われ、そのこ
とで人を寄せつけないというようなことがあってはならない。むしろ、彼の窮乏そのも

のが清浄で、人を引きつけるものでなければならないのだ。
90 だが、キュニコスの徒にはこれに加えて、生まれもった魅力と機知が少なからず必要
になる——でなければ、ただのでくのぼう(63)だ。それは身にふりかかることに即座に機敏
91 に対応するためである。ちょうどディオゲネスが「君は神々の存在を信じないあのディ
オゲネスじゃないか」と言った人に対して、「じゃあ、どうして私は君が神々の敵だと
92 思っているんだろう(64)」と応酬したようなものだ。さらに、アレクサンドロスが眠ってい
るディオゲネスの側に立って、

「人に指図する者は、夜もすがら眠ってはならぬ」

と言ったのに対して、まだ半ば眠りながらこう言ったのだ。

「民をあずかり、さまざまにおのが心を砕く身なれば(65)」

93 そしてなによりもまず、彼の指導的部分は太陽よりも純粋でなければならない。そう
でないと、自分で悪事に関わりながら他人を非難する博奕(ばくち)打ちか、ならず者にならざる
94 をえない。というのも、どういうことか考えてみたまえ。この世の王たちや僭主たちは、
護衛兵がいて武器があるからこそ、たとえ自分が悪くても、人を叱責したり、しくじっ
た者たちに懲罰をあたえたりすることができるが、キュニコスの徒の場合には、武器や

95 護衛兵の代わりに良心がこのような権能をあたえてくれるのだ。人びとのために夜も眠
らず、労苦を重ね、清浄なままに眠りにつき、眠りが去ったあとはさらに清浄を保ち、
胸中では神々の友として、召使いとして、ゼウスの支配に関与する者として思いめぐら
し、どんな場合であれ喜んで、

　　われを導きたまえ、ゼウスよ、そして汝、運命よ(66)

という詩句を唱え、「それが神々の御心にかなうのであれば、そうあってほしいものだ(67)」
96 といった言葉を語るべきだということを知っていながら、どうして兄弟や子供たちに、
要するに親族の者たちに思いのたけを語る勇気がもてないなどということがあるだろう
97 か。そういうわけで、このような心の状態にある人が、余計なことやおせっかいをする
ことはない。なぜなら、人間のすることを監視するときは、他人のことでおせっかいを
するのではなく、むしろ自分のことをするものだからだ。それが違うというのであれば、
将軍が兵士たちを監視し、閲兵し、見守り、秩序を乱す者を罰するときに、彼はおせっ
98 かいをしていると言えばよい。もし君が袖の下にお菓子を隠しもち、他人を非難すると

きは、私は君にこう言うことにする。「君はむしろ隅っこへ行って、盗んだものを食べ
99 ようと思っているんじゃないか。他人のものが君に何の関わりがあるのか。君はそもそ
も何者なのか。君は牡牛かね、それとも女王蜂かね。もし女王蜂なら、自然本性からも
っている支配のしるしを私にみせてくれ。だが、女王蜂の地位を僭称する雄蜂なら、
蜜蜂(68)が雄蜂を倒すように、市民仲間が君を倒すことになると思わないかね」
100 キュニコスの徒は、大衆から無感覚で石のようだと思われるほど辛抱強くなければな
らない(69)。つまり、だれも彼を罵(ののし)ることはなく、だれも打擲(ちょうちゃく)を加えることなく、だれも虐
101 待することはない。自分の身体のほうは、望む人に好きに扱えとくれてやったのだ。な
ぜなら、より劣った人は、その劣っている点において、より優れた人に打ち負かされざ
るをえないこと、身体の上では多くの人びとより、より弱い人はより強い人により劣っ
102 ていることを、彼は忘れていないからである。だから、負けるかもしれない競技にはけ
っして出向いていくことなく、自分に関わりのないことからはさっさと遠ざかり、隷属
的なことで張り合うことはない。
103 だが一方で、意志や心像の使用に関わるところでは、どれだけの目をもっているかが
104 分かるだろう。だから、アルゴス(70)は彼と比べれば盲目と言ってよい。まさか承認が性急

なものであったり、衝動が無鉄砲なものであったり、欲求が的はずれであったり、忌避
が不成功に終わり、計画が頓挫し、人を非難し、辱め、あるいは嫉妬するようなことは
あるまいね。このような場面では、おおいに注意を働かせ、緊張するが、それ以外のこ 105
とに関しては仰向けになって鼾(いびき)をかいていて、まったくもって平安である。意志には盗
賊もいないし(71)、僭主もいない。だが、身体にはどうか。いるとも。財産にはどうか。い 106
るとも。支配や名誉にもいるのだ。すると、彼はそれらと何の関わりがあるというのか。
それらのことで彼を怖がらせる人がいれば、「ここから出ていって、子供を探すんだね。
子供は仮面を怖がるが、私はそれが陶製で、中にはなにもないことを知っているから
ね」と答えるだろう。

　君が思案しているのは、このような事柄についてなのだ。だから、神に誓って言うが、 107
君にその気があれば、キュニコスの徒になるのは後にして、まずは君に心構えができて
いるかみることにしなさい。ほら、ヘクトルは妻のアンドロマケに何と言ったのか。 108
「家に戻って、機(はた)を織るのだ。

　戦争は男の仕事だ。

男たちみんなの、とりわけ私の仕事だ(72)」

このようにヘクトルは自分の心構えと妻の無力とを自覚していたのだ。

第二三章　演示するために読書したり議論したりする人びとに対して

1 君はどんな人でありたいのか[1]。まずそれを君自身に言うことだ。そのようにしてから、
君のなすことをなせばよい。なぜなら、ほかのすべての場合にもそのようにおこなわれ
ているのを目にするからだ。競技者はまず自分がどんな競技者でありたいかを決めて、
2 そうしてからこれに続くことをおこなう。もし長距離走者でありたいならば、それにふ
さわしい食べ物と散歩とマッサージと鍛錬が必要になる。短距離走者でありたいならば、
それにふさわしいほかの多くのことが必要になる。五種競技者でありたいならば、さら
3 に違ったことが必要になる。技術の場合も、これと同様であることを君は見出すだろう。
もし大工でありたいならば、それにふさわしい準備が必要になるだろうし、鍛冶屋であ
りたい場合でも、それに相応の準備がいるだろう。というのは、われわれがおこなって
いることのそれぞれがどんな目的にも関わっていないとすると、われわれはでたらめに

行動していることになるだろう。また、目的とすべきでないことを目的とするならば、
間違った行動をしていることになるだろう。
4 さらに、目的には一般的なものと個別的なものとがある。最初のものは人間としてあ
るための目的である。これには何が含まれているか[2]。たとえおとなしくても羊のように
5 行動することではなく、野獣のように有害な行動をすることでもない。個別的な目的の
ほうは、各人の生の営みや意志に関連している。竪琴を弾いて歌う人は竪琴を弾いて歌
う人として、大工は大工として、哲学者は哲学者として、弁論家は弁論家として行動す
6 る。それで、君が「こちらに来て、私がみなさんに朗読するのを聞いてください」と言
えば、まず自分がでたらめな行動をしているわけではないと考えなさい。次に、自分が
目的をもった行動をしていることがわかったら、それがしかるべき目的であるかどうか
7 を考えなさい。利益を得たいのか、それとも賞賛されたいのか。すると、君はすぐにそ
の人が「私が大衆から賞賛されることの、どこが問題なのでしょうか」と言うのを聞く
ことになる。結構な言い分だ。音楽家にとっては、音楽家であるかぎりそのような賞賛
8 はたいした問題ではないし、幾何学者にとっても同様だ。とすると、君は利益を得たい
のか。どのような点においてか。われわれにそれを言ってくれ。そうすれば、われわれ

は自分から君の講義室に走っていくだろう。ところで、人は自分が利益を得てもいない
のに、他人に利益をあたえることができるだろうか。できるわけがない。大工でもない
者が大工の技術に導くことはないし、靴屋でもない者が靴作りの技術に導くことはない
からだ。

9 それでは、君が利益を得ているかどうか知りたいのか。哲学者よ、君の考えをみせて
くれ。欲求が約束するものとはどんなことか。

「それを得そこなわないことです」

忌避が約束するものとはどんなことか。

「それに陥らないことです」

10 では聞くが、われわれはそうした約束を満たしているだろうか。どうか本当のことを
私に言ってくれたまえ。君が本当のことを言わないのであれば、私のほうから君に言お
う。先日、君の聴講者たちがいささか無関心な様子で集まってきて、君に拍手喝采をし
11 なかったものだから、君は意気消沈して出てきた。さらに先日、講義を褒められたとき
には、そこいらを歩き回り、みんなにこう言ったのだ。

「私の講義をどう思ったかね」

「先生、本心から申しますが、すばらしかったですよ」

「あそこの話はどうだった」

「どんなところでしたか」

「パーンやニュンフ[3]を描いてみせたところだよ」[4]

「あそこはすばらしかったです」

12 そこで君に訊くが、君は欲求と忌避において自然にしたがった行動をしているのか。
13 ここから出ていって、ほかの人を説得することだ。君はだれそれを自分の信念に反して褒めなかったか。元老院議員にへつらうことをしなかったか。君の子供がそのような人であってほしいと思わなかったか。

「そんなことはありませんよ」

14 それでは、君がその人を褒めたり賞賛したりするのは何のためなのか。

「素質のある若者で、講義を聞きたがっているのです」

どうしてそんなことが分かるのか。

「彼は私のことを褒めてくれますからね」

君は証明をしてみせたわけだ。それでは、君はどう思っているのか。彼らはひそかに

15 君のことを軽蔑しているのではないか。つまり、なにも善いことをしたことも考えたこ
ともないと思っている人が、「すばらしい才能の持ち主だ。率直で純粋な人だね」と自
分のことを褒めそやす哲学者に出会ったとき、「この人は私からなにかをもらう魂胆だ」
16 と自分に言い聞かせる以外のことをすると思っているのかね。あるいは、どうか言って
くれたまえ。その青年は才能のあるところを示す仕事をやってみせたのか。いいかね、
彼はこれほど長い期間にわたって君とともにあり、君の問答を耳にし、講義を聞いたわ
けだ。それで、冷静沈着に自省するようになったのか。どのような悪徳に陥っているこ
とに気づいたのか。自惚れを投げ捨てたのか。教えてくれる人を探しているのか。

「探していますとも」とその人は言った。

17 いかに生きるべきかを教える人かね。愚かだね。そうではなくて、いかにおしゃべり
すべきかを教える人だろう。そのために君のことにも感心しているのだ。彼がどんなこ
とを言っているか聞いてみたまえ。「この人は非常に技巧をこらした文章を書く。ディ
18 オン[5]よりもはるかに上手い」。まったく見当違いだよ。彼は「この人は慎み深く、誠実
であり、平静です」と言っているのではあるまい。かりにそんなことを言っているので
あれば、私は彼に「この人が誠実だとすると、誠実とは何であるのか」と尋ねるだろう。

そして、この問いに答えることができなければ、「まず、自分が何を言っているのか知
ることだ。そのうえで、そう言えばよい」とつけ加えるだろう。

すると、君はそんなひどい状態でありながら、褒めてくれる人を渇望し、聴講生の数 19
を数えて、他人に益を施そうと思っているのか。

「今日はかなりたくさんの人が私の講義を聞きにきた」

「たしかに、たくさんいましたね」

「五百人はいたと思うよ」

「馬鹿なことを、千人だとしておきましょう」

「ディオンにはけっしてこれほどの聴講生はいないよ」

「どうして彼にはいないのですか」

「彼らは巧みな論説が分かるのです」

「先生、美しいものは石をも動かせる[6]というわけですね」

ごらんなさい、これが哲学者の言葉だ。ごらんなさい、これが人びとを益する者の心 20
情だ。ごらんなさい、これが理性に耳を傾け、ソクラテスの言葉をソクラテスの言葉と
して読み、リュシアスやイソクラテス[7]のもののように読まない者だ。「私はかねがね不

思議に思っていたが、いったいどのような〔いくつかの〕議論によって……」[8]。「だめだね。
21 むしろ、「どのような議論によって」と言うほうが、表現がなめらかになる」。君はその
言葉を詩句だと思って読んだのかね。もし君がしかるべきしかたで読んでいたら、そん
なことに関わることなく、むしろ「アニュトスもメレトスも私を殺すことはできるが、
害することはできないのだ」[9]とか「私という人間はいつもそうなのだが、よく考えてみ
て自分で最善だと思われるような論理でなければ、自分の中のほかのいかなるものにも
22 したがわない」[10]のような言葉に目を向けていただろう。そんなわけで、ソクラテスが
「私は知っていることがあるから、教えてあげよう」と言うのを聞いた人はいないのだ。
むしろ、彼はそれぞれの人を別々の教師のところに送った。だから、彼らはソクラテス
のところに来て、彼から哲学者に紹介してくれるように頼むと、ソクラテスもその人を
23 連れていって、紹介してあげたものだった[11]。いやむしろ、送っていきながら、「今日は
私がクァドラトゥス[12]の家で問答するのを聞くとよい」と言うだろう。私は君からどんな
話を聞くのだろうか。君は私に字句を上手に並べるところをみせたいのか。もちろん、
君はそうするのだが、それは君にとってどんな善いことなのか。

「とにかく、私を褒めてくださいよ」

24 褒めてくれというのは、どういう意味なのか。
「すごいぞ」とか「驚いたね」とか言ってくださいよ」
言ってみよう。だが、褒めるということが、哲学者たちが善の範疇に属すると言って
いるものと同じであるのなら、私は君のどこを褒めればよいのか。もし正しく語るこ
とが善なのだとしたら、それについて私に教えてくれたまえ。そうしたら、褒めてあ
げよう。
25 「すると、どうなのですか。そのような話を聞くのが楽しくてはいけないのですか」
そんなことはないよ。私だって竪琴を聞くのは楽しくなくはない。しかし、そのため
に私は立って竪琴を弾かなければならないだろうか。ソクラテスが何と言ったのかを聞
いてみることだ。「また実際のところ、みなさん、この年齢になって若者のようにみな
26 さんの前に進み出て、話をこしらえたりするのはふさわしくないでしょう」[13]。「若者のよ
うに」とソクラテスは言っている。実際のところ、ちょっとした単語を選んだり、それ
らを並べたり、やって来て上手に読んだり語ったり、あるいは読んでいる途中で「誓っ
て言うが、これらの議論には多くの人はついていくことはできない」などと言ったりす
る技術はすてきなものだからね。

27 「哲学者は聴講するように招いたりしないのですか」
いやむしろ、ちょうど太陽が養分を自分のほうへ引き寄せるように[14]、そのように哲学
者たちも恩恵を受けようとする人たちを自分のほうへ引き寄せるのではないか。どんな
医者が自分にかかって治療を受けてくださいと招いたりするだろうか。もっとも、聞く
ところでは、ローマでは今では医者のほうから招くそうだ——私がいた頃は、医者が招
28 かれたものだったがね。「私が君をお招きしたのは、ここに来て、君の状態がよくなく
て、万事につけ気をつけるべきこと以外のことで気を使っていること、善悪の区別がつ
かず、不幸にして不運だということを聞いてもらうためなのだ」。立派なお招きだよ。
だが、哲学者の言葉にこうした効力がないとすれば、その言葉もそれを語る当人も屍(しかばね)
29 同然だということになる。ルフスは、「もし君たちに私を褒める暇があるとすれば、私
は意味のないことを語っているわけだ」と言うのが常であった。そういうわけで、彼は
われわれひとりひとりが座っているとき[15]、だれかが自分を非難しているのだと思うよう
な、そんなふうに話をしたものだった。そんなふうに出来事に関わり、そんなふうに各
人の欠点を目の前に示したものだった。
30 ねえ君たち、哲学の学校は治療をするところだ。楽しんでではなく、苦しんで帰らね

ばならない。つまり、健康な状態でやって来るわけではなく、ある人は肩を脱臼して、
ある人は腫れものができて、ある人は瘻管(16)ができて、ある人は頭痛がするのでやって来
31 るわけだ。それから、私はというと椅子に座って、ちょっとした考えや言葉を語るのだ
が、それは君たちが私を褒めて、来たときと同じ肩の状態で、同じように頭痛がして、
32 腫れものをもったまま、瘻管をもったまま帰るためだろうか。君がちょっとした言葉を
語ったときに私が「いいね」と言うために、若者たちは故郷を離れ、両親や友人や親族
や財産と別れを告げてやって来るのだろうか。ソクラテスやゼノンやクレアンテスがや
っていたのは、そんなことだったのか。
33 「ではどうですか。議論には勧告的な様式というものがあるのではないですか」
誰がないなどと言っているのだ。それはちょうど論駁的な様式や教示的な様式がある
のと同じことだ(17)。すると、これらとともに第四のものとして、演示的な様式があるなど
34 と、誰が言ったのか。というのも、勧告的な様式とはどのようなものであるか。それは
ひとりの人に対してであれ、多くの人に対してであれ、彼らが巻き込まれている矛盾を
示したり、自分が望んでいること以外のあらゆることに彼らが心を砕いているという事
実を示すことができるものである。というのは、彼らは幸福をもたらすものを望んでい

35 るのに、それを別のところに探しているのだ。このような指摘をするために、千の座席
を設営し聴講生を招いて、素敵な外套や衣服を身にまとい講壇に上がって、どのように
アキレウスが死んだのかを語るようなことが必要なのだろうか。神々に誓って君たちに
36 言うが、立派な言葉や行為を汚すようなことはできるだけやめてくれ。講義する者が、
聴講者たちに対して君たちを必要としていると打ち明けるほど、勧告的でないことはな
37 いのだ。あるいは、私に言ってくれ。君の朗読や問答を聞いて、誰が自分について不安
になったり、自分のことを反省したり、また退出するときに「この哲学者は見事に私の
弱点をついてくれた。もうこんなことはするべきではない」と言ったりしただろうか。
38 いやむしろ、君の評判が非常に高ければ、彼は人に向かって「あの先生はクセルクセス
のことをすばらしく描写しました」と言い、別の人は「いや、テルモピュライの戦いの
ほうが見事でした」と言うのだろうか。これが哲学者のする講義なのか。

第二四章　われわれの力が及ばないものに執着してはならないことについて

1 他人が自然本性に反する状態にあるからといって、それが君の悪にならないようにし
なければならない。なぜなら、君は他人とともに卑屈であったり不運であったりするの
2 ではなく、ともに幸福であるように生まれついているからだ。だが、もし不運であるよ
うな人がいれば、自分自身の責任において不運なのだということを覚えておくことだ。
3 というのは、神はすべての人が幸福であり、平安であるように創ったのであるから。こ
の目的のために、神はそれに至る手がかりとして、あるものを各人に固有のものとして、
あるものを他人に属するものとしてあたえられたのだ。すなわち、妨げられるもの、奪
われるもの、強制的なものは各人に固有のものではないが、妨げられることのないもの
は各人に固有のものである。そして、神はわれわれのことを配慮し、父のごとく見守る
者にふさわしく、善と悪の本質をわれわれに固有のものの中に置いたのだ。

4 「でも、私はだれそれと別れてきましたが、彼は悲しんでいますよ」(1)
なぜその人は自分に関わりのないことを自分のことだと思ったのか。なぜその人は君
をみて喜んでいたときに、君は死すべきものであり、旅立つこともあるということを考
5 えなかったのか。それだから、自分のうかつさの罰を受けているのだ。君のほうは何の
代償として、何を目的にして悲しんでいるのか。君もまたそのことをよく考えずに、と
るに足らない婦女子のように、ある場所や人間や暮らしなど、君が喜んでいるすべての
ものと永久に接することができると思い込んで、接していたのか。それで、同じ人びと
6 を目にせず、同じ場所で暮らせないと言って、座って涙を流しているのだ。つまり君は、
オオガラスやカラスが好きなところに飛来し、巣をかけ替え、海原を越えることができ
ても、最初に出逢ったもののことで嘆いたり寂しく思ったりすることはないが、そんな
鳥よりも惨(みじ)めであるのがふさわしいわけだ。
7 「はい。でも鳥がそんなふうに感じるのは、理性がないからですよ」
すると、われわれが神々から理性をあたえられたのは、われわれが不運で不幸であり、
8 惨めで、嘆きながら生きるためなのだろうか。それとも、みんなが不死になって、だれ
もその場所から旅立つことなく、われわれもどこかへ旅立つどころか、まるで根を生(は)や

した植物のようにその場に留まるべきなのか。また、知り合いのひとりが旅立つならば、われわれは座って涙を流し、逆に、その人が戻ってくれば、まるで子供のように小躍りして拍手喝采するのだろうか。

　われわれはもはや乳離れして、哲学者たちから聞いたことを思い起こすべき時ではな
いだろうか。少なくとも、その言葉を祈禱師の呪文のように聞くのでなければだ——彼 9
らはこう言っている(2)。「この宇宙はひとつの国家(3)であり、宇宙がそこから形成される素 10
材もひとつである。そして、必然的にある周期が存在し、あるものがほかのものに場所
を譲り、解体するものがあれば、出現するものがあり、同じ場所に留まるものがあれば、
変化するものもある。すべては親しいものに、すなわち、まずは神々に、次には人間た
ちに満ちあふれており、お互いに自然本性的に同族のものである。そして、あるものは 11
お互いに場所を共有し、あるものは離れていくが、ともにいるものを喜ぶべきであり、
離れていくものを悲しんではならない。また人間は、生まれつき気高い心をもち意志と 12
関わりのないことをすべて軽視するが、それに加えて、地に根をおろしてこれに執着す
るようなことをせず、ある時は所用に迫られ、ある時はただ見物のためだけで、時によ
って異なる場所に赴く」と。

13 オデュッセウスもまた、なにかそのようなことに遭遇した。

多くの人びとの町をみて、その心情を知った。[4]

また、その前には人が住む全世界をめぐったヘラクレスがそうだった。

人びとの無法と秩序ある営みを目にしながら[5]

14 無法を駆逐し清浄にしながら、代わりに秩序をもたらしたのだ。それにしても、ヘラク
レスはテバイにおいて、アルゴスにおいて、アテナイにおいて、そして諸国をめぐりな
がらどれだけの数の友人を得たと思うかね。とにかく、彼はよい機会だと思ったときは
妻をめとり、子供を作り、そして子供らと別れるときも、嘆きもせず、名残りを惜しむ
15 こともなく、孤児にして置き去りにすることもなかった。つまり、彼はどんな人間も孤
児となることはなく、すべての人をいつも、絶え間なく気づかっている父がおわすこと
16 を知っていたのだ。彼はゼウスが人びとの父であることを、言葉を通じて聞いたわけで

はない。少なくとも、彼はゼウスが自分の父だと思っていたし、またそう呼び、ゼウス
をみて自分がなしたことをなしたからである。そういうわけで、彼はどこにいても幸福
に暮らすことができた。だが、幸福と現にあらぬものへの渇望はけっして一緒になるこ
17 とはない。なぜなら、幸福であるからには、望むものはすべて所有しており、満ち足り
たものに似ていなければならないからだ。彼に渇きや飢えがあってはならないのだ。

「ですが、オデュッセウスは妻を慕って、岩の上で泣いていました[6]」
18 君はどんなことでもホメロスや彼の物語に振り回される気なのか。それとも、彼が本
当に泣いていたのであれば、幸福ではなかったのではないか。だが、知徳をそなえてい
19 ながら誰が不幸であるだろうか。もしゼウスがみずからの市民を神自身と同じく幸福で
20 あるように気づかうのでなければ、世界全体を悪く支配していることになる。しかし、
そのような考えは神の掟に反し敬虔なことではない。むしろ、オデュッセウスが泣いた
りわめいたりしていたのであれば、彼は善良な人ではなかったことになる。自分が何者
か知らないような者が、どうして善良であるだろうか。また、生じたものは滅びゆき、
人は人と永遠に一緒にいることはできないという道理を忘れてしまった者が、どうして
21 自分を知っているようなことがあるだろうか。すると、どうなのか。不可能なことを望

むのは卑しく愚かなことであり、よそ者がひとりで戦うことができると思って、自分の
考えで神と戦うようなものである。
22 「しかし、私の母は私と会えなければ悲しみますよ」
では、どうして彼女はこの道理を学ばなかったのか。私はなにも彼女を悲しませない
ように配慮するなと言っているわけではない。むしろ、他人のものをなにがなんでも欲
23 しがってはならないと言うのだ。他人の苦しみは他人のもの、私の苦しみは私のものだ。
だから、私は私の苦しみをなにがなんでも抑えることはできるが——それは私の力が及
ぶことだからだ——、他人に関わるものはできるだけやってはみるが、なにがなんでも
24 やってみるというわけにはいかないだろう。さもないと、私は神と戦うことになり、ゼ
ウスに叛(そむ)いて、万有の支配をめぐって神と張り合うことになるだろう。そして、この神
との戦いと不従順の報いを受けるのは、子供の子供たち〔子孫〕ではなく私自身であり、
昼でも夜でも、夢をみては跳びあがり狼狽し、どんな報知にも震えて、自分の不動心だ
って他人の手紙に左右される始末だ。
ローマからだれかがやって来た。
25 「なにか悪いことでなければいいのだが」

君がいないところで、どんな悪いことが起こりうるだろうか。

ギリシアからだれかがやって来た。

「なにか悪いことでなければいいのだが」
26 そんなふうだと、君にはあらゆる場所が不運の原因になりかねないね。君は自分がい
る場所で不運に遭うだけでは十分でなく、海を越えて、手紙によってまでも不運でなけ
ればならないのか。君にとって事態はそれほど危ういのか。
27 「すると、かの地の友人が死んだらどうするのですか」
死すべき者が死んだこと以外に何があるだろうか。どうして君は老齢に至ることを望
28 みながら、愛しい人のだれの死もみたくはないのか。長い年月の間にはたくさんのさま
ざまなことが起こらざるをえず、ある者は熱病に負け、ある者は盗賊に負け、ある者は
29 僭主に負けることが分からないのか。なぜなら、境遇とはそのようなものであり、仲間
とはそのようなものであるからだ。寒さ暑さ、体に合わない食事、徒歩旅行、航海、風
向き、さまざまな苦難——これらはある者を滅ぼし、ある者を追放し、ある者を使節に
30 立て、ある者を戦場に送り出す。だから、君はただ座って、これらすべてに動転し、悲
しみ、不運であり、不幸であるのがよい。そして、自分以外のものに、それも一つや二

つではなく、幾万のものに頼るがよい。
31 君が哲学者のもとにいて聞いたこと、学んだことはそんなことだったのか。君は人生
が軍務のようなものだということを知らないのか。ある者は歩哨に立ち、ある者は偵察
に出て、ある者は戦いに出なければならない。同じ人が同じところにいることはできな
32 いし、より善いことでもない。君は将軍から課せられた任務を放棄し、もっと辛いこと
が課せられると不平をこぼし、君の力が及ぶ範囲で軍隊がどのようになるのかがわかっ
ていない。つまりは、もしみんなが君をまねるなら、塹壕を掘る人も、防壁を築く人も、
歩哨に立つ人も、危険を冒す人もいなくなり、軍隊に出ても役立たずに思われることに
33 なるだろう。さらに、船員として船で航海をするとしても、ひとつの場所に留まって、
そこから離れないようにしなさい。帆柱に登らなければならないなら、登ろうとしない
ことだ。船のへさきまで走らねばならないなら、走ろうとしないことだ。すると、どん
な船長が君のことを辛抱してくれるだろうか。むしろ、役に立たない道具のように、邪
34 魔でほかの船員の悪例でしかないものとして投げ捨ててしまうのではないか。今の場合
もその通りだ。各人の生活は軍務のようなもので、しかも長期にわたり、複雑である。

君は兵士の仕事を果たし、将軍の指示にしたがってどんなこともおこなわねばならない。

35 もしできれば、彼が望んでいることを先取りして行動するのだ。なぜなら、かの将軍
〔神〕とこの地の将軍とでは、力の強さにおいても品性の優秀さにおいても、同等ではな
36 いからだ。君は帝都において[7]役職に、しかも卑しからざる役職に、つまり終身評議員[8]に
ついている。君には分からないのか。そのような人間は家事に携わる時間がほとんどな
く、たいていは旅に出て、支配し支配されながら、なんらかの公職について奉仕したり、
出征したり、裁判に関わったりせねばならないのだ。それで、君は植物のように同じ場
所にしがみついて、根を下ろそうとするのか。
37 「それは楽しいですからね」
　誰が楽しくないと言っているのか。そればかりか、スープも楽しいし、美人の女性も
楽しい。快楽を目的とする人たちは、それとは違ったことを言うだろうか。
38 　君が洩らしたのがどんな人びとの言葉なのか気づいていないのか。エピクロス派や放
蕩な連中のではないのか。これらの連中の行動をして、思想を受け入れているくせに、
われわれにはゼノンやソクラテスの言葉を語るわけなのか。飾り立てても君には似つか
39 わしくないそんな他人のものなど、できるだけ遠くに放擲しようとは思わないのか。こ
ういう連中が望んでいるのは、邪魔されず強制もされずに眠ること、起きたら暇にまか

せて欠伸をし、顔を洗って、次には好きなものを書いたり読んだりして、さらにはつま
らないおしゃべりをして、話したことはなんでも友人たちから褒められ、それから散歩
に出て、少し散歩した後で沐浴し、次に食べて、次にこのような連中がおそらくするよ
うな寝方で睡眠をとる。これ以上は何を言うだろうか。察しがつくというものだ。
40 さあ、真理とソクラテスとディオゲネスの崇拝者よ、君自身が憧れる暮らしぶりとや
らを私に話してくれ。君はアテナイで何をしたいのか。今言ったようなことだろう。ほ
かのことではあるまい。すると、君はどうして自分のことをストア派と言っているのだ。
41 ローマの市民権を詐称する者は重く罰せられるのに、[9]これほど重大で尊い仕事と名前を
42 詐称する者が罰も受けずに放免されてよいものだろうか。あるいは、それはありえない
ことであって、神聖で強固で免れがたい法が、最大の罪を犯した者たちには最も重い刑
43 罰を科するのだろうか。この法は何と言っているのか。「自分と関わりのないものを僭
称する者は、法螺吹きとし、自惚れ屋とせよ。神の統治にしたがわぬ者は、卑劣漢とし、
奴隷根性の者とせよ。この者をして苦しみ、羨望、憐憫を抱かしめ、要するに、不幸で
あり、呻吟するものとせよ」
44 「ではどうですか。私がだれそれのご機嫌とりをして、その人の玄関口に日参するこ

とをお望みでしょうか」

もし理性が祖国のために、同胞のために、人類のためにそれを選ぶのであれば、行かない理由などあるだろうか。君が靴を必要とするときは、靴屋に行き、トゲチシャ(10)が必要な時は野菜売りのところに行っても恥ずかしくはないが、同じようなものが必要になったとき、金持ちのところを訪ねるのはどうして恥ずかしがるのか。

45 「ええ、恥ずかしいです。靴屋に感心することはありませんからね」

なら、金持ちにも感心しないことだ。

「野菜売りにへつらうわけにはいかないでしょう」

なら、金持ちにもへつらわないことだ。

46 「それでは、私はどうやって必要なものを得ればいいのですか」

私は「必要なものを得るために行け」と言っているのだろうか。むしろ、ただ「君自身にふさわしいことをするために行け」と言っているのではないか。

47 「それでは、なぜ私はなおも行くのですか」

48 とにかく出かけていって、市民や兄弟や友人の務めを果たすためだ。それから、これも忘れてはならないが、君は靴屋や野菜売りのところに行ったが、どんなに高値をふっ

かけてきても、この人たちはなにひとつ大きなことも重要なこともできないのだ。トゲ
チシャが欲しくて行っても、せいぜい一オボロスであって、一タラントン[11]ではあるまい。
今の場合もこれと同じだ。「事情があって、その人の家に行く必要がある」。「よかろう、 49
行こう」。「面談も必要だ」。「よかろう、面談しよう」。「さらに、手にキスをして、褒め
ておべっかも使う必要がある」。「立ち去ることだ。一タラントンを払うことになるよ。
善き市民であり友人であることを損なうようなことは、私にも国家にも友人にも利益に
なることではない」

「でも成果を上げないと、一生懸命やっていると思われませんよ」 50
また君は何のために来たのか忘れているね。知徳をそなえた人は自分がどう思われる
かを目的としてなにもなすことはなく、むしろ優れた行為をすることが目的なのだ。
「優れた行為をすることで、その人はどんな得をするのですか」 51
ディオン[12]という名前を書くべきように書いた人は、どんな得をするのか。まさに書い
たということだ。

「報酬はないのですか」
君は善良な人に、立派で正しい行為をすること以上の報酬を求めるのか。だが、オリ 52

ユンピアではだれもほかのものを求めることはなく、オリュンピアの栄冠を得ることで
十分だと君は思っている。人が善美であり、幸福であることは、君にはそれほど小さな
53 こと、なんの価値もないことのようにみえるのだろうか。その目的のために君は神々に
よってこの国に送り込まれ、すでに男子としての仕事をするように義務づけられた年齢
になっているのに、乳母だの母ちゃんだのを恋しがって、愚かな女性たちの泣き言で卑
屈になり、めそめそしているのか。そんなふうに幼稚で子供っぽくふるまうのをやめる
気はまったくないのか。子供のようにふるまう人が歳を重ねると、それだけ滑稽になる
ということが分からないのか。
54 アテナイでは人の家を訪ねたときにだれにも会わないのか。
「会いたい人には会いますよ」
当地でもその人に会いたいと思うがよい。そうすれば、望む人に会えるだろう。ただ
し、卑しいやり方、欲求や忌避をもってだけはしないことだ。そうすれば、君のほうは
55 うまくいくだろう。それは訪ねていくことでも、家の戸口に立つということでもなく、
56 むしろ心の内の考えにあるのだ。もし君が外的な、意志とは関わりのないものを軽視し
て、それらのどれひとつをも自分のものだと考えることなく、正しく判断し、理解し、

衝動を感じ、欲求し、忌避することだけを自分のものであると考えるのであれば、さら
にどこにへつらい、卑しいことを考える余地があるだろうか。なぜ君はなおかの地の安
57 逸な生活を、なぜ住み慣れた場所を恋しがるのか。少し待ってみることだ。そうすれば、
こちらのほうにもまた慣れてくるだろう。さらに、君がそれほどつまらぬ心の持ち主で
あれば、こちらから離れても、また涙を流し嘆くことになるだろう。
58 「そうすると、私はどうやって愛情の深い人[13]になれるのでしょうか」
高貴な精神の持ち主、好運な人としてあるならばね。なぜなら、理性は卑屈であるこ
と、悲嘆すること、他人に依存すること、神や人間を誹謗(ひぼう)することを求めないからだ。
59 このような意味で、これらを守るためなら、どうか愛情の深い人になってくれたまえ。
だが、君が愛情の深さと呼ぶものがどんなものであれ、その愛情の深さのゆえに奴隷根
60 性の憐れむべき人になるのであれば、愛情が深くてもなんの益にもならない。しかし、
人を死すべきもの、いつか旅立つものと認めて愛することを妨げるものはなにもない。
それとも、ソクラテスは自分の子供を愛さなかっただろうか。そうではなく、自由人の
立場から、第一に神々に愛される者でなければならないことを忘れることなく愛したの
61 だ。だから、ソクラテスは弁明するときも、量刑を申し出るさい[14]も、さらにそれ以前に

評議員であったときや、従軍したときも、[15]善き人にふさわしいことをなにひとつ踏みは
ずすようなことはなかった。だが、われわれは卑劣な人間であるために、ある人は子供 62
のせいで、ある人は母親のせいで、ほかの人は兄弟のせいでとか、あらゆる口実をもう
けて言い逃れをしている始末だ。しかし、だれかのせいで不幸せだというのはふさわし 63
いことではない。むしろ、みんなのおかげで、とりわけこのためにわれわれを創りたも
うた神のおかげで幸せであることがふさわしいのだ。さあ聞くが、ディオゲネスは、あ 64
れほど穏やかで、人間を愛し、その結果、人間社会のために非常に大きな労苦と肉体の
苦痛に喜んで耐えた人であるのに、なんぴとをも愛さなかったと言うのか。いやむしろ、 65
どんなふうに愛していたのか。それはゼウスに仕える者が愛すべきようなしかたである。
つまり、その身を心配し、神に対するように、仕えることによってである。だからこそ、 66
彼ひとりにとって大地のすべてが、どの国も例外なく祖国であったのだ。そして、海賊
に捕らえられたときも、アテナイもその地で親しくなった友人たちも恋しがったりせず、
むしろ当の海賊たちと親しくなって、彼らの心を正そうと骨を折ったのだ。[16]そして、そ
の後コリントスで売られてからも、以前のアテナイにおけるのと変わらぬ生活を送って
いたし、ペライビア人[17]たちのところへ行っても、同様であった。

67 こんなふうにすれば、自由は得られるのだ。だから、「アンティステネスが私を自由
68 にしてくれたから、私はもう奴隷でなくなった」と言っていたのだ[18]。どんなふうにして
奴隷でなくなったのか。彼がどのように言っているのか、聞いてみることにしよう。
「私のものと私のでないものとを教えてくれた。財産は私のものではない。親族、家に
いる者、友人、名声、なじみの場所、会話——これらすべては、他人のものだと教えて
69 くれた」。では、あなたのものとはどんなものですか。「心像を使用することだ。彼はこ
れこそ私が妨げられず、強制されずにもっているものだと教えてくれた。なんぴとも邪
魔することはできないし、私が違ったふうに望むことを強制することはできないのだ。
70 では、誰が私を支配する力をもっているか。ピリッポスか、アレクサンドロスか、ペル
ディッカスか[19]、ペルシア大王か。彼らはどこからそんな力を得たのか。なぜなら、人間
によって打ち負かされる定めにある人は、ずっと以前に物事によって打ち負かされてい
71 たに相違ないからだ」。そうすると、快楽にも労苦にも評判にも富にも打ち負かされる
ことなく、自分がそれでよいと思えば、この小さな肉塊を相手に吐き出して[20]、死ぬこと
72 ができるような人が、今さら誰の奴隷であり、誰に服従したりするであろうか。しかし、
かりにディオゲネスがアテナイで安逸に暮らし、その生活に支配されていたとすれば、

彼に関わる事柄はすべての人の手中にあり、より強い者が彼を支配して苦しめたことで
73 あろう。いったいどうして君は、彼がいつか美しいペイライエウス[21]や長壁やアクロポリ
スをみるために、自分をアテナイ人のだれかに売ってくれと、海賊どもに媚びへつらっ
74 たと考えるのか。愚かだね。そんなものをみるなんて君は何者なのだ。哀れな奴隷かね。
君にとって何の得があるのか。

「いいえ、自由人ですよ」
75 では、どんなふうに自由人なのかをみせてくれ。みたまえ。君をいつもの慣れた生活
から引き離す人がいるとして、君を捕まえてこう言うのだ。「お前は私の奴隷なのだ。
お前が望む暮らしかたをするのを妨げるのも私の手にかかっているし、お前を解放する
のも、打ちのめすのも私の手にかかっているのだ。私が望むときには、お前は再び陽気
76 になり、意気軒昂とアテナイへ行くこともできるのだ」。君を奴隷扱いにしているこの
男に対して、君は何と言うのかね。どんな人を彼からの解放者[22]として立てるのか。それ
とも、顔をまともにみることもぜんぜんできず、どんな議論もそっちのけで、解放して
77 くださいとひたすら嘆願するのかね。ねえ君、君は自分を連行する人にも先んじて、喜
んで大急ぎで牢獄に行くべきなのだ。それがどうだ。君はローマで暮らすのが嫌だから、

ギリシアを恋しがるわけなのか。そして、いざ死なねばならないときになって、われわ
れに泣きついて、もうアテナイがみられないとか、リュケイオン[23]で散歩できないとか言
うのか。

　君が郷里を出たのはそのためだったのか。つまり、だれかから利益を受けるために、 78
その人と交際することを求めたのか。それはどんな利益か。推論の分析をより容易にす
るためなのか、仮定論法を扱うためなのか。そして、そういう理由から、君はそれらの
ものを学んだうえで帰国するために、兄弟や祖国や友人や家の者たちを後にしたわけな
のか。だとすると、君が郷里を離れたのは、心の安定や平静を得るためでもなかったの 79
か。また、相手を傷つけない人になって、もはやだれをも非難せず、だれにも苦情を言
わないようにして、君に不正をなす人はいなくなるから、かくして自分の立場を妨げら
れることなく保持するためでもなかったことになるのか。君が貿易でもちかえった商品 80
は、推論だの転換論法だの仮定論法だのすばらしいものだ。もしよければ、広場に陣ど
って、薬屋のように看板を掲げるとよい。君は自分が学んだことでも、哲学理論を無用 81
なものとして辱めることがないように、それを知らないと言うべきではないのか。哲学
が君に対してどんな悪いことをしたというのか。クリュシッポスは君にどんな不正なこ

とをして、そのために君はみずから行為でもって彼の苦労が無用のものだと反駁するよ
うになったのか。君はわざわざ郷里を離れなくても、苦しみや悲しみの種などいくらで
も郷里では悪が十分あるのに、それだけでは飽きたらず、もっと多くの悪をつけ加えた
82 りしたのか。そして、君がさらにほかの仲間や友人をもつならば、さらに嘆く原因を増
やすことになるだろうし、別の土地に憧れを抱いても同じことだろう。そうすると、君
はどうして生きているのか。苦痛に苦痛を重ねて、それがために不幸になるためなのか。
83 それから、君はこれを愛情と呼ぶわけだね。ねえ、どんな愛情なのだ。もしそれが善だ
とすれば、どんな悪の原因にもならないことになる。もし悪だとすれば、それは私とは
なんの関わりもないわけだ。私は自分の善のために生まれてきたのであって、悪のため
に生まれてきたのではないからだ。

84 そうすると、このことに対してどんな訓練があるのか[24]。まず第一に、最高の最も主要
な訓練で、哲学の言わば入口に立っていると言えるものは、君がなにかに愛情を抱くこ
とがあれば、それを奪われることのないものではなく、壺やガラスのコップのような種
類のものと考えて、かりに壊れても、心を乱されないようにそれがどのようなものであ
85 ったかを思い起こすことだ[25]。今の場合も同じである。君が自分の子供や兄弟や友人とキ

スをしても、君の心像を目いっぱい開放して、喜びの感情をその望むがままに表すこと
を許さず、むしろこれを抑制し、制止して、凱旋将軍の後ろに立っている人のように、
86 彼らも人間であることを思い出させるのだ[26]。君もこのようなことを、つまり君の愛して
いる人は死すべきものであり、君自身のものをなにひとつ愛しているのではないことを、
自分に思い出させるのだ。今のところは君にあたえられており、奪われないとしても、
イチジクやブドウのように、一年の定まった季節にあたえられているだけで、一年中で
87 はない。もしもそれらを冬に欲しがるならば、君は愚かだということになる[27]。これと同
じで、君にあたえられていないときに、息子や友人を慕うならば、いいかね、それは冬
にイチジクを欲しがるようなことなのだ。なぜなら、冬のイチジクに対する関係は、万
有から生じるあらゆる事象とそれにしたがって滅ぼされるものとの関係と同じだからだ。
88 さらに、君がなにかを楽しんでいるときには、それと反対の心像を思い描くことだ。君
が子供にキスをしている最中に、「お前は明日死ぬかもしれない」とつぶやいて何が悪
いのか[28]。友人に対しても同様で、「君か私が明日この地を去って、もう二度と互いに顔
をあわせることはないだろう」とつぶやいて何が悪いのか。
89 「それは不吉な言葉ですね」

呪文にもそのようなものがあるからね。しかし、役に立つのであれば私は気にしない
し、ただ役立てるだけだ。だが、君はなにか悪しきことを指し示すのではないほかの言
90 葉を不吉と呼ぶのか。「臆病」と言えば不吉だし、「卑賤」も「悲哀」も「苦痛」も「無
恥」も不吉だ。それらの言葉は不吉なものだ。とはいえ、その事柄に対して用心するた
91 めならば、それらの言葉を発するのを躊躇ってはならない。君は自然の過程を指し示す
事柄を不吉と呼ぶのか。麦の穂を刈り取ることを不吉と言うだろうか。それは穂の消滅
を指し示しているからね。しかし、それは宇宙の消滅を指し示すわけではあるまい。木
の葉が散るのも、イチジクが干しイチジクになるのも、ブドウが干しブドウになるのも
92 不吉だと言うがよい。これらはすべてそれ以前の状態から別のものへの変化だからだ。
93 つまり、消滅ではなく、ひとつの定まった配分であり支配なのだ。旅立ちもそうであり、
小さな変化なのだ。死もそうであり、今あるものから、あらぬものへではなく、今そう
であらぬものへのより大きな変化なのだ[29]。
94 「すると、私は存在しなくなるのでしょうか」
存在しなくなるだろう。むしろ、宇宙がその時に必要とするような別のもの[30]が存在す
ることだろう。なぜなら、君が望んだときに生まれたわけではなく、宇宙が君を必要と

したときに君が生まれたからだ。
だから、知徳をそなえた人は、自分が何者であり、どこから来て、誰によって生まれ 95
たのかを覚えていて、いかにして自分の持ち場を秩序よく、神の意にしたがって、全う
することができるかということだけを目的にしている[31]。「あなたはまだ私が存在してい 96
ることをお望みですか。私は自由人らしく、気高い心をもって、あなたが望むがままに
存在するでしょう。あなたは私を、私のものの内では妨げられることのないものとして
創られたからです。それとも、もはや私を必要とされないでしょうか。どうぞあなたの 97
お気のままにしてください。私は今まで、ほかのだれのためでもなく、あなたのために
この世に留まっておりました。今もあなたのご指示にしたがって去ることにいたしまし
ょう」
「どのようにしてお前は去るつもりか」 98
「今度もまた、あなたが望まれたように、自由人らしく、あなたの下僕（しもべ）として、あな
たの指図と禁令を聞き分ける者としてであります。あなたに奉仕して時を過ごしている 99
間、あなたは私がどのような人であることをお望みなのか。官吏ですか民間人ですか、
評議員ですか平民ですか、兵士ですか将軍ですか、教師ですか、家長ですか。どんな持

ち場や位置をあたえてくださっても、ソクラテスが言いますように[32]、その持ち場を離れ
るくらいなら、その前に何万回でも死にましょう。だが、あなたは私がどこにいること 100
を望まれますか。ローマですか、アテナイですか、テバイですか、それともギュアラ[33]で
すか。ただその場所で私のことを覚えておいてください。もしあなたが私を人間の自然 101
本性にしたがって生活することができないような場所に送られるならば、あなたに叛く
ことなく、むしろ私に退却の合図をされたと思って、この世を去りましょう。あなたを
見限りはいたしません。とんでもないことです。そうではなく、あなたが私を必要とし
ておられないことに気づくからです。だが、もし私に自然本性にしたがった生活があた 102
えられるならば、私が今いるところ以外の場所を求めることもなければ、私が今一緒に
いる以外の人びとを求めることもないでしょう」
以上のことを昼も夜も頭に置いておくことだ。このことを書き、このことを読む。自 103
分で自分にこれについて語りかけ、他人に対しても、「君はこのことについて助けにな
ることはできまい」と話しかけ、さらに次々と別の人のところに行くのだ。それから、 104
望ましくないと言われるようなことが起こっても、それは予期できないことではないと
いう思いが、ただちにまず君の心を軽くしてくれるだろう。というのも、「私は自分に 105

生まれた子が死すべきものであることを知っていた[34]」という言葉は、あらゆる場合に重
要だからである。そのようにすれば、君はまた「私は自分が死すべきものであることを
知っていた」とか、「いつか旅立つことを知っていた」とか、「自分が追放されることを
知っていた」とか「牢獄に入れられることを知っていた」とか言うことになるだろう。
106 それから、もし君がみずからを振り返って、出来事が起きているその出所を探すならば、
すぐに「それは選択の余地のない、私のものではないところからだ。だから私には何の
107 関わりがあるだろうか」ということを思い出すだろう。それから、これは最も肝心なこ
とだが、「誰がそれを送ってよこしたか」ということがある。それは指導者であるか、
将軍であるか、国家であるか、それとも国の法律である。「それなら、それを課しても
108 らおう。私はいつでも万事において法律にしたがわねばならないのだから」。それから
また、心像が君の心を苛むならば――それは君の力が及ばないためだ――、理性でもっ
て戦うのだ。心像が力を強くして、望むかぎりのものを望むがままに築き上げて、次か
109 ら次へと進んでいくことがないように、これを打ち負かすのだ。もし君がギュアラにい
るならば、ローマでの生活、かの地で生活しながら享受していた楽しみの数々、かの地
に帰還するならば生まれるであろう楽しみの数々、そんなものは思い描かないことだ。

むしろ、その地にいるならギュアラの人が暮らすべきように、ギュアラにおいてたくま
しく暮らす努力をすることだ。もし君がローマにいるならば、アテナイでの生活を思い
描かないことだ。むしろ、その地での暮らしだけを心がけることだ。
それから、ほかのあらゆる喜びの代わりに、君が神にしたがっていること、言葉では 110
なく行為において知徳をそなえた人の務めを果たしていることを自覚することから生ま
れる喜びを第一のものとすることだ。というのも、自分が自分に対して次のように言え 111
ることは何とすばらしいことだろうか。「今私は、ほかの人びとが学校において勿体ぶ
って語り、パラドックスのかたちで話していると思っていることを実際におこなってい
る。そして、彼らも座って、私のいろいろな徳を解釈したり、私のことを論議したり、
褒めたりしている。そして、ゼウスは私がみずからこのことの証明を得ることを望まれ、 112
またご自分がしかるべき兵士を、しかるべき市民を得ているのかどうか知りたいと思わ
れ、ほかの人びとに対しては私を意志とは関わりのないものについての証人として引き
合いに出すことを望まれたのだ。「みたまえ。君たちはわけもなく恐れているのだ。君
たちは自分の欲しいものを空しく欲しているのだ。善きものを自分の外に求めてはなら
ない。むしろ、自分自身の中に求めよ。さもなければ、みつけることはないであろう」。

113 これらのことのために、ゼウスは私をある時はここに導き、ある時はかしこに送られ、
衆目の前に貧者として、無官の者として、病者として示され、時にはギュアラへ流罪と
し、牢獄に入れられるのだ。憎むわけではない。それはありそうもないことだ。誰が自
分の部下で一番優れた者を憎むだろうか。また、注意を怠ったわけでもない。どれほど
些細なものであれ見逃すことはないからだ。むしろ、私を訓練し、ほかの人びとのため
の証人として役立てておられるのだ。このように奉仕すべく割り当てられているのに、
114 なおも私は、自分がどこにいて、誰とともにいるのか、私について彼らが何と言うだろ
うかなどと思い煩(わずら)うようなことがあるのか。むしろ、すべてを尽くして、神に、神の指
図や命令に心を向けるのではないだろうか」

115 以上のことをいつも心にとどめ、君自身の中でよくこなして、手近に置いておくなら
ば、自分を慰めてくれるような人も自分を励ましてくれるような人もけっして必要とし
ないだろう。なぜなら、食べることができないことが恥なのではなく、むしろ恐れず苦
116 しまないために十分な理性をもっていないことが恥であるからだ。しかし一度、苦しま
117 ず恐れない心を得てしまえば、もはや僭主も近衛兵も皇帝の側近者も君にとってなにほ
どのものでもなくなるだろう。あるいは、官職の任命や、公務[35]に就くにさいしてカピト

リウム[36]で犠牲を捧げる人びとが、ゼウスからこれほど大きな任務を授かっている人を苦しめるようなことがあるだろうか。ただし、その職務をみせびらかしたり、法螺を吹いたりしないことだ。むしろ、行為で示すがよい。たとえ、気づく人がだれもいなくても、自分が健全であり幸福であることに満足すべきである。

第二五章　計画したことを達成できなかった人びとに対して

1 はじめに計画したことのうち、何を達成し、何を達成しなかったか、どうして思い出
したときに喜びを感じるものと苦痛を感じるものがあるのか、このことを考えてみるこ
2 とだ。そして、可能ならば、手からこぼれ落ちたものを取り返してみるがよい。という
のは、最も大きな試合に臨む人は尻込みすべきではなく、打擲を受けねばならないこと
3 もあるからだ。つまり、その競技はレスリングやパンクラティオン――その勝敗によっ
て選手の評価が大きく上がったり、下がったりするし、ゼウスに誓って言うが、非常に
運が良かったり悪かったりするものであるが――のためのものではなく、むしろ幸運・
4 幸福のためのものである。ではどうなのか。たとえこの試合を断念することがあっても、
また競技を再開してもさしつかえないし、次のオリュンピア競技祭が来るまでもう四年
待たなくてもよい。むしろ、回復して力が戻ってくると、ただちに以前と変わらぬ熱意
をこめて試合をすることだってできる。万一また負けることがあっても、もう一度試合

をすることができるし、一度勝利を収めてしまえば、一度も負けたことがない選手と変
わるところはないのだ。
5 ただ習慣にまかせて同じことを好きでやり始めるようなことはしないことだ。あげく
は、下手な競技者のように各地をめぐって四大祭典[1]の全部で負けて、外へ逃げ出すウ
ズラ[2]のようになるのがおちだ。
6 「私は美しい少女の心像に負けた。それがどうだと言うのか。以前に負けたことはな
かったのか」。「私はある人を非難したい気持ちにかられている。以前に非難したことが
なかったのか」
7 そんなふうに、君はまるで害を受けることがなかったかのように話すのだね。ちょう
ど医者がある人に入浴を禁じたとして、それに対して「以前に入浴したことがなかった
のか」と言うようなものだ。それなら、その医者は「さて、君が入浴していたとき、ど
んな目に遭っただろうか。発熱しなかったか。頭痛はなかったか」と答えることができ
8 るだろう。君が以前にだれかを非難したときに、悪意のある人がするようなことをしな
かったか。おしゃべりな人がするようなことをしなかったか。君はそうした性癖をそれ
と似た行為と比べながら育んだのではないか。また、君が少女に負けたとき、害を受け

ることなくその場を去ったのか。すると、どうして君は以前のことを言ったりするのか。 9
むしろ、奴隷が鞭打たれて思い出すように、同じ過ちをしないように思い出すべきだっ
たと私は思う。だが、両者は似てはいない。というのは、奴隷の場合には苦痛が思い出 10
させるが、過ちの場合には、どのような苦痛が、どのような罰が思い出させるのか。ま
た、君はいつ悪しき行為をするのを避ける習慣をつけたのか。

第二六章　困窮を恐れる人びとに対して

1 君は逃げた奴隷よりも臆病で心が卑しいことを恥ずかしく思わないか。奴隷たちは逃
げて主人のもとから去るとき、どのような土地を、どのような召使いたちを頼るのか。
最初の数日間を過ごすためにわずかなものを盗むと、彼らはその後食べるためにあれや
2 これやの算段をしたあげく、陸や海を渡るのではないか。逃げた奴隷で、飢えのために
死んだ者がかつていただろうか。それなのに、君は必要なものが足りなくなるんじゃな
3 いかと、震えたり夜も眠れなかったりしている。かわいそうに、君は必要なものにこと
欠けば、どんな方向に進むことになるものであるか分からないほど、それほど盲目であ
るのか。どんな方向に進むのだろうか。熱病にかかれば、あるいは、石が落ちてくれば
行くところ、つまり死だ。そうすると、君は自分でもこのことを仲間相手に何度も話さ
なかったか。このようなことを書物でたくさん読み、たくさん書き、また死ぬのは平気
だと何度も法螺を吹かなかったか。

「ええ、だけど私の家族も飢えますよ」 4
ではどうなのか。彼らが飢えると、君とは違ったところに行くことになるのだろうか。
下りの道は同じで、下の世界[1]も同じではないのか。すると、君はあらゆる貧窮や欠乏を 5
相手に勇気をふりしぼって、みてみようとしないのか。そこはどんなに裕福な人でも、
どれほど高い官職を得た人でも、王たち、僭主たちでさえ、下っていかなければならな
いところだ。君が困窮することがあればそこに行かねばならないし、彼らは消化不良と
酩酊によってはち切れて行くわけだ。君は今までに歳をとらない物乞いを容易にみたこ 6
とがあるか。歳をとりすぎていない物乞いをみたことがあるか。夜も昼も寒さで凍え、
地上に身を投げ出し、必要な分量のものだけを食べていながら、ほとんど死ぬことさえ
できない状態でいるのだ。一方、君のほうは手足があり五体満足でいながら、それほど 7
飢えを恐れているのか。水汲みはできないのか。写字の仕事はできないのか。子供を教
えることは、他人の家の門番はできないのか。

「そんな必要にせまられての仕事は恥ずべきものです」

まず、恥ずべきものとは何かを学ぶことだね。そして、そうしたうえで、われわれに自分は哲学者だと言うのだ。しかし、今のところはほかのだれが君のことをそう言おう

とも、許してはならない。
　君の行為ではなく、頭痛や熱病のように他から君のところへやって来たものは、君に
8 とって恥ずべきものだろうか。もし君の両親が貧乏であれば、あるいは裕福であるが(2)、
他人を相続人として残し、生きている間に君に対してなんらの援助もしないのであれば、
9 そのことは君にとって恥ずべきことであろうか。このことについて君は哲学者たちのも
とで学んだのか。恥ずべきものは非難すべきものであり、非難すべきものは非難される
に値するものだということを、君は一度も聞いたことがないのか。また(3)、自分の行為で
10 はなく、自分でやったものではないことについて、誰を非難するというのか。そうする
と、君がそのような事態を招き、父親をそのような人にしたのか。あるいは、父親を矯
正することなど君にできるのか。それは君に許されているのか。そうでないとすれば、
どうなのか。君は君に許されていないことを望まねばならないのか。あるいは、君が得
11 られないことで恥じねばならないのだろうか。そんなふうにして、君は哲学を学んでい
る間、他人のほうに目をやり、自分自身を少しも当てにしない習慣をつけてしまったの
12 か。そうだとすれば、嘆き悲しみ、明日は食べるものがなくなりはしないかと心配しな
がら食べることだ。奴隷については、なにかを盗むのではないか、逃亡するのではない

13 か、死にはしないかと震えていることだ。君はそんなふうに生きればよく、そうするこ
とをけっしてやめないことだ。名前だけ哲学に近づいて、哲学などに関わっても無用に
して無益であると示すことで、君にできる範囲においてこれを辱めたのだからね。しか
し、一度たりとも平静、平常にして、心が乱されないありかたを求めたことはない。こ
のことのためにだれにも師事したことはないが、推論のためには多くの人に師事したの
だ。君は一度たりとも、これらの心像のうちのなにかに「耐えることができるだろうか、
できないだろうか。するべきこととして何が残されているのか」とみずから自分自身を
14 吟味したことはない。それなのに、君は万事が順調で安泰であると考えて、ものに動じ
ないための不動心という哲学の最終領域に関わっていた。どんなことに動じないのか。

臆病、卑屈さ、富者を賛嘆すること、満たされない欲望、避けそこなった忌避(4)である。

これらを安全に確保するようなことに君は心を砕いてきたのだ。
15 　まず理性からなにかを獲得し、次にそれの安全性を確保すべきだったのではないか。
君は周囲を壁で囲むことなしに、軒じゃばら(5)を作る人をみたことがあるだろうか。門が
16 ないところにどんな門番が置かれるだろうか。だが、君は論証ができるように練習して
いるのだ。何をか。詭弁に弄(もてあそ)ばれることがないように練習しているのだ。何から始める

17 のか。まずは私に、何を維持し、何を測り、何を量るのか示してくれないか。それから、
18 物差しと秤(はかり)もね。君はいつまで灰(6)を量っているつもりなのか。むしろ、君が示すべきな
のは、人間を幸福にするもの、物事を自分の望むままに進行させるもの、それがために
なんぴとをも非難したり、咎(とが)めたりせず、むしろ万有の支配にしたがうべきだとするも
のではないのか。どうかそれらを私に示してくれ。
19 「では、示してみせましょう。君のために推論を解いてみせましょう」
20 愚かだね、それはものを測るものであって、測られるものではないのだよ。だから、
君は哲学を疎(おろそ)かにした罰を受けているわけだ。君は震えて、夜も眠れず、だれかれなく
相談をしている。そして、自分の忠告がみんなの気に入らなければ、それは悪い忠告だ
と考えている。
21 それから、君は飢えを恐れているようにみえる。だが、君が恐れているのは飢えでは
なく、料理人をもてなくなることではないか、買い物をしてくれる人、靴の紐を結んで
くれる人、服を着せてくれる人、体を摩擦してくれる人、一緒について来てくれる人が
22 いなくなるんじゃないかということだ。それは風呂で服を脱いで、まるで磔(はりつけ)にされる人
のように身を伸ばし、体のあちこちを摩擦してもらい、それからオイルを塗る人がそば

に立って、「体の向きを変えて、横腹を出して、この人の頭を押さえて、肩を出せ」と
言ってもらい、それから風呂から出て家に帰ると、「だれも食べるものをもって来ない」
23 と叫んで、続いて、「テーブルを片づけろ」「海綿で拭くんだ」と言うためである。君が
恐れているのは病人の生活ができなくなりはしないかということだ。むしろ、健康な人
びとの生きかたを学ぶことだ。奴隷はどんなふうに生活しているか、労働者はどうか、
真に哲学する人びとはどうか、ソクラテスは妻子がありながらどんなふうに生きたのか、
ディオゲネスはどうか、クレアンテスは研究と水汲み[7]の仕事の両方をしながらどのよう
24 に生きたかを学ぶのだ。君がこのような生きかたを望むのであれば、それをいたるとこ
ろに見出すであろう。しかも、自信をもって生きることになるだろう。何についての自
信か。それは人がそれについてのみ自信をもちうるもの、すなわち、信頼できるもの、
25 妨げられないもの、奪われることのないもの、要するに、君自身の意志だ。ところが、
どうして君は、だれも君を家に迎え入れようとしないし世話をしようともしないほど、
自分を無用で無益なものにしてしまったのか。疵(きず)のない役に立つ道具が外に投げ捨てら
れていたら、だれでもこれを拾い上げて、得をしたと思うけれども、君を拾い上げる人
26 はひとりもいなくて、むしろみんな損をすると考えているのだ。かくして、君は犬や雄(おん)

鶏の役目もできないわけだ。そんな人間でありながら、どうしてなお生きていたいと思
うのだ。
27 善き人は自分が食べるものにこと欠きはしないかと恐れたりするだろうか。目がみえ
なくても、足が不自由でも食べるものにこと欠くことはない。それなら、善き人にそん
なことがあるだろうか。善き兵士には給金をあたえる人がいるし、労働者や靴屋も同様
28 だ。では、善き人にはいないのか。神は自分で創られた召使いたち、証人たちをそれほ
ど軽んじているのだろうか。むしろ、学びのない人びとに対して、神は存在すること、
万有を正しく統括していること、人間に関わることを軽んじていないこと、善き人には
生きているときも死んでからも悪いことはなにもないこと[8]を示すための唯一の証として
彼らを用いているのではないのか。
29 「では、神が食べるものをあたえてくれないときはどうでしょうか」
それは言わば優れた将軍が私にくれる退却の合図[9]のようなものでなくて何だろうか。
30 私は指導者を賛美し、その仕事を称えながら、この方に服し、したがっていく。なぜな
ら、この方がよいと思ったときに、私はこの世に現れ、よいと思ったときに、この世を
去るのであり、生きている間は自分相手であれ、ひとりもしくは多数の人が相手であれ、

31 神を賛美するのが私の仕事であったからだ[10]。神は私に多くのものを豊かにあたえること
をせず、私が贅沢な暮らしをすることを望まないが、それはご自分の息子のヘラクレス
にもあたえなかったからだ。むしろ、ほかの者がアルゴスとミュケナイの王になってい
32 るのに、ヘラクレスのほうは指図にしたがい、苦労を重ね、訓練を受けていたのだ[11]。王
になっていたのはエウリュステウスなのだが、実のところアルゴスやミュケナイの王で
はなかった。自分自身の王でもなかったからだ。一方、ヘラクレスは大地と海のすべて
の支配者や指導者となり、不正や不法を浄め、正義と敬虔を導き入れた。しかも、これ
33 を裸でたったひとりでやってのけたのだった[12]。さらに、オデュッセウスは船が難破して
浜辺に打ち上げられたとき、困難が彼を卑屈にすることもなかったし、意気沮喪(そそう)させる
こともなかったではないか。むしろ、どんなふうに彼は乙女らに近寄って、他人がお願
いするのを最も恥辱と思うような必要なものを求めたのか[13]。

　山で育ったライオンにも似て[14]

34 何を信じてなのか。評判でも富でも官職でもなかった。むしろ、自分の力、すなわち

35 われわれの力の及ぶものと及ばないものについての考えを信じてであった。というのは、これらのものだけが人を自由にするもの、妨げられないものにするもの、卑屈になった人の頭を持ち上げさせるものであり、富者であれ僭主であれ、その顔をまともに見返すことができるようにするものだからである。これが哲学者からの贈り物だったのだが、

36 君のほうは、自信をもって出ていくかわりに、服装や銀の器のことで震えているわけだ。かわいそうに、君は今まで時間を浪費してきたわけなのか。

37 「そうすると、私が病気にでもなれば、どうなるのですか」

しかるべきしかたで病気になるだろう。

「誰が私の面倒をみてくれるんですか」

神や友人たちがみてくれるだろう。

「固い寝床に横たわるわけですね」

ひとりの男としてね。

「適切な住まいを私はもてないわけですね」

適切な住まいだと病気をしないだろうか[15]。

「誰が食べるものを作ってくれますか」

ほかの人たちにも作ってくれる人たちだ。君はマネスのように病気をするだろう[16]。
「病気の最後はどうなりますか」
死の他に何があるのか。それならば、人間にとってすべての悪、心の卑しさ、臆病の 38
主たる原因であるのは死ではなく、死に対する恐怖なのだと考えてみてはどうだろうか。
だから、この恐怖に対してどうか自分を訓練してくれたまえ。そして、あらゆる議論、 39
練習、読書をこれに向ければよい。そうすれば、このようにしてのみ人間は自由となる
のだ、ということを君は知るだろう。

アリアノスによるエピクテトスの語録、第三巻

第四巻

第一章　自由について

1 自分が欲するがままに生きている人は自由であり、その人を強制することも、邪魔す
ることも、無理強いすることもできないし、その人の衝動は妨げられず、欲求はその目
2 的を達し、忌避は避けそこなうことはない。ところで、誰が過ちを犯しながら生きたい
と思うだろうか。

「だれもいません」

誰が欺かれながら、性急で、不正で、放埒で、不満の多い、卑劣な生活を望むだろうか。

「だれも望みません」
3 すると、悪しき人は自分が欲するように生きていないことになる。したがって、その
4 人は自由でもない。また、苦しみ、恐怖を抱き、嫉妬したり、哀れんだり、欲求して得
そこなったり、忌避して避けそこなったりして生きることを誰が望むだろうか。

「だれもいません」
5 それでは、悪しき人の中に苦痛がなく、恐怖がなく、避けそこなうことも、得そこな
うこともない者がいるだろうか。

「だれひとりいません」

すると、その人は自由でもないことになる。
6 以上の話を、二度執政官を務めた人が聞いたとしても、その人に「あなたは賢者でい
らっしゃる。こんな話はあなたとはまったく関係のないことです」とつけ加えておけば、
その人は赦してくれるだろう。だが、彼に本当のことを打ち明けて、「あなた自身も奴
7 隷であるという点では、三度売られた奴隷と変わるところはないですよ」と言えば、君
はぶん殴られる以外の何を期待すべきだろうか。
8 「いったいどうして私が奴隷なんだ。父は自由人だし、母も自由人だ。この両親から
私を買い取る者などひとりもいない。それどころか、私は元老院議員の職にあり、ロー
マ皇帝の友人でもある。執政官をしたこともあったし、奴隷だってたくさん所有してい
る」と言うからね。
9 立派な元老院議員さん、おそらくあなたの父も同じ奴隷状態にあったし、母もお祖父

10 さんも、ずっと遡って祖先のみなさんもそうだろう。しかし、その人たちがどれほど自
由であったとしても、あなたにとって何の関わりがあるのか。彼らが高貴であってもあ
なたが低俗であるのなら、彼らに勇気があってもあなたが臆病であるのなら、彼らに自
制心があってもあなたが放埒であるのならどうなるのか。
11 「それと奴隷であるということと何の関係があるのか」と彼は言った。
自分の意志に反し、強制されて、ため息をつきながらなにかをなすことは、奴隷であ
ることとなんの関係もないと思われるのか。
12 「それは認めてもよい。だけど、万人の主であるローマ皇帝は別として、誰が私を強
制したりできるだろうか」と彼は答えた。
13 そうすると、あなた自身にも主人がひとりいることに同意したわけだ。だが、あなた
が言うように、その人が万人共通の主だとしても、そのことで自分を慰めたりしないこ
14 とだ。むしろ、あなたは大きな家の奴隷であることを知ることだ。ニコポリスの市民た
ちもそんなふうに「皇帝陛下のご加護で、私たちは自由であります[1]」といつも叫んでい
るからね。
15 しかし、もしなんなら、ローマ皇帝のことはしばらく措くとして、これは私に答えて

いただきたい。あなたはだれかを愛したことは一度もなかったのか。かわいい少女でも、
少年でも、奴隷でも、自由人でもいいのだが。
16 「そのことは、奴隷であるか自由人であるかという話と何の関係があるのかね」
17 あなたは愛する人から自分が望まないことを命じられたことが一度もなかったのか。
あなたのお気に入りの奴隷の子にへつらったことはなかったか。その奴隷の足にキスを
したことはなかったか。そのくせ、皇帝の足にキスをせよとだれかがあなたを強制する
18 と、それを侮辱と考え、いきすぎた専制行為だとみなすだろう。奴隷的な行為と言うと、
他に何があるのか。夜に行きたくないところに出かけたことは一度もなかったか。気が
進まぬほどの浪費をしたことはなかったか。涙を流し、ため息をついて話したり、悪口
19 を言われ、ドアを閉められて我慢したりしたことはなかったか。しかし、あなたが自分
のしていることを認めるのが恥ずかしいのであれば、トラソニデス(2)が言ったりしたりし
たことをみるがよい。彼は多分あなたも及ばないほど何度も出征した人で、最初に、奴
隷のゲタスもあえて行かないような夜に出かけていったが、もしゲタスが彼から行くよ
うに強制されたならば、大声を上げて辛い奴隷の身を嘆きながら出かけたことだろう。
20 それから、トラソニデスは何と言っているのか。

娘っ子(3)がこの私を
卑しい身分のくせに、奴隷にしてしまった。
敵のだれひとりもできなかったのに。

と彼は言う。

かわいそうに、あなたは娘っ子の、しかも卑しい身分の娘っ子の奴隷なのだ。それな 21
のに、自分を自由人だと言うのはどうしたことか。どうしてあなたの従軍の話などもち
だすのだろうか。それから次に、トラソニデスは剣を求めるが、好意から剣をあたえま 22
いとする人に腹を立てる。そして、自分を憎んでいる少女に贈り物をしたり、哀願した
り泣いたりするのだ。ところが、少しでもうまくいこうものなら得意になっている。だ 23
けど、(4)欲求したり恐れたりしないすべを学ばないで、どうしてその人は自由であるだろ
うか。

動物を例にとって、自由の観念をどのように用いているかを考えてみよう。馴れたラ 24 25
イオンを檻に入れたり、餌をやったり、なかには連れて歩く人もいる。だが、誰がこの
ようなライオンを自由だと言うだろうか。ライオンの生活がおとなしくなるだけ、奴隷
的であるのではないか。感覚や分別をもちあわせているなら、どんなライオンがこのよ
うなライオンでありたいと思うだろうか。あそこにいる鳥をみたまえ。鳥は捕まって、 26
籠に入れられて飼われるとき、逃げようとしてどれほど苦しむことか。籠の中での生活
に耐えるくらいなら、むしろ飢え死にする鳥だっている。また、生きながらえる鳥でも、
やせ衰えてかろうじて生きている。そして、少しでも隙間をみつけようものなら、決ま 27
って飛び出すのだ。それほど鳥も自然の自由を、自立を、邪魔されることのない生を願
うのである。

籠の中の生活はあなたにとってどんな悪いことがあるのか。 28

「何ということを言うんだ。私はもともと好きなところに飛んでいき、戸外で暮らし、
好きなときに歌うようにできているのだ。君は私からこれらすべてを奪っておいて、
「どんな悪いことがあるのか」と言うのか」

それゆえ、われわれは捕らわれの身に耐えられず、捕らわれるやいなや、死んで逃げ 29

30 ようとするものを自由なものと言うであろう。ディオゲネス(5)も同様に、どこかで「自由
のための唯一の手段は死ぬことである」と言っている。また、ペルシア大王に宛てて、
「あなたはアテナイ市を隷属化することはできない。魚をそうすることができないのと
同じことだ」と書いている。

31 「どうして私がアテナイ市民を捕まえられないことがあるだろうか(6)」

「あなたが彼らを捕まえようものなら、ただちに彼らはあなたを残して去っていくだ
ろう。それは魚も同じことだ。あなたが魚の一匹を捕まえれば、その魚は死んでしまう。
アテナイ市民も捕まれば死んでしまうのだとしたら、戦いの準備をすることに何の益が
あるだろうか」

32 これこそ問題を真剣に追究した自由人の声だ。だが、君が問題の所在をあらぬ方向に
探し求めるならば、それをどこにもみつけられなくても何の不思議があろうか。

33 奴隷はただちに解放されて自由の身になることを願っている。それはなぜか。二十分
の一税(7)を取り立てる人たちにお金を払いたいからだろうか。そうではない。その時まで
34 解放されなかったために、妨げられ不幸だったと考えるからだ。「解放されたら、ただ
ちに万事がうまく運び、だれに気がねしなくてもいい。だれが相手でも対等で、同じよ

うに話し、好きなところに出かけていって、好きなところから好きな時に戻ってこれる
だろう」と彼は言う。その後解放されると、すぐに食べるところに窮して、誰に取り入 35
ったものやら、誰の家で食事にありついたものやら思案して、探し回ることになる。そ
れから、体で色をひさいでこの上なく嫌な目に遭うか、食にありついても以前に増して
辛い隷属した生活に陥ってしまう。あるいは、首尾よくいっても心が下劣であるために、 36
少女に夢中になったり、身の不幸を嘆いたりして、以前の奴隷の身分を恋しがる。「あ 37
の頃にどんな悪いことがあったのか。服を着せてくれる人がいたし、靴を履かせてくれ
る人もいた。食べさせてくれる人もいたし、病気の看病をしてくれる人だっていたんだ。
しかも、わずかに奉仕するだけですんだ。それなのに、今はなんと哀れなことか。ひと
りの代わりにたくさんの人の奴隷になって、なんとひどい目に遭うことだろう。だが、 38
もし指輪[8]が手に入れば、その時はおおいにゆとりのある、結構な生活ができるだろう」。
それで、まず第一に、この指輪を得るためにそれに見合うだけの苦労を重ね、次によう
やくそれを手に入れると、またもや同じ苦労がのしかかってくる。それで、「兵隊に行 39
けば、辛い苦労からすべて解放されるぞ」と言って、兵隊に行くわけだが、そこでも鞭
を必要とする囚人がなめるようなことを経験する。それでも、二度、三度と従軍を希望

するわけだ。(9)そして、最後にようやく元老院議員に選ばれると、奴隷となって議会に赴 40
き、最も美しい最も輝かしい隷属状態に入ることになる。

愚かな人にならないように、むしろ、ソクラテスがよく言っていた「それぞれの物事 41
が何であるか」を学び、個々の事柄に対してでたらめに先取観念を適用することがない
ようにしなければならない。なぜなら、共通の先取観念を個々の物事にうまく適用でき 42
ないこと、このことが人間にとってすべての悪の原因であるからだ。われわれは人によ 43
って悪についての考えが異なっている。病気をすることだと考えている人もいる。けっ
してそうではなく、むしろ先取観念をうまく適用できていないことなのだ。また、物乞
いをすることだと考えている人も、厳しい父母をもつことだと考えている人も、皇帝か
ら慈悲を得られないことだと考えている人もいる。だが、それは先取観念をうまく適用
することを知らないということにすぎない。というのは、悪は有害であり、避けるべき 44
ものであり、あらゆる方法を使って除去すべきものだという、悪についての先取観念を
誰がもっていないだろうか。先取観念が先取観念と衝突することはないが、これを適用
しようとするときに衝突が起きる。それでは、この有害で避けるべき悪とは何であるの 45
か。皇帝の知遇を得ていないことだと言う人がいる。その人は見当違いをして、適用を

誤り、困惑して、当面の事柄とまったく関係のないものを探し求めているのだ。つまり、
その人が皇帝の知遇を得たとしても、依然として自分が探し求めているものを得そこな
46 っているからだ。そうすると、万人が探し求めているものとは何であるのか。安定した
心をもち、幸福であり、なにごとも望むままにおこない、妨げられず、強制されないこ
とだ。では、皇帝の知遇を得たら、妨げられたり強制されたりすることがなくなり、安
定した心をもち、首尾よくいくのであろうか。このことは誰に聞いたものだろうか。皇
帝の知遇を得た当の人以外に、誰が信用するに値するだろうか。

47 さあ、まん中に出てきていただいて、われわれに答えてくれたまえ。あなたはいつ安
らかな眠りを得たかね。今か、それとも皇帝の知遇を得る前か。すぐに返事をもらうだ
ろう。

「神々にかけて言うが、私の運命をからかうのはやめていただきたい。私がどんな目
に遭っているかご存じないのですか。眠りが私に訪れることなどないですよ。次々と人
がやって来て、皇帝はすでにお目覚めです、すでにお出ましですと、私に言うのです。
それから、面倒なことが起きて、それで気苦労するのです」

48 では、食事のほうはどちらが気楽だったか。今かね、それとも前かね。

これについて何と言うかも、当人に聞くのが一番だ。招待されなければ苦しむことに
なるし、招待されたら招待されたで、奴隷が主人の横で食事するときと同じで、馬鹿な
ことを言ったり、しでかしたりしないかと、その間びくびくすることになる。君はこの
人が何を恐れていると思うかね。奴隷のように鞭打たれることだろうか。どうしてどう
して、そんなに事がうまく運ぶことはない。皇帝の友人というこれだけの人物にふさわ
49 しいことだ。つまり、首を失いはしまいかと恐れているのだ。君はいつのんびりと風呂
に入ったかね。いつ悠々と体を鍛えたかね。要するに、君は今とかつてと、どちらの生
50 活をしたいのか。誓って言うことができるが、皇帝の知遇を得れば得るほど、自分の不
幸を嘆かないほど無感覚で自分を偽る人はいない。
51 「すると、王と呼ばれる人たちも王の友人たちも望み通りに生きていないとなると、
ほかに誰が自由なのですか」
探してみればみつかるだろう。なぜなら、君は真理を発見するための手段を自然から
授かっているからだ。かりにその手段だけでひとりで前に進んで、これに続くものを発
52 見することができなければ、探求した経験のある人たちに尋ねることだ。彼らは何と言
っているか。君には自由が善きものだと思えるのか。

「最大の善です」

すると、人はこの最大の善を得たのに、不幸だとか不運だとかいうようなことがありうるだろうか。

「ありえないですね」

それでは、不幸な人、うまく事が運ばない人、悲しんでいる人をみかけたら、自信をもってその人は自由ではないと言うことにしなさい。

「そういたしましょう」
53 それでは、われわれはもう奴隷の売買とか、そのような財産を得るための手はずとかの話から離れることにしようではないか。もしこれらのことが、君が同意した通りだとすると、ペルシア大王も不幸であれば自由ではないことになるし、小国の王も、執政官も、二度執政官を務めた人も自由ではないことになる。
54 それでは、さらに次のことにも答えてくれたまえ。自由は偉大なもの、高貴なもの、語るだけの価値のあるものだと思われるか。
「もちろんですとも」

では、それほど偉大で、語る価値があり、高貴なものを人が手に入れながら、心が卑しいというようなことがあるだろうか。

「ありえません」

55 するとだれかが自分の思っていることに反して他人に媚びたりへつらったりしているのをみれば、自信をもってその人もまた自由ではないと言うようにしなさい。また、わずかな食事にあずかるためだけでなく、地方総督や執政官の職のためにそんな態度をとる人も自由ではない。むしろ、前者は小さなことを目的としてこのような行動をするという意味で小さな奴隷、後者はそれにふさわしく大きな奴隷と呼びなさい。

「そうしましょう」

56 それから、自由は自主的なもの、自律的なものだと君には思われるかね。

「もちろんです」

それでは、他人から妨げられたり強制されたりする人は、自信をもって自由ではない
57 と言うようにしなさい。そして、その人の祖父や曽祖父をみたり、売り買いされたこと
があるか詮索したりしないで、むしろ心の底から情熱をこめて「ご主人様」と言うのを
聞けば、たとえそれが一二本のファスケス(10)が先導する人であっても、奴隷と呼ぶことだ。
あるいは、「かわいそうに、私はなんというひどい目に遭うんだろう」と口にするのを

聞いても、その人を奴隷と呼ぶがよい。要するに、泣きわめき、非難し、惨(みじ)めであった
りするのをみれば、紫の縞の市民服[11]を着た奴隷と呼ぶのだ。それから、そうした行動を 58
とらなくても、まだ自由だとは言わないことだ。むしろ、その人の考えが強制されたも
の、妨げられたもの、惨めなものでないかどうか見きわめるがよい。そして、そのよう
なところがみられたら、サトゥルナリア祭で休暇をもらった奴隷[12]だと言うがよい。主人
が留守にしているだけだと言ってやるのだ。それから、主人が帰ってくれば、どんな目
に遭うか分かるだろう、とね。

「誰が帰ってくるのでしょうか」

　自分の望むものについて、これをあたえたり奪ったりする権限をもっているすべての 59
人だ。

「そうすると、われわれにはそんなに多くの主人がいるわけですか」

　その通り。というのは、われわれには人間の主人の前に物事という主人がいる。その
数が多いために、物事について権限をもつ人も主人とならざるをえないわけだ。つまり、 60
皇帝その人を恐れている人はだれもいないわけで、むしろ、死刑、追放、財産の没収、
投獄、市民権の剥奪を恐れているのだ。皇帝を愛している人など、その人に特別な価値

がないかぎりひとりもいない。むしろ、われわれは富や、護民官、将軍、執政官の地位
を愛している。これらのものを愛し、憎み、恐れるとき、当然ながらこれらについて権
61 限をもつものがわれわれの主人となる。そういうわけで、われわれは彼らを神々のごと
く崇拝する。というのは、われわれは「最大の益をもたらす権限を有するものは神的な
ものである」と考えるからである。次に、われわれは間違って、「この人は最大の益を
もたらす権限を有している」という小前提を置く。すると、これらの前提から帰結する
もの[13]が間違っているのは当然なのである。
62 そうすると、人間を妨げられず自立させるものとは何であろうか。というのは、富も
執政官や地方総督の職も、王位もこのようにするものではなく、むしろなにかほかのも
63 のをみつけなければならないからだ。では、書くということにおいて、それを妨げたり
邪魔したりさせないものは何であろうか。

「書き方の知識です」

では、竪琴においてはどうだろうか。

「竪琴を弾くことの知識です」
64 それでは、生きることにおいては、生きることの知識だということになる。さあ、一

般的にそうであることをすでに聞いたわけだから、個々の場合についてこの問題を考えてみなさい。ほかの人の力が及ぶ範囲にあるもののなにかを願う人は、妨げられないことが可能だろうか。

「不可能です」

邪魔されないことが可能だろうか。

「不可能です」

ということは、自由ではないことになる。では、考えてみなさい。われわれだけの力 65
が及ぶものはなにもないのか。それとも、すべてがわれわれの力が及ぶものであるのか。
それとも、われわれの力が及ぶものと、そうでないものがあるのか。

「どういう意味ですか」 66

身体について五体満足であることを望むとき、それは君の力が及ぶことなのか、そうでないのか。

「私の力が及ぶことではないです」

健康であることはどうか。

「これも及ばないことです」

美しくあることはどうか。

「これも及ばないことです」

では、生きることや死ぬことはどうか。

「これも及ばないことです」

そうすると、身体は自分のものではなく、すべて自分より強いもの次第であるということになる。

「そうだとしておきましょう」

では、土地を望むときに、望む期間にわたって、望むままに所有するようなことは、君の力が及ぶことだろうか。

「いいえ」

ちょっとした奴隷を所有することは。

「いいえ」

着るものを所有することは。

「いいえ」

ちょっとした家は。

「いいえ」

馬はどうか。

「それらのどれも力の及ぶことではありません」

また、君の子供、妻、兄弟、友人がなんとしてでも生きたいと望んでいるとき、それは君の力が及ぶことだろうか。

「それらも同じことですね」

68 それでは、君は君だけの力が及ぶような自主的なものをなにももっていないのか、そ
れともそのようなものをなにかもっているのか。

「わかりません」

69 では、この問題をこんなふうにみて、考えるようにしなさい。人は虚偽のことを承認
するように強制することはできないね。

「だれにもできません」

そうすると、承認という領域では、人は妨げられたり邪魔されたりすることはないということになる。

「そうだとしておきましょう」

70 それでは、君が望まないことを求めるように強制することができる人がいるだろうか。
「できますとも。処刑や足かせで脅すときはいつでも、私を強制して求めさせることになりますからね」

すると、もし君が死ぬことや縛られることをなんでもないことだと思えば、それでもその人のことが気になるだろうか。

「気にならないです」

71 では、死ぬのをなんでもないと思うのは、君の行為なのか、君の行為ではないのか。
「私の行為です」

では、衝動を感じるというのは君の行為か、それともそうでないのか。

「私の行為だとしておきましょう」

なにかに反発することはどうだろう。これも君の行為だね。

72 「でもどうですか、私は散歩に行きたい気持ちはあっても、あの人が私を妨げるとしたら」
君の何が妨げるのか。まさか、君の承認ではあるまいね。

「いいえそうではなく、私のちっぽけな身体です」

その通り。石をそうするのと同じことだ。

「そうだとしておきましょう。だけど、私はもう散歩しません」

73 誰が君に「妨げられずに散歩するのが君の仕事だ」などと言ったのか。私は君に言ったはずだが、衝動を感じることだけは妨げられることはないのだ。だが、身体を使用し、これと共同する場合には、君の行為はなにもないということを、君はすでに聞いたのだ。

「これもそうだとしておきましょう」

74 君が望まないことを欲するように、強制することができる人がいるか。

「だれもいません」

提案したり、意図したりすること、一般的に言って、君の前に現れる心像を用いることを強制することができる人がいるのか。

75 「それもできません。しかし、私が欲求するとき、その欲求するものを私が得ることは妨げるでしょうね」

君のもので、妨げられないもののどれかを欲する場合には、どうやって君を妨げることができるだろうか。

「けっして、妨げることはできません」

とすると、自分のものではないものを欲する人は妨げられることはないなどと、誰が君に言ったのか。

「すると、私は健康を欲することはないわけですか」 76

けっして欲することはない。自分のものでないものは、ほかのなんであれ欲すること 77
はない。なぜなら、君の力が及ばないものを君の望むときに手に入れたり、保持したりしても、自分のものにはならないからだ。それから、ただ手だけでなく、それよりもっと前に、欲望を遠ざけることだ。そうしないで、君のものでないものを賛嘆し、君には責任のない死すべきもののなにかに愛着を示すようなことがあれば、君は自分を奴隷となし、首を差し出すことになるだろう。

「この手は私の手ではないのですか」 78

君の一部であるが、本来は土でできたもので、妨げられ、強制され、君より強いすべ
てのものの奴隷となるものだ。どうして君の手のことを語る必要があるのだ。君は全身 79
体を、荷物を積まれたロバのようにみなして、可能であるかぎり、許されているかぎりにおいて、これを所有するのでなければならない。しかし、いったん軍の徴発があって兵士がこれをつかんだときは、これを離し、逆らったり不平を言ったりせずに行かせね

ばならない。さもなければ、鞭を打たれ、おまけにロバを失うことになるだろう。君が 80
身体に対してそのような態度をとらねばならないとき、身体のために備えるものとして、
ほかに何が残されているかよくみることだ。それがロバであれば、手綱、鞍、蹄鉄(ていてつ)、大
麦、干し草となる。そんなものは捨ててしまえ。ロバよりも早く、気軽に手放すのだ。
そして、このような準備と訓練を重ねて、他に属するものを自分自身のものから、す 81
なわち妨げられるものを妨げられないものから区別し、後者を君自身と関係のあるもの
と、前者を君自身と関係のないものとみなして、後者ならば熱心に欲求を抱き、前者な
らばこれを忌避するようにするならば、もうだれかを恐れるようなことはなくなるだろ
うね。

「だれも恐れないでしょう」

君は何を恐れるだろうか。君にとって善悪の本質が含まれている君自身のものに関し 82
てか。だが、誰がそれらを左右する力をもっているのか。誰がそれらを取り去る力をも
っているのか。誰がそれらを妨げることができるのか。神の働きに対するのと同じで不
可能なことだ。あるいはむしろ、身体とか財産とか、他に属するものを恐れているのか。
つまり、君とは関わりのないものについて恐れているのか。すると、そもそも最初から、 83

君は何を勉強してきたのか。君のものと君のものでないもの、君の力が及ぶものと及ば
ないもの、妨げるものと妨げられないものを区別することではなかったのか。何のため
に君は哲学者たちのところに通っていたのだ。依然として不幸であり、不運であるため
なのか。そのようにすれば、君は恐怖や心配を免れることができるだろう[14]。一方、苦痛 84
は君にとって何の関わりがあるだろうか。なぜなら、予想される事柄に対する恐怖は、
その事柄が現在するときに苦痛にもなるからだ[15]。君はさらに何に対して欲望を抱くのだ
ろうか。というのは、その対象が意志と関わりのあることであれば、それらは立派なも
ので、しかも手近にあるのだから、適度で落ち着いた欲求を抱くことになるが、意志と
関わりのないことであれば、それらは不合理で性急で度外れなものであるために、それ
らに対してなんらの欲求も抱くことはあるまい。
　さて、君が物事に対してこのような態度をとるとき、君にとっていかなる人が恐ろし
いものでありうるだろうか。人が人と相まみえ、語り合い、一般に交流する場合に、ど 85
んな恐怖を抱くものなのか。馬が馬に対して、犬が犬に対して、蜜蜂が蜜蜂に対して抱
くのと変わるところはない。むしろ、物事がそれぞれにとって恐怖の種となるわけで、
それをだれかがだれかに対してあたえたり、奪ったりすることができるとき、その人自

86 身も恐ろしいものとなるのだ。城砦[16]はどうやって破壊されるか。剣でも火でもなく、人
の考えによって破壊される。都市の中にある城砦を壊しても、熱病の城砦を、美女の城
砦を壊したわけではあるまい。一般的に言えば、われわれの心の中にある城砦を落し、
その時その時によって顔ぶれは違ってもなにごとにつけ日々にわれわれを威圧する、心
87 の中の僭主を追い出したわけではあるまい。むしろ、われわれはここから始め、ここか
ら城砦を破壊し、僭主を追放しなければならない。この身体も、身体の部分も、権力、
財産、名声、官職、栄誉、子供、兄弟、友人など、これらはすべて自分のものではない
88 と考えねばならない。[17]そして、心の中から僭主が追放されれば、自分に関するかぎり、
さらに城砦を破壊する必要などどうしてあるのか。というのも、そんな城砦が建ってい
ても、私に対して何をするというのか。どうしてさらに護衛兵を追い出したりするだろ
うか。彼らの姿がどこにみえるのか。彼らがもっている棍棒（こんぼう）や槍や剣は、ほかの人たち
89 に向けられているのだ。私のほうはいまだかつて望んでいるのに妨げられたり、望んで
いないのに強制されたりしたことはない。どうしてそんなことが可能だろうか。私は自
分の衝動を神に委ねている。神は私が熱病にかかることを望んでいる。私もそれを望む。
神は私がなにかに衝動を感じることを望んでいる。私もそれを望む。神は私が欲求する

ことを望んでいる。私もそれを望む。神は私がなにかを得ることを望んでいる。私もそ
90 れを願う。神が望んでおられない。私も望まない。神が望むなら、私は死ぬことも拷問
を受けることも望む。誰が私の考えることに逆らって妨げたり強制したりすることがで
きるだろうか。ゼウスに対してできないのと同じで不可能なのだ。
91 旅人でもより用心深い人たちはそのようにするものだ。途中の道に盗賊がいるという
話を耳にすると、あえてひとりだけで出立するようなことはせず、使節、財務官、前執
政官などの面々の道づれを待ち、その一行についていくことにして、安心して旅立つ。
92 世の中においても思慮深い人はそのようにする。「盗賊の数は多く、僭主がいて、暴風、
93 困難、親しき者の喪失がある。人はどこに逃げるべきか。どうすれば盗賊に遭わずに行
94 けるのか。どのような道づれがおれば、安心して通れるのか。誰についていこうか。こ
れこれの金持ちか、執政官か。それが私にとって何の益になるのだろう。頼りの人まで
もが服をはぎ取られ、うめき苦しむ。あるいは、道づれの人が向き直って、私のものを
95 盗むとしたらどうだろう。私はどうすればよいのか。皇帝の友人になればいいだろう。
私が皇帝の仲間だとしたら、だれも害することはあるまい。だが、皇帝の友人になるた
めには、第一に、私はどれほど我慢し苦しまねばならないことか。どれほどの回数、ど

れほど多くの人たちから奪われることだろう。さらに、かりに友人になれたとしても、
96 皇帝だって死すべき身の上だ。また、なにかの事情で皇帝自身が私の敵になったら、い
ったいどこに身を引いたら一番いいのか。荒野に身を引こうか。おやおや、そこには熱
97 病がやって来ないのか。さて、私はどうしたらよいのだろう。安心できる、誠実で、力
98 の強い、人を裏切らない道づれなどみつけることはできないのか」。思慮深い人は、こ
んなふうに落ち着いて考えてみて、神につきしたがえば、安心して道を行くことができ
ることに気づくのだ。

「神につきしたがうとは、どのような意味ですか」

99 神が望めば、自分も望み、神自身が望まないことは、自分もこれを望まないというこ
とだ。

「どうやればそんなことができるのですか」

100 神が欲するもの、支配していることをよく考える以外に、どんな道があるだろうか。
神は私に自分の意のままになるものとして何をあたえられたか。ご自分には何を残され
たのか。神は意志に関わるものを私にあたえ、私の力が及ぶもの、邪魔されず妨げられ
ないものにしてくれた。土でできた身体など、どうやって妨げられないものにすること

ができただろうか。だから、神は私の財産、家具、家、妻子を宇宙の回転運動にしたが
101 うようにしたのだ。それなら、どうして私は神と戦ったりするだろうか。どうして望む
べきでないものを望み、私にあたえられていないものをなんとしてでも手に入れたいと
思うだろうか。しかし、どのように私は手に入れるべきなのか。あたえられているよう
に、そしてあたえられている範囲においてである。しかし、あたえる神はまた奪ってい
く。どうして私が逆らったりするだろうか。より強いものに対して無理に自分を通すこ
102 とが愚かであるのは言うまでもないが、それ以前に不正なことでもある。どこからいろ
いろなものを得て、この世に生まれたのか。私の父である神がそれらをあたえられたの
だ。しかし、その父には誰があたえたのか。誰が太陽を創り、誰が果実を創り、誰が四
季を創ったのか。そして、誰がお互いの結びつきや共同体を創ったのか。
103 すると君は、君自身を含めて、なにもかも神から授かっておきながら、その一部が君
から奪われるとなると、それをあたえた神に対して腹を立てたり非難したりするのか。
104 君は何者であり、何のためにこの世にやって来たのか。君をこの世に送り出したのはそ
の方ではないのか。君に光をみせたのはその方ではないのか。ともに働く仲間を、感覚
を、理性をあたえてくれたのはその方ではないのか。また、君をどのような者としてこ

の世に送ったのか。死すべきものとして、すなわち、わずかな肉の欠片とともにこの地
上に生き、少しの間その方の支配のありさまを眺め、その方の祭礼行列に加わりながら、
ともに祝うものとしてではないのか。それならば、君に許されているまでその行列や祭 105
典を見物して、次に君がこの世から連れ出されるときには、見聞したことに敬意を表し
感謝して出ていこうとは思わないのか。
「いいえ、私はまだお祭りを続けていたいのです」 106
秘儀に参加している人は秘儀を続けたいだろう。オリュンピアの祭礼に参加する人は
ほかの競技者も観たいだろう。だが、お祭りは終わった。出ていくのだ。感謝し慎みを
もつ者として立ち去るがよい。ほかの人に場所を譲るのだ。君が生まれたように、ほか
の人も生まれねばならない。そして、生まれたら、その場所と家と生きるために必要な
ものをもたねばならない。最初に来た者が立ち去らなければ、後から来る者に何が残さ
れるだろうか。君はなぜ飽くことを知らないのか。なぜ満足しないのか。なぜこの世界
を人でいっぱいにするのか。
「ええ、でも妻子が私とともにいることを望んでいるのです」 107
しかし、その人たちは君のものだろうか。彼らをあたえた方のものではないのか。つ

まり、君を創られた方のものではないのか。すると、自分のものでないのにそれから離
れていく気はないのか。君よりまさる方に引き渡す気はないのか。
「では、どうしてそんな条件をつけて私をこの世に送り込んだのでしょうか」 108
その条件が君に合わなければ、立ち去ることだ。非難する観客は必要とされていない。
必要とされているのは、ともに祭礼をおこない。ともに踊る人たちであり、むしろ拍手
喝采して、祈りを捧げ、祭礼を言祝（ことほ）ぐ歌を歌ったりするためなのだ。この方は無関心で 109
臆病な人びとが祭礼から離れてしまっても、不愉快に思っているわけではない。なぜな
ら、彼らはその場にいても、祭礼にいるようにふるまうわけではなく、ふさわしい役割
をはたすわけでもなく、思い悩んで、自分のダイモーン[18]や運や仲間を非難していたから
だ。つまり、彼らは自分が得たものや自分がもっている力、すなわち思い悩んだり非難
したりするのとは反対の目的のために獲得した、高邁さ、気高さ、勇気、そして今探究
されている自由などの力に対して無感覚なのである。
「そうすると、何のために私は自分の所有物を獲得したわけですか」 110
それらを役立てるためだ。
「いつまでですか」

それらを貸与された方が望まれる間だ。

「それらが私にとって必要なものとなれば、どうしますか」

それらに心ひかれないことだ。そうすれば、必要なものでなくなるだろう。それらが
自分にとって必要なものだと口にしないことだ。そうすれば必要でなくなる。
111 この訓練を早朝から夕方までしなければならない。ごくとるに足らないもの、ちょっ
としたことで壊れるもの、例えば壺やコップから始めて、次にこのようにして下着、小
犬、小馬、わずかな土地に、さらに君自身、身体、身体の諸部分、子供たち、妻、兄弟
112 へと進んでいくのだ。周囲のいたるところを見渡して、自分からそれらのものを捨て去
るがよい。自分の考えを浄めて、君のものでないものがなにか君につきまとわないよう
に、一緒に成長しないように、それが取り除かれたときに苦しみとならないようにする
113 のだ。そして、毎日この学校にいるのと同じように訓練を積むのだが、哲学しているな
どと言ってはならない——それはいかにも僭越な言葉だ。むしろ、奴隷の身分から解放
してくれる人を差し出している[19]と言うべきなのだ。なぜなら、これこそ真の意味での自
114 由であるからだ。ディオゲネスがアンティステネスによって解放された[20]のはこのような
115 自由であり、もうだれによっても奴隷にされることはありえないと言っていた。そうい

うわけで、彼がどのように捕まり、海賊に対してどのような態度をとったのかが分かる
だろう。彼らのひとりを主人などと言ったかね。言ってはいない。私が言っているのは、
主人という言葉のことではない。私が懸念しているのは、そういう音声のことではなく、
その音声が出てくる原因となる心の状態のことなのだ。捕虜にあたえる食べ物がひどい 116
と言って、どんなふうに彼らを非難しただろうか。彼はどんなふうに売られたか。主人
を探さなかったではないか。むしろ、奴隷を探したのだ[21]。そして、売られたとき主人に
対してどのようにふるまったか。売られるとすぐに主人と議論して、そんなふうに服を
着るものではない、そんなふうに髭を剃るべきではないとか、息子たちについてどのよ
うに指導すべきであるかを語ったのだ。その態度に何の不思議があるだろうか。という 117
のは、その主人が体育教師を買い求めたのであれば、レスリングを教えてもらうときに
その者を召使いとして扱っただろうか、それとも主人として扱っただろうか。買うのが
医者であっても、建築家であっても同じことだ。そんなふうに、どのような事柄におい
ても、経験のある者が経験のない者を支配するのがまったく当然のことなのである。だ 118
から、一般的に言えば、人生において知識を有する者が主人以外のものであってはなら
ないのだ。例えば、船においては誰が主人だろうか。

「舵(かじ)をとる人です」

なぜかと言うと、その言葉にしたがわない者は罰せられるからだ。

「だけど、私の主人は私を鞭打つことができますよ」

君の主人だって罰を受けないわけにはいかないのではないか。

「それは私もそう思いましたよ」
119 いや、罰を受けずにそんなことはできない。だから、そういう行為は許されていない
のだ。なんぴとでも不正なことをして罰を受けないようなことはできないのだ。
120 「すると、自分の奴隷を縛った者にはどのような罰があると思いますか」
縛ることだね。君もこれに同意するだろう。もし君が、人間は野獣ではなく、教化さ
121 れ[22]た動物であるという考えを保持しようと思うならばね。というのは、ブドウの木が悪
くなるのはいつか。それ自身の自然本性に反する働きをしているときだ。ニワトリはい
122 つか。同じようなときだ。すると、人間も同じだということになる。人間の自然本性と
はどのようなものか。嚙みついたり、蹴ったり、牢獄に投げ込んだり、首を切ったりす
ることか。いや、そうではない。むしろ、善をおこない、共同し、祈ることだ。だから、
君が認めようが認めまいが、人間というものは分別のない行動をするとき、不幸だとい

うことになる。
123 「そうすると、ソクラテスは不幸ではなかったわけですか」
不幸ではなかった。むしろ、裁判員たちや告訴人たちが不幸だったのだ。

「ローマのヘルウィディウス[23]もそうでなかったのですか」

そう、不幸ではなく、彼を殺した人が不幸だったのだ。
124 「どういう意味ですか」
君も全身傷だらけで勝ったニワトリを不幸だとは言わず、むしろ傷を受けずに負けた
ニワトリを不幸だと言うが、それと同じことだ。追跡もせず苦労もしない犬を幸福だと
は言わないが、犬が汗を流し苦しみ走って喘(あえ)いでいるのをみると、幸福な犬だと言うの
125 と同じことだ。もしわれわれがすべてのものの悪はそのものの自然本性に反するものだ
と言えば、どの点で不合理なことを言っていることになるのか。これは不合理な説なの
か。君はほかのすべての場合にはそのように言っているではないか。それなのに、なぜ
126 人間の場合だけは違ったふうに考えることになるのか。しかし、人間の自然本性は教化
され、互いを愛し、誠実なものであると言うことは、不合理ではないのではないか。

「不合理ではありませんね」

127 では、鞭で打たれても、拘束されても、首を切られても、人間はそれでも害をこうむ
らないというのはどのような意味なのか。それはこういうことではないか。このような
仕打ちに気高い精神で耐えれば、むしろさらに利益を受け、有益性を得る結果になる。
これに対して、害をこうむるのは、最も憐れむべき、恥ずかしい目に遭うような人間で
あり、人間と言うよりは、むしろキツネ、マムシ、スズメバチになり下がるわけだ。

128 さあ、これまで同意されたことをまとめてみることにしよう。妨げられることのない
人は自由であり、いろいろな事柄はその人が欲するように前に置かれている。これに対
して、妨げられ、強制され、邪魔され、心ならずもなんらかの状況の中に投げ込まれる
129 人は、奴隷なのである。では、妨げられないのはどのような人か。自分のものでないも
のをなにひとつ求めない人だ。では、自分のものでないとはどのようなものなのか。そ
れをもつにせよ、もたないにせよ、どんな性質のものとしてもつにせよ、どのようなし
130 かたでもつにせよ、われわれの力が及ばないようなもののことである。したがって、身
体も身体の諸部分も、財産もまた、自分のものではないことになる。だから、もし君が
それらのうちのなにかに対して、まるで自分のものであるかのように愛着を示すならば、
自分のものでないものを願う人が受けるに値するだけの罰をこうむることになるだろう。

131 これが自由へ至る道であり、これが隷属状態を回避する唯一の道であり、次の詩句を心の底から歌うことを可能にするものである。

　われを導きたまえ、ゼウスよ、そして汝（なんじ）、運命よ
　いずこなりとも汝らによって定められたところへ[24]

132 しかし、哲学者よ、君はどのように返事をするかね。君にふさわしくないことを言うように僭主が催促しているのだ。君は返事をするのかしないのか。私に話してくれたまえ。

「ちょっと考えさせてください」

133 今考えるのかね。君は学校にいたとき、何を考えていたのだ。善や悪が何であり、そのどちらでもないものが何であるかについて、君は勉強しなかったのか。

「いや、考えましたよ」

では、君たちが聞いて満足した考えはどのようなものか。

「正しく美しいものは善く、不正で醜いものは悪だという考えです」

生きることは善ではあるまいね。
「善ではありません」
死ぬことは悪ではあるまいね。
「悪ではありません」
投獄されることもそうだね。
「悪ではありません」
卑しく信用のおけない言葉、友人に対する裏切り、僭主へのへつらいなどを、君たちはどう思っているのか。
「悪だと思っています」
どうしたんだ。この問題についてまともに考えていないし、考えたこともなかったし、
またその気もなかったわけだ。私自身にとって最大の善を獲得し、最大の悪を避けるこ 134
とができるのに、それが私にとってふさわしいことだろうかなどと思うのは、なんとい
う考えだろう。結構であり当然とも言えるご意見だが、いろいろと考えてみなければな
るまい。ねえ、君はどうしてわれわれを愚弄するのか。そんな意見など生まれるはずも
ないのだ。もし本当に君が恥ずべきことが悪であり、立派なことは善であり[25]、その他の 135

ものはそのどちらでもないと考えるのであれば、そのような意見をもつようなことはな
かっただろうし、それに近づきもしなかっただろう。むしろ、視力でものをみるように、
136 思考の力でただちに判定ができたはずだ。というのは、いつ君は黒いものが白いかとか、
重いものが軽いかなどと考えたりするだろうか。むしろ、感覚に明らかに現れているこ
とにしたがうのではないか。ならば、善悪のどちらでもないものを悪しきものよりも避
137 けるべきかどうかなどと、どうして今考えたりするのか。いやむしろ、君はそんな考え
を抱いているわけではなく、先ほど言っていた投獄や死をどちらでもないものでなく最
大の悪だと、恥ずべき言葉や行為のほうを悪ではなく、われわれにはなんの関係もない
ものだと思っているのだ。
138 つまり、最初から君はそういう考えかたに慣れているのだ。「私はどこにいるのだ。
学校にいる。誰が私の話を聞いているのだ。私は哲学者たちと話している。でも、もう
139 学校から退出する。あんな理屈っぽい馬鹿げた話とはおさらばだ」。こんな調子で、哲
学者によってその友人が不利な証言をされ、こんな調子で哲学者は食客（しょっかく）となり、こんな
調子で自分が金銭で雇われ、こんな調子で議会にいても自分の本当の考えを言わない
140 のだ[26]。でも、それは彼の心の中では叫び声を上げている。言わば髪の毛のようなつまら

ない議論に寄りすがった、熱気を欠いた惨めな考えなどではなく、むしろ力強く有効で、
141 実際の言動による訓練で体得された考えなのだ。外からの話を自分がどんなふうに聞い
ているか、君自身によく注意を向けることだ。私はなにも君の子供が死んだという話を
していているわけではない。どうして君がそれに耐えられるだろうか。むしろ、君の油がこ
142 ぼれたとか、だれかが君の酒を全部飲んでしまったとかいう類いのことだ。こんな話な
ら、君が大騒ぎしているときに、だれかが側に立って、「哲学者よ、君は学校ではまっ
たく別のことを話していますね。どうしてわれわれを騙(だま)すのか。君は虫けらのくせに、
143 どうして人間だと言っているのか」と言ってやれるというものだ。私は哲学者のだれか
がセックスをしているときに、その人がどれほど熱中して、どんな声を上げているか、
自分の名前や聞いたり話したり読んだりしている哲学議論を覚えているかどうか、側に
立ってみてみたいものだ。
144 「しかし、それが自由と何の関係がありますか」
君たち金持ちが望む望まないにかかわらず、これ以外に自由と関係のあるものはない
のだ。
145 「誰を証人にして[27]そんなことを言うのですか」

　ほかならぬ君たち自身だ。君たちには強大な主人〔皇帝〕がいて、彼の目配せや動きの
ままに生きていて、君たちのだれかのことをしかめっ面してみようものなら震えあがり、
老人、老婦人の世話をしながら[28]、「それはできませんね。許されておりませんので」な
どと言っているではないか。どうして君にはできないのか。たった今、君は私と議論し 146
て自分のことを自由だと言ったではないか。
「でも、アピュラさん[29]が私の邪魔をするんです」
ならば、奴隷よ、本当のことを言うがよい。また、君の主人から逃げてはならないし、
これだけ奴隷である証拠がそろっているのだから、奴隷であることを否定したり、解放
してくれる人[30]を差し出したりするような大胆なまねはしないことだ。もっとも、恋愛の 147
情にかられて、自分の考えに反する行動に走ったり、もっと善いものがみえていながら、
それにしたがうだけの力がなかったりするのは、なにか力強いもの、ある種の神的なも
ののとりこになっているわけであるから、むしろ同情の余地があると考えてもよいだろ
う。だが、君がお婆(ばあ)さん、お爺(じい)さんに媚(こび)を売って、鼻水を拭いてやったり、お風呂に入
れてあげたり、贈り物をしたりして、病気のときは奴隷の召使いがするような世話をす 148
るかと思えば、一方では、早く死んでくれと祈ったり、医者にそろそろご臨終ですかね

と尋ねたりするのをみれば、そんな君に対して誰が我慢できるだろうか。あるいは、こ
のような大きくいかめしい官職や名誉が目的で、自由でもない人間の奴隷となるように、
149 他人の奴隷の手にキスをしたりする君に対しても同じことだ。それから、君は将軍にな
り、執政官になって、もったいぶって歩き回るわけだが、君がどうやって将軍になり、
どこから執政官の職を得たか、誰が君にその職をあたえたのか、私が知らないとでも言
150 うのか。もし私がフェリキオ[31]のおかげで生き、彼の傲慢な態度と奴隷根性がしみついた
横柄さに耐えなければならないとすれば、私は生きていたくない。自分を幸運だと思い
込んで、誇りに逆上せあがっている奴隷がどのようなものか知っているからだ。
151 「ところで、あなたは自由なのですか」とある人が尋ねた。
神々に誓って、そうありたいものだし、そうあるように祈っている。しかし、まだ私
の主人たちの顔をまともにみられないし、このとるに足らない身体を大事にしているし、
152 五体満足ではないのに[32]、五体満足であることを重要視している。だが、君がもう模範と
なる人物を探さなくてもよいように、君に自由人をひとり示すことはできる。ディオゲ
ネス[33]は自由人であった。その理由は何か。彼が自由人の親から生まれたからではない
——実際はそうではなかった[34]。むしろ、彼自身が自由であったからだ。というのは、彼

は奴隷状態になるあらゆる手段を捨ててしまい、人が彼に近づいて、捕まえて奴隷にす
153 るような方法がなかったからである。彼はどんなものを所有するとしても簡単に解き放
たれるようにしておいて、すべてがただ彼にくっついていただけなのである。かりに君
が彼の持ち物に手をかけたとしても、そのために執着してあとを追いかけるよりもむし
ろ君に任せたであろう。足をつかんだら、その足を、体全体をつかんだら体全体を任せ
たであろう。家の者でも、友人でも、祖国でもみな同じことだ。それらをどこから、誰
154 から、そしていかなる条件で得たか知っていたのだ。少なくとも、真の祖先である神々
や本当の意味での祖国[35]を見捨てることはけっしてなかったし、神々に服従し従順である
ことでは人後におちることはなかった。ほかの人も彼ほど従容（しょうよう）として祖国のために死ぬ
155 ことはなかったであろう。なぜなら、彼は万有のためになにかをしていると思われたが
ったことは一度もなく、むしろ、すべての出来事はかしこに起源があり、かの国家のた
めになされたのであり、その国家を支配する方によって命じられているものであること
を覚えていたからである。だから、ディオゲネス自身が何を言い、書いているのかをよ
156 くみることだ。彼いわく、「それゆえ、ディオゲネスよ、ペルシア大王ともラケダイモ
157 ン人の王アルキダモス[36]とも望むままに話をすることが許されている」。これはディオゲ

ネスが自由人の親から生まれたためなのか。アテナイ人、ラケダイモン人、コリントス
人は奴隷の親から生まれたために、これらの王たちと望み通りに話をすることができず、
158 むしろ恐れたり、ご機嫌をとったりしたのだろうか。そうすると、どうして彼だけには
許されているのか、とある人が尋ねた。彼の答えはこうだ。[37]「この身体を自分のものと
思っていないからだ。私はなにも必要としていない。私には法がすべてであり、ほかに
はなにもないのだ」。これが彼を自由人にしたものだった。
159 それでは、妻子や、祖国、友人、親族など、そのために自分の意志を曲げ、違った考
えに向かう可能性のあるものをもたない風変わりな人間しか例に出していないと思われ
ないように、ソクラテスを例にとってみよう。よくみてみなさい。彼は妻子がありなが
ら自分だけのものとはせず、祖国があってももつべき範囲内で、もつべきようにもって
いたにすぎず、友人や親戚もいたが、彼らすべてを法にしたがわせ、法に対して従順で
160 あるようにしたのだ。だからこそ、出征しなければならなかったときは、まっ先に赴い
たし、戦場で命を惜しむことなく危険を冒した。[38]また、僭主たちによってレオンを連行
してくるように派遣されたときも、これを恥と思ったために、ことによれば死なねばな
161 らないことを承知したうえで、その命にしたがわなかった。[39]では、彼はどのような点で

異なっていたのか。彼が守ろうとしたのはなにか別のことであったのだ。それはちっぽ
けな身体ではなく、誠実で恥を知る心だった。これらは侵すことのできないもの、従属 162
させることのできないものである。さらに、彼が自分の生きかたについて弁明しなけれ
ばならなかったとき、妻子をもつ者としてふるまうことはなかった。むしろ、まるでひ
とり者であるかのような行動をとったのだ。では、どうか。彼が毒杯を仰がねばならな 163
かったとき、どのようにふるまったのか。彼は助かることができたし、クリトンが「子
供たちのために逃げてくれ」と言ったとき(40)、何と答えたか。もっけの幸いと思ったのか。
どうしてそんなことがありえただろう。むしろ、自分にとってふさわしいことだけを考
え、ほかのことには一顧だにしなかったし、考慮することもなかった。彼が言ったのは、
ちっぽけな身体を救いたいわけではなく、むしろ正義によって増大し、保たれるが、不
正によって減少し、滅びるもの(41)を救いたい、ということだった。彼は恥ずべきしかたで 164
身を救うようなことはなかった。彼はアテナイ人の命令にそむいて投票を拒否した人で
あり(42)、僭主たちを軽蔑した人であり、徳と善美についてあのような問答をした人である。
このような人を恥ずべきしかたで救うことはできない。国外逃亡によってではなく、死 165
によって救われるのだ。なぜなら、優れた俳優は時機を失して演技を続けるよりは、む

しろ演技をやめるべきときにやめることによって、その名声を保つからである。
166 「では、子供たちはどうなるのですか」
「もし私がテッサリアへ旅立つならば、君たちが子供らの面倒をみてくれるが、私が
ハデスの国〔あの世〕に旅立てば、面倒をみてくれる人はだれもいないのだろうか[43]」。み
なさい。どんなに彼が死という言葉を親しいもののように扱い、これを茶化しているこ
167 とか。もしこれが私や君であったなら、ただちに「不正をなした者は同等の報いを受け
ねばならない」と哲学的論証をやってみせ、さらにこうもつけ加えるだろう。「私の命
が救われるなら、多くの人びとの役に立つだろうが、死ねばだれの役にも立てない」。
168 実際、必要なら穴から這い出して、脱出したことだろう。だが、どうしてわれわれは人
の役に立つことができるだろうか。いったい人びとはなおどこに留まっているだろうか[44]。

あるいは、生きて人の役に立つことがあるのであれば、むしろ死ぬべきときに死んで、
169 死すべきように死んだほうがずっと人の役に立つのではないか。今はもうソクラテスは
死んでしまったが、彼がまだ生きていた頃になしたこと、言ったことの記憶は、以前に
劣らず、いやそれ以上に人の役に立っているのだ。
170 もし君が自由でありたいのなら、その価値にふさわしいような自由を欲するのであれ

ば、これらのことを、これらの考えや言葉を勉強し、これらの模範となる人物をよくみ
171 ることだ。君は自由という高価なものをこれだけ多額でこれほどの犠牲を払って購(あがな)うの
だから、なんの不思議もないのだ。この自由と呼ばれるもののために、首をくくる人も
いれば、断崖から身を投げる人もいる。時には都市がまるごと滅ぶことだってあるのだ。
172 真実の、人を欺くことのない、堅固な自由のために、神があたえたものの返却を求めら
れたとき、それを返そうとはしないのか。プラトンが言っているような(45)、死の練習をす
るだけでなく、拷問にかけられ、追放され、鞭打たれる練習を、要するに、自分のもの
173 でないものを返却する練習を積むのだ。そうでないと、君は奴隷の中の奴隷になるだろ
う。たとえ一万回執政官になっても、パラティウム宮殿(46)に参内しても、奴隷の身である
ことに変わりはない。そして、クレアンテスが言っていたように(47)、哲学する者はおそら
く常識に反することを語ることがあっても、理に反することを語ることはない、という
174 ことを知ることになるだろう。というのは、君はこの言葉が真実のものであることを、
また、このような賞賛され、熱心に求められているものが、これを得た人たちにとって
なんら利益になるものではなく、いまだそれを手にしていない人たちは、もしそれを得
れば、あらゆる善いものが備わってくるだろうと想像するが、それからいよいよ手に入

れても、夏の炎熱はあいかわらず暑く、海の波はあいかわらず揺れ、同様に食べ過ぎ、
同様にないものを欲しがるものだということを、身をもって知ることになるからである。
175 つまり、自由とは欲望の対象を充足させるのではなく、欲望を抑制することによって得
176 られるものなのだ。このことが真実であることを知るためには、これまでつまらぬこと
のために努力していたのを、このことのために努力するように切り替えてみることだ。
177 君を自由にする教説を自分のものにするために、君は眠ってはならない。金持ちの老人
の代わりに、哲学者に仕えるのだ。その戸口にたたずんでいるところをみられてもよい。
みられても恥じることはないだろう。もし君が哲学者のもとに赴くならば、空しくなん
の利益も得られずにそこを去ることもないだろうし、うまくいかないとしても、とにか
く試みてみることだ。その試みは恥ずべきことではない。

第二章　交際について

1 この問題で、なによりもまず心しなければならないのは、以前の知り合いや友人のだ
れかとつきあって、その人と同じような状態に陥らないようにすることである。そうで
2 ないと、自分を滅ぼすことになるだろう。だが、「失礼な奴だと相手に思われるかもし
れない。そうすると、私に対する態度も以前とは変わってしまうだろう」という考えが
浮かぶようなことがあれば、覚えておくことだ。なにごとも無償ですむわけではなく、
3 同じことをしていなければ、人は以前とは同じではありえない。どちらを望むのか選ぶ
がよい。以前の君のままでいて、以前の人たちから同じように愛されたいか、それとも、
4 より優れた者となるために、以前のような愛を受けることがないか。もしあとのほうが
よければ、ただちにこちらに心を向け変えて、別の考えが君を惑わすことがないように
しなさい。どんな人も二兎を追えば、進歩することはできないからだ。むしろ、君があ
らゆることのなかからこの道を選んで、このことだけを目的にして、骨を折るつもりで

5 あれば、ほかのことはすべて遠ざけるがよい。さもないと、二兎を追ったことから君に
はそれぞれの結果が生じて、しかるべき進歩は望めないし、以前に得ていたものも失う
6 ことになるだろう。君は以前にはなんの価値もないものをひたすら求め、それによって
7 仲間たちのお気に入りになっていたのだ。だが、両方の種類のことで秀でるのは不可能
だ。むしろ、一方のことに関われば関わるほど、もう一方のことで君は必ず失うことに
なる。もし以前一緒に飲んだ仲間と飲まなければ、彼らに同じように気に入られはしな
い。だから、どちらかを選ぶのだ。酩酊して彼らに気に入られるか、それとも素面(しらふ)のま
までいて気に入られないかだ。もし以前一緒に歌った仲間と歌わないならば、彼らに愛
8 されることは不可能だ。だから、この場合もどちらを望むか選ぶのだ。控えめで慎み深
くあることのほうが、人から「愉快な奴だ」と言われることよりまさっていると考える
9 のであれば、一方は棄て、断念し、退けて、彼らと関わらないようにすることだ。だが、
それで満足しなければ、反対のことのほうに徹することだ。淫蕩な者のひとり、姦夫(かんぷ)の
ひとりになって、これに続くことをすれば、欲するものも手に入るだろう。また、跳び
10 あがって踊り子に歓声を上げるとよい。これほど違った人格が混じり合うことはないの
だ。君はテルシテス(1)とアガメムノンの両方を演じることはできない。もしテルシテスた

らんとすれば、背が曲がり頭は禿げていなければならない。もしアガメムノンたらんとすれば、背が高く顔立ちがよく、配下の者たちを愛する人でなければならない。

第三章　何と何を交換すべきか

1 外的なもののなにかを失ったとき、それの代わりに何を獲得するのかについて心得て
おくとよい。もしそれがより価値のあるものであれば、「損をした」などと言わないこ
2 とだ。もしロバの代わりに馬を得たのであれば、羊の代わりに牛を得たのであれば、わ
ずかなお金の代わりに善き行為を得たのであれば、無駄な話の代わりにしかるべき心の
平静を得たのであれば、恥ずべき言葉の代わりに慎みを得たのであれば、けっして損を
3 したわけではない。このことをよく記憶していれば、どんな場合にも、君がもつべき君
自身の人格を保つことができるだろう。さもなければ、よく考えることだ。時間は無駄
4 に失われ、君が今専念していることはすべて徒労に帰し、失敗に終わるだろう。なにご
とであれ、失われたり失敗したりするのに必要なものはわずかしかない。ものの道理を
5 少し踏みはずせばよいのだ。舵取りが船を転覆させるのに必要な準備は、船を保つため
に要するのと同じではない。わずかに船を風に向ければ、船は沈んでしまうだろう。し

かも、自分から注意してするほどのことではない。ちょっと仕事を怠れば、失われてし
6 まうのだ。われわれの場合もこれと同じようなことだ。少しの間うとうとするだけで、
これまでやってきたことがすべて水の泡となる。だから、心像に注意するのだ。眠って
7 はならない。なぜなら、君が見守っているのはわずかなものではなく、慎み、誠実、毅
8 然とした心、不動心、苦痛や恐怖のないこと、心の平静、要するに、自由なのだ。何と
交換して、君はそれらのものを売ろうとするのか。交換しようとするものがどれほどの
価値のものかよくみるのだ。
「いや、私は自由と交換にそんなものを得るつもりはありませんよ」
もしそれを得るようなことがあれば、自由の代わりに何を受け取ることになるのかを
9 みてみることだ。「私はたしなみを、相手は護民官の職を所有している。相手は将軍の
職を、私は慎みを所有している。だが、私はふさわしくないところで喚声を上げたりし
ない。そうすべきでないところで、立ち上がったりしない[1]。私は自由であり、神の味方
10 であるからだ。それは心から神にしたがうためである。私はほかのなにものも、身体も、
財産も、官職も、名声も、一言でいえば、なにものも要求すべきではない。というのは、
私がこれらのものを要求することは神も望まないからだ。もし神が望むならば、それら

を私にとって善きものにしたことだろう。だが、実際にはそうはされなかった。だから、
11 神の命はなにひとつとして踏みこえるわけにはいかないのだ」。どんなことにおいても
自分の善を守れ。そして、ほかのことについては、理性的に用いるかぎり君にあたえら
れたものだけで満足するのだ。さもなければ、不幸になり、不運であり、妨げられ、邪
12 魔されるであろう。これらが神から送られた法であり、これらがその定めなのだ。人は
マスリウスやカッシウス(2)の法ではなく、これらの法にしたがい、その法の解釈者となら
ねばならない。

第四章　平静に暮らすことに熱心になっている人びとに対して

1 人の心を卑屈にし、他人に従属させるものは、官職、富への欲望だけでなく、平静、
余暇、旅行、学識への欲望もそうだということをよく覚えておくことだ。簡単に言えば、
外的なものはどのようなものであれ、これを重んじればわれわれをほかのものに従属さ
2 せるということだ。すると、元老院議員になることを欲するのと欲しないのとではどの
ように違うのか。官職を欲するのと無官であることを欲するのとではどのように違うの
か。「どうもうまくいかない。私はするべきことがなにもなく、ただ死体のように書物
に縛りつけられているだけだ」と言うのと、「どうもうまくいかない。私には書物を読
3 む暇がない」と言うのとどのように違うというのか[1]。挨拶や官職が外的なもの、意志と
4 関わりのないものに属するように、書物もまた同様である。あるいは、君は読書を何の
ためにしようとするのか。私に言ってくれ。読書を気晴らしか、なにかの学識を得るた
めだけにするのであれば、君はとるに足らないあわれな人間だということになる。だが、

読書をしかるべき目的に向けるのであれば、それは心の平安を得ること以外の何であろ
うか。また、もし読書が君に心の平安をもたらさないのであれば、それは何の役に立つ
のだろうか。
5 「いや、もたらしてくれますよ。だからこそ、心の平安が奪われれば腹が立つのです」
とだれかが言った。
たまたまあるものに邪魔されてしまうような心の平安とは何であろうか。別に皇帝や
皇帝の友人のことを言っているのではない。カラスでも、笛吹きでも、熱病でも、その
ほか無数にあるだろう。心の平安はそのようなものではなく、むしろ永続的で、妨げら
れることがないこと以外にはないのだ。
6 私は今なにかをするように呼ばれている。それなら今、自分が守るべき基準に目を向
けるために出発する。その基準とは、慎み深く、安全であり、外的なものに対する欲求
7 や忌避とは無縁であることだ。次に、人びとがどんなことを語っているか、どのように
行動しているかに目を向ける。それは悪意をもってではなく、相手を非難したり嘲笑し
たりするためでもなく、私も同じ過ちを犯していないかどうか自省するためである。
「どうしたら過ちを繰り返さないでいられるのですか」。かつては私も過ちを犯していた

が、今はもうそうではない。神のおかげだ。(2)
8 さあそれでは、これらのことをなしたり、関わったりするとき、文章を一千行読んだ
り、ほかのそれだけの分を書いたりするよりも、劣ったことをしていることになるだろ
うか。というのは、君は食事をしているとき、読書していないと言って気にやんだりす
るか。読んだことにしたがった食べかたをしていれば満足ではないか。風呂に入ってい
9 るときはどうだろうか。体育の訓練をしているときはどうだろうか。そうすると、なぜ
君は皇帝に近づくときでも、だれそれに近づくときでも、すべての場合において同じよ
10 うな態度で臨まないのか。もし君が不動で、冷静沈着で、落ち着いた態度を保ち、自分
が観察されるのではなく、むしろ出来事を観察する側に立つならば、また、栄誉を手に
した者を妬むことなく、物事によって混乱させられることがなければ、君に何が欠けて
いるだろうか。書物か。どのようにして、そして何のためか。
「読書は生きるためのなにか準備となるものではないのですか」
11 人生は書物以外のもので満ちあふれている。それはちょうど競技者が競技場に入った
とき、外では練習していないと言って、嘆くようなものだ。君が練習を重ねたのはその
12 ためだし、跳躍用の亜鈴（あれい）(3)(4)も砂も若い練習相手もそのためのものだ。それらを用いる時機

13 が来たというのに、今になってそれらを探し求めているのか。それはちょうど承認の領
域において、把握されうる心像と把握されえない心像があるのに、それらを区別しない
で、『把握について』を読もうとするようなものだ[5]。
14 それなら、その原因は何であるのか。それは、行動にさいしてはやって来る心像を自
然本性にしたがって用いるべきなのであるが、われわれはそれを目的として一度も書物
を読んだり書いたりしたことがなく、むしろ書かれていることの意味を学び、ほかの人
に説明することができ、推論を解き、仮定論法を吟味するところでやめてしまうからだ。
15 だから、熱心にやれば、そこにはまた障害も生まれる。君は自分の力が及ばないことを
なんとしてでも求めようとするのか。それなら、妨げられ、邪魔をされ、失敗するがよ
16 い。もしわれわれが『衝動について』[6]を読むのが、衝動について何が語られているかを
みるためではなく、正しく衝動を感じるためであるならば、『欲求と忌避について』を
読むのが、欲求していながら得そこなうことがなく、忌避していながら避けそこなうこ
とがないようにするためであるならば、『義務について』を読むのが[7]、状況を記憶に留
17 めてなにごとも不合理に、義務に反した行動をしないようにするためであるならば、読
書を妨げられても腹を立てないし、むしろそれに対応した行動をとることで満足し、今

まで数える習慣があった「今日は何行読んだ、何行書いた」というような数えかたはせ
18 ず、むしろ、「今日は哲学者たちに教わったような衝動がもてた。欲求することなく、
意志に関わりのあることだけを忌避し、だれそれを怖がることなく、だれそれの脅しを
受けることなく、忍耐し、禁欲し、協同する訓練をした」というふうに数えただろう。
そのようにして、感謝すべきことがあれば、神に感謝したことだろう。

19 　だが今われわれは、これとは違った意味ではあるが、多くの人びとと変わらないとい
うことに気づいていない。官職につけないのではないかと恐れている人もいるし、君の
20 ほうは官職につかされるのではないかと恐れている。ねえ君、少しも恐れることはない
のだ。官職につけないのではないか(8)と恐れる人を嘲笑するように、君自身を嘲笑するが
よい。熱病にかかって喉が渇いているのも、気が狂った人のように水を恐れる(9)のもなん
21 の違いもないからだ。あるいは、君はまだソクラテスのように、「そうあることを神が
お望みなら、そうなればよい(10)」と言うことができるだろうか。もしソクラテスがリュケ
イオンやアカデメイア(11)で余暇を過ごし、日々青年たちと対話することを望んでいたら、
彼は出征のたびにあれほど喜んで出征したと思うかね。彼はこう言って、苦しみ嘆いた
のだろうか。「ああ、悲しい。リュケイオンで日向（ひなた）ぼっこができたのに、今はこんなと

22 ころにいて、なんとも不幸なことだ」。日向ぼっこは君のなすべき仕事だったのか。む
しろ、順調に、妨げられず、邪魔されずに生きることではなかったのか。そんなことで
苦しんでいたとしたら、どうして彼はなおソクラテスでいられただろうか。どうして彼
はなお牢獄にいて讃歌を書く(12)ことができただろうか。
23 要するに、君がもし意志以外のあらゆることを尊重するならば、君自身の意志をだめ
にしてしまうことになるということを覚えておくことだ。官職があることだけでなく、
官職がないことも、暇がないことだけでなく、暇があることも外的なことだ。
24 「すると、今私はこの喧噪（けんそう）の中で暮らさねばならないわけですね」
喧噪とはどのような意味なのか。
「多くの人の間にいることです」
何が辛いのか。オリュンピアにいると考えて、それを国民の祭典だと思えばよい。め
いめいが好きなように叫び、好きなことをして、押し合いへし合いしている。公衆浴場
には群衆がいる。われわれのうちの誰がこの国民の祭典を喜ばず、それを苦に病んで去
25 っていったりするだろうか。起きていることに対して不満に思ったり、むかついたりし
てはならない。「この酢はひどい味だ。酸っぱいぞ」とか、「この蜂蜜はひどい味だ。私

の体の調子を狂わせる」とか、「この野菜は嫌いだ」とか言ってね。そんなふうだと、

「暇なのは嫌いだ。寂しいぞ」とか、「人が大勢いるのは嫌いだ。騒がしい」とか言うよ
26 うになる。むしろ、もし君がひとりだけで、もしくはわずかな人と暮らすようなはめに
なったとき、それを静かだと呼ぶようにして、しかるべきしかたでその事態に対処する
ようにすることだ。そして、自分と対話し、心像を鍛え、先取観念を完全なものにせよ。
群衆の中にいれば、これは競技会だ、国民の祭典だ、お祭りだと言って、人びとと一緒
27 に祝う気持ちになることだ。というのは、人間好きの人にとって多くの人間よりも楽し
い光景があるだろうか。馬の群れや牛の群れをみたら楽しいし、たくさんの船をみれば
気持ちが和(なご)んでくる。たくさんの人間をみて苦痛に思う人がいるだろうか。
28 「でも、彼らの大声でなにも聞こえなくなりますよ」
それなら、君の聴覚が妨げられているわけだ。でも、それが君と何の関わりがあるの
だ。心像を用いる能力が妨げられているわけではあるまい。君が自然本性にかなったし
かたで欲求し忌避し、衝動を感じ反発するのを誰が妨げたりするだろうか。どんな喧噪
にそんな力があるのか。
29 君はただ一般的な問題として、「何が私のものであり、何が私のものでないのか。私

には何があたえられているか。神は私が何をすることを望み、何をすることを望んでお
30 られないか」ということを記憶していることだ。少し前に神が君に望んでおられたのは、
余暇をもち、自分と対話し、これについて書いたり、読んだり、話を聞いたり、準備を
することだった。そして、君はそのために十分な時間をもっていたのだ。そして今、神
は君に対して、「さあ、そろそろ競技の場に出てきなさい。君が何を学び、どのように
訓練したのか私にみせてごらんなさい。ひとりでどれくらい訓練を重ねたのか。君が勝
利にふさわしい競技者のひとりになったのか、それとも世界を渡り歩いて敗北を続ける
競技者のひとりになったのか、そろそろ君について知るべき時がやってきた」と言って
31 いるのだ。それなのに、どうして君は腹を立てているのだ。どんな競技も喧噪なしには
おこなわれない。たくさんのトレーナー、たくさんの叫び声を上げる人、たくさんのサ
ポーター、たくさんの観客がいるのだ。
32 「だけど、私は静かに暮らしたいのです」
それなら、君にふさわしいように嘆くなり悲しむなりすればよい。というのは、教育
がなく神々にしたがわない者にとって、苦しみ、悲しみ、嫉妬すること、要するに不運
であり不幸であることより大きい、どんな罰があるだろうか。君はこれらから解放され

たいとは思わないのか。

「どうしたら解放されるでしょうか」

33 君はしばしば聞いたのではなかったのか。欲求はことごとく捨て去り、忌避は意志と関わりのあるものだけに向けねばならず、身体、財産、名声、書物、喧噪、官職、無官職などいっさいのものを捨て去らねばならない、と。なぜなら、それらに心が傾くようでは、それらの奴隷となり、従属し、妨げられ、強制され、まったく他人の力の及ぶ範囲に置かれることになるからである。だが、次のクレアンテスの言葉が助けとなるだろう。

34 われを導きたまえ、ゼウスよ、そして汝、運命よ

35 君たちはローマへ行くことを望んでいるのか。では、ローマへ行こう。ギュアラへ行くことを望んでいるのか。では、ギュアラへ行こう。アテナイか。では、アテナイへ行こう。牢獄か。では、牢獄へ行こう。もし君が「いつになったらアテナイへ帰るのだろう」と一度でも言えば、それでもうおしまいだ。この欲求が満たされなければ、君は不

幸にならざるをえないし、満たされたら満たされたで、そうすべきでないことに有頂天
になり、空しい人間にならざるをえない。さらに、もし君が邪魔されるならば、君が陥
36 りたくないことに陥ってしまったということで、不運ということになるだろう。だから、
そんなものはすべて捨ててしまうことだ。
「でも、アテナイは美しいところです」
今幸福であること、不動で乱されない心をもつこと、君が関わることにはだれの力も
及ばないことのほうが、はるかに美しいよ。
37 「ローマは喧噪と儀礼[13]でいっぱいです」
だけど、幸福であればどんな不愉快なことでも帳消しになる。もし今がそうすべき時
機であるならば、君はどうしてそれらを忌避する気持ちを抑えないのか。棒で打たれる
38 ロバのように、重荷を背負わねばならない必要がどこにあるのか。さもないと、いいか
ね、君はいつでも、自分を解放することのできる人、万事につけて君を妨げることので
きる人の奴隷となって、悪霊のようなその人に仕えねばならなくなるのだ。
39 幸福に至る道はひとつしかない——このことを朝も昼も夜も心得ておかねばならない。
意志と関わりのないことは放棄し、なにものも自分のものであるとは考えず、すべてを

40 守護霊や運にまかせ、なにごともゼウスが定めた者たちの監督に委ねて、ただひとつの
もの、すなわち自分のものであり、なにごとにも妨げられないものに自分を捧げる。そ
して、目的をこのことと定めて書物を読み、そのように書き、そのように聞くことだ。
41 だから、人が書物を読んでいるとか、書いているということだけを聞いても、たとえ一
晩中ということをそれに加えても、その人を勤勉だと言うことはできない。その人が意
図していることを知るまでは、まだそう呼べないのだ。君だって、若い女の子のために
42 眠らずにいる人を勤勉とは言わない。だから、私も勤勉だとは言わないのだ。むしろ、
43 名声のためにしているなら、名誉心が強いと言うし、金銭のためであれば、金銭欲が強
いと言うが、勤勉だとは言わない[14]。だが、もし自分の指導的部分のために努力し、その
部分が自然本性にかない、その状態に保つようにするのであれば、その時にかぎって、
44 私はその人を勤勉だと言う。なぜなら、善くも悪くもないことを根拠にけっして人を褒
めたり非難したりしてはならないからだ。むしろその人の考えに基づいてでなければな
らない。つまり、その考えこそ各人に固有のものであり、行為を醜くも立派にもするも
のなのだ。

45 これらのことを心に留めて、現在あるものを歓迎し、時がもたらすものを受け入れよ。

46 もし学んだり考察したりしたことが、君が実際におこなっているところに見出されるな
らば、そのことを喜ぶがよい。もし君が邪な性格や悪口を、無分別さ、卑猥な言葉、で
たらめで怠惰な性格を封じるか減じるかするならば、もし以前に心を動かされていたこ
とに動じることがなければ、あるいは少なくとも以前と同じようには動じることがなけ
れば、今日はこの行為で立派であった、明日は別の行為で立派だろうというわけで、毎
47 日お祭りをすることができる。執政官や地方総督の職のためよりも、犠牲を捧げるのに
これほど大きな理由があるだろうか。これらのことは君自身から、神々から君に生じた
48 のだ。誰が、誰に、何のためにあたえたのか、そのことを心に留めるのだ。こうした考
えを心に養っておくならば、どこにいれば幸福になるだろうかとか、どこにいれば神の
お気に召すことになるだろうかとかいうことが、なお気になるだろうか。どこにいても
神との距離は等しいのではないか。神々はあらゆるところから、起きていることを同じ
ように見守っているのではないか。

第五章　けんか好きで野獣のような性格の人たちに対して

知徳をそなえた人は自分から人と争ったりしないし、できるだけ他人を争わせること 1
もしないものだ。このような場合に模範として示されるのは、ほかの場合も同様だが、 2
ソクラテスの生きかたである。彼はどのような時でも争いを避けただけでなく、ほかの
人たちも争わせないようにした。クセノポンの『酒宴』(1)において彼がどれほど多くの争 3
いを調停したか、トラシュマコスやポロスやカリクレス(2)に対してどのように我慢したか、
さらに妻(3)に対しても、息子が詭弁を使って論駁してきたときもどのように耐えたかをみ
るがよい(4)。なぜなら、ソクラテスはだれも他人の指導的能力を支配することができない 4
ことをよく覚えていたからだ。だから、彼は自分のもの以外のものを望むことはなかっ
た。しかしそれはどのようなことであるのか。

それは人に自然本性にしたがった行動をせよと干渉しないことである(5)。なぜなら、そ 5
れは他人に関わることだからだ。むしろ、彼らには彼らがよいと思うように自分のこと

をさせ、彼のほうは自分もそれに劣らず自然本性にしたがい、それにしたがって暮らし
て、彼らもまた自然本性にしたがうように、自分に関わることだけをしているのだ。知 6
徳をそなえた人が目指すのもこれである。
「それは将軍になることですか」
いやそうではない。むしろ、将軍職が許されれば、その職において自分の指導的部分
を見守ることだ。
「結婚することですか」
いやそうではない。むしろ、結婚が許されれば、その結婚において自然本性にしたが
いながら、自分を見守ることだ。もし自分の息子や妻に過失がないことを望めば、それ
は、他人に関わることが他人に関わるのでないことを望んでいるのと同じことになる。 7
教育を受けるというのは、自分に関わるものと他人に関わるものとの区別を学ぶことだ。
そうすると、このように心がけている人にとってどこになお争う余地があるのか。起 8
きていることのどれかに驚くことはあるまい。その人には目新しいことだと思われるだ
ろうか。悪い連中から、今自分が受けているよりももっと悪く、もっとひどい目に遭わ
されるだろうと予想しないだろうか。最悪とまで言えないようなことはどれも、むしろ

得をしたと考えるのではないか。

9 「だれそれがあなたの悪口を言っていますよ」

その人にはおおいに感謝している。殴らなかったのだから。

「いや、殴りましたよ」

でも、おおいに感謝している。傷つけなかったのだから。

「いや、傷つけましたよ」

10 でも、おおいに感謝している。殺さなかったのだから。というのは、人間が温順で、互いに愛しあう動物であること、不正は不正をなす者にとって大きな害であること(6)を、その人はいつ誰から学んだのだろうか。それらのことを学んだのでも信じたのでもないならば、どうしてその人は自分にとって得と思われることにしたがわないのか。

11 「隣人が石を投げたのです」

君が過ちを犯したわけではあるまい。

「はい、でも家の中のものが壊れました」

12 すると、君は家具なのか。そうではあるまい、むしろ、君は意志なのだ。そうすると、それに対して君には何があたえられているのか。オオカミのように咬(か)みつき返したり、

もっと多くの石を投げたりすることか。だが、君が人間として生きるのであれば、自分
が所蔵しているものを調べてみることだ。どんな能力をもってこの世に生まれたのかを 13
考えなさい。野獣のような性格ではあるまい。復讐の能力をもってではあるまい。馬が
惨めであるのはどんなときか。自然本性的な能力が奪われたときではないか。カッコウ
のような鳴き声がだせないときではなく、走れないときではないか。犬はどうか。飛べ
ないときだろうか。むしろ、臭(にお)いを追いかけることができないときではないか。人間も 14
また同じことで、ライオンを絞め殺したり(7)、彫像を抱いたりすること(8)ができない者が不
幸なのではなく――それをするために自然本性から由来する能力をもっていないからで
ある――、むしろ優しい心、誠実さを失った者が不幸なのではないか。これこそ、「人 15
びとが集まって、どれほどの悪に陥ったかを嘆いてやるべき人だ」。ゼウスに誓って、
「生まれてきた人や死んだ人を(9)」ではなく、生きている間に自分にとって固有のものを
失った人を悲しむべきなのだ。つまり、父祖伝来のもの、土地、家屋、旅館、奴隷では
なく――これらは人間にとって真に固有のものではなく、すべて他人のもの、隷属的、
従属的であるもの、主人によってその時々に各人にあたえられたものだからである――、
むしろ人間的なもの、心の中にもってこの世に生まれてきた刻印(10)を失った人を悲しむべ 16

きなのだ。われわれはこのような刻印を貨幣の中にも探し、これをみつければ貨幣とし
て認めるが、みつからないとそれを投げ捨ててしまう。
17 「その真鍮貨(11)には誰の刻印があるのか。トラヤヌス帝のか」。「では、こちらによこし
なさい」。「ネロ帝のか」。「では、捨ててしまいなさい。それは通用しないし、廃れて
いる(12)」。今の場合もこれと同じことだ。その人の考えにはどのような刻印が押されてい
るのか。「従順、社会性、辛抱強さ、相互愛ですね」。では、こちらによこしなさい。受
け入れることにしよう。その人を同市民とし、隣人、航海の道づれとして受け入れよう。
18 ネロの刻印がないかどうかだけをみるのだ。短気で、怒りを爆発させ、人のあら探しを
するようなところがないか。「自分でいいと思うと、出会った人の頭を叩き割るような
19 人ですね」。それなら、どうしてその人を人間と言っていたのか。どんなものでもその
20 姿形だけから判断されるのか。それなら、蠟でできたリンゴもリンゴと言うがよい。リ
ンゴには香りも味もなければならない。外形だけでは十分でないのだ。したがって、人
間であることを示すためには、鼻と目があるだけでは十分でなく、むしろ人間らしい考
21 えがあってこそ十分なのだ。その人は理性に耳を傾けることもないし、論駁されても分
からない。つまり、ロバなのだ。その人の恥を知る心は死んでしまって、ものの役には

立たない。もはや人間ではなく、出会ったら蹴ってやろう、咬みついてやろうと相手を探しているのだ。だから、その人は羊やロバではなく、野獣のどれかだということになる。

22 「そうすると、どういうことですか。あなたは私が軽蔑されることを望んでおられるのですか」

誰からなのか。もののわかった人たちからか。もののわかった人であれば、どうして穏やかで慎みのある人を軽蔑したりするだろうか。ものの分からぬ人たちからか。それなら、君にとって何の関わりがあるのか。ほかの技術者にとっても技術を知らぬ者など関わりがないからだ。

23 「だけど、かれらは私に対してずっと容赦しないですよ」

私に、というのはどういう意味なのか。君の意志を傷つけたり、君に現れている心像を自然本性にしたがって用いるのを妨げたりすることができる人がいるというのか。

「それはできませんね」

24 そうすると、君はどうしてなお心を乱し、自分が恐れているところをみせようとしたりするのか。むしろ、堂々とまん中に進み出て、人びとが何をなそうとも、彼らとは平和にやっていると、とりわけ君を傷つけていると思われる者たちのことを、こう言って笑っていると、みんなに告げ知らせようとしないのか。「この奴隷同然の連中は、私が誰であるか、私の善悪がどこにあるかを知らないのだ。この人たちには私に関することを知るための道がないのだ」

25 かくして、強固な都市に住む人びとは、都市を攻囲する者たちのことを笑うのだ。
「この人たちはどうして無駄に骨を折っているのだ。われわれの城壁は安全だし、長期
26 間の食料を保有し、ほかのすべての備えも万全だ」。これらの備えは都市を強固にし、
難攻不落にするものであるが、人間の心を保全するものはその人の考え以外にはないの
だ。どのような城壁がこれほど強いのか。どのような身体がこれほど堅固であるのか。
どのような財産が奪われることがないだろうか。どのような評判がこれほど攻撃されな
27 いものであるだろうか。すべてのものはどこにおいても消滅するものであり、容易に影
響されるものである。どんなしかたであれそれらに関わると、その人は必ず心を乱され、
つまらぬ望みを抱き、恐れ、悲しみ、欲しても満たされず、忌避してもそれに陥ること
28 になる。そうであれば、われわれは自分にあたえられている唯一安全な手段を強固にし
ようとするのではないか。つまり、消滅するもの、隷属的なものから遠ざかり、消滅す

ることのない、自然本性において自由であるもののために尽力するのではないか。われ
われは覚えていないのか。そもそも人が他人を害したり、益したりすることはなく、む
しろそれぞれについてのその人の考えこそ、人を害し、混乱させ、衝突させ、内乱と戦
29 争を引き起こすのだ(13)。エテオクレスとポリュネイケス(14)を争わせたのもこれにほかならな
い。つまり、僭主についての考え、追放についての考えの違いで、一方を最悪のもの、
30 他方を最善のものと考えたためだ。また、善を追求し、悪から逃れることはあらゆるも
のの自然本性であって、一方の善を奪い、それと反対の悪に巻き込もうとする者は、兄
31 弟であれ息子であれ父であれ、これを敵とみなし、裏切り者とみなすことになる。これ
は善よりも自分に親しいものはないためである(15)。だから、これらの外的な事柄が善や悪
だとすると、父は息子と親しくなく、兄弟は兄弟と親しくなく、すべてがいたるところ
32 で敵、裏切り者、密告者でいっぱいになる。だが、もし意志があるべきようにあること
が唯一の善であり、意志があるべきでないようにあることが唯一の悪だとすれば、どこ
になお争いや誹謗(ひぼう)が生じることがあるだろうか。何について争い、誹謗するのか。われ
われとなんの関わりもないことについてか。誰を相手にそうするのか。これを知らない
人が相手か、不幸な人が相手か、それとも一番大切なことについて欺かれた人が相手な

のか。
33 ソクラテスは、このことを覚えていたから、気むずかしい妻やものの分からない息子
に耐えながら、家で暮らしていたのだ。妻が気むずかしいのは何のためか。それは好き
なだけ頭に水をぶっかけ、お菓子を足で踏みつけるためだ[16]。そんなものが私にとってな
34 んでもないことがわかっていたら、私には何の関わりがあるだろうか。そのように考え
ることが私の仕事だ。僭主も主人も私を妨げることはできないし、多くの人がひとりの
人を、より強い人がより弱い人を妨げることもできない。なぜなら、これは妨げること
35 ができないものとして、神によって各人にあたえられたものだからである。こうした考
えは、家では愛情を、国では協和を、部族には平和を、神に対しては感謝の念を生み出
す。そして、自分は他に属するもの、なんの価値もないものに関わっているのだと思え
36 ば、いろいろなところで自信を深めることになる。だが、われわれはそれらについて書
いたり、読んだり、読んで褒めたたえたりすることはできるが、これを確信することか
37 らはほど遠い状態にある。そういうわけで、ラケダイモン人の言い草ではないが、

　家ではライオンだが、エペソスではキツネだ[17]

というのが、われわれの場合にもあてはまる。つまり、学校ではライオンだが、家ではキツネであるわけだ。

第六章　同情されることを苦にする人びとに対して

1 「私は同情されるのが嫌いです」とある人が言った。

同情されるのは君の行為か、それとも同情する人の行為か。どうかね。それをやめさせるのは、君の力が及ぶことか。

「私の力が及ぶことです。自分が同情を受けるに値しないことを彼らに示せばの話ですが」

2 では、同情に値するかどうかは、君に関わることなのかどうか。

「関わっていると思います。しかし、彼らは同情するとしても、それに値するようなこと、すなわち私の過ちについて同情しないで、貧乏や官職がないことや病気や死やほかのそのようなことで同情してくるのです」

3 それでは、これらのどれも悪ではなく、貧乏人でも官職がなくても(1)名声がなくても幸福でありうることを多くの人に説得するか、それとも自分が金持ちで官職についている

4 ように見せかけるか、君はどちらの心の準備をしているのか。このうち二番目のは法螺
吹きで、愚かで、なんの価値もない人間がすることだ。そういう見せかけがどのような
原因でおこなわれるのか、よくみることだ。つまり、君は奴隷を雇い、わずかばかりの
銀の食器を所有し、それらをおおっぴらにみせびらかさねばならないだろう。できれば
同じものを何度でも、しかもそれらが同じものであることを隠そうとしなければなるま
い。さらに、けばけばしい衣装やその他の装飾品を身につけ、高位の人たち[2]から尊敬さ
れている人に見せかけ、彼らのもとで食事をするように心がけ、あるいはせめて食事を
しているように思われるようにする。また、身体については下等な技を使ってより格好
5 がよく、より上品にみえるようにするわけだ。もし同情されないために、この二番目の
道を使って進もうと思えば、君は以上の工夫をしなければならない。
　だが、第一の道、すなわちゼウスですらなしえなかった、何が善で何が悪かをすべて
6 の人間に説得することを手がける仕事は、終わりというものがない遼遠な道である。そ
んな仕事が君にあたえられているわけではあるまい。君にあたえられているのは、ただ
自分自身を説得することだけだ。しかも、まだ説得したわけではない。それなのに、君
7 は今ほかの人を説得しようとするわけなのか。君が自分自身といるほど長い間、誰が君

と一緒にいるだろうか。人を説得するのに、君が自分自身に対してするほど確実に、誰
が君を説得するだろうか。誰が、君が自分自身に対するほど友好的で親しみをもつだろ
うか。それなのに、君が自分を説得してこのことを学ぼうとしないのはどうしたわけな 8
のか。今君がやっていることはあべこべだ。君が熱心にやってきたのはこのことなのか。
どうしたら苦しみも心の乱れもなく、卑屈にもならず、自由でいられるかを学ぶことだ
ったただろうか。このような心の状態に至る道はただひとつしかなく、その道とは意志と 9
関わりのないことから離れ、放棄して、これらは他人に関わるものでしかないと認める
ことだということを、君は聞いたのではなかったのか。そうすると、だれかが君につい 10
てなんらかの意見をもつ場合、それはどのような種類のものに入るのか。
「意志と関わりのないことです」
つまり、君にとってはなんでもないことだね。
「その通りです」
そうすると君は、まだそのことで苦しみ、心を乱していながら、善と悪について納得
できたと思っているのか。
それでは、君はほかの人たちのことは捨てておいて、自分が自分の弟子になり教師に 11

なるつもりはないのか。「自然本性に反することや、自然本性に反した生きかたをする
ことが君自身に益であるかどうかは、ほかの人がみてくれるだろう。だが、私にとって 12
私よりも自分に近いものはないのだ。すると、私が哲学者たちの話を聞いて、しかもそ
れに承服したというのに、実際には心が少しも軽くなっていないというのはどうしたわ
けなのか。私はそれほど愚かなのか。だが、私が望んだほかのことでは、それほど愚か
でないことがわかっている。それだけでなく、読み書きもレスリングも幾何学も、推論
を解くことも覚えが早かった。その道理が私を納得させなかったのだろうか。しかし、 13
私が最初からこれほど認め、選んだものはほかにはなかった。今もまた、それについて
読み、それについて聞き、それについて書いている。今までこれほど力強い道理をみつ
けたことはなかったのだ。それでは、私に何が欠けていたのか。この道理に反対する考 14
えが私から取り除かれなかったのか。私の理解そのものが訓練を受けず、実際の行動に
適用するのに慣れておらず、蔵にしまわれた武具のように錆びついて、体に合わなくな
っているのか。しかし、私はレスリングや読み書きをただ学ぶだけでは満足せず、提示 15
された推論をあれこれひっくり返し、別の推論に組み直し、同様に転換論法を作ったり
した。だが、それから出発して、苦痛も恐怖もなく、ものに動じず、妨げられることな 16

く、自由であるために必要な哲学理論は、訓練もそれにふさわしい練習もしていない。
17 それでいて、ほかの人たちが私のことをどう言うだろうかとか、私が彼らに価値がある
人間にみえるだろうかとか、幸福にみえるだろうかとか、私はそんなことが気になって
いるわけなのか」
18 かわいそうに、君は自分のことをどう言っているのか知る気はないのか。君は自分に
はどんな人間にみえているのか。考えかたはどうか。欲求や忌避ではどうか。衝動、心
の準備、計画、その他の人間的な行為はどうか。いや、君はほかの人たちが君のことに
同情しているのが気になっているのだね。
「ええ。だけど、私は同情される覚えはないのです」
19 つまり、君はそのことを苦にしているわけだ。苦にしている人は、同情される人であ
るのかね。
「そうですね」
それでは、どうして君はそんな覚えはないのに同情されるのか。それは、君が同情さ
れるのを苦にしていること自体が、君が同情される価値があるようにしているからだ。
20 アンティステネスは何と言っているか。君はまだ、「キュロスよ、善いことをしていて

21 も、悪く言われるのが王者の常だ(3)」という言葉を聞いたことがないかね。私の頭は健康
だが、みんな私が頭痛を患っていると思っている。私には熱がないのに、熱があると思
って同情してくれる。「かわいそうに、こんな長い間熱が続いているんですね」。それで、
私も陰気な顔をして、「ええ、こんなひどい状態になってもうずいぶん長くなります」
と答える。「ご病気はどうなりますかね」。神が望まれるようにだ。こう言うと同時に、
私に同情してくれる人たちをひそかに笑っているのだ。
22 　それでは、今の場合もこれと同じようにするのを何が妨げるだろうか。私は貧乏だが、
貧乏について正しい考えをもっている。それなら、人が私の貧乏に同情しようがしまい
が、どうして気になるだろうか。私には官職がないが、ほかの人たちにはそれがある。
23 しかし、私には官職の有無について抱くべき考えがある。私に同情する人たちは哀れと
思ってみるだろうが、私は飢えも、渇きもしないし、寒さで震えているわけでもない。
むしろ、彼らは自分が飢えて、渇いていることから、私もそうだと思っているのだ。で
は、彼らに対して私は何をすべきだろうか。歩き回り、ふれ回って、「みなさん、勘違
いしてはいけないよ。私はだいじょうぶだ。貧乏であっても官職がなくても、要するに、
ほかのどんなことであれ、正しい考え以外のことはいっこうに気にならないのだ。私が

もっている考えは妨げられることはないし、これ以外のことはなにも考えたことはない
のだ」と言ったものだろうか。なんとまあ無駄な話だ。私の今の状態に満足せず、どう 24
思われているんだろうとびくびくしていたら、どうやってなお私は正しい考えをもつこ
とができるだろうか。
「だけど、私より得をして、尊敬されている人たちがほかにいますよ」 25
なにかに熱心になっている人たちが、その熱心にやっていることで得をするというこ
と以上に理にかなったことがあるだろうか。彼らは官職に対して熱心だが、君は君の考
えに熱心だ。彼らは富に熱心だが、君は心像の使用に対して熱心だ。だから、君が熱心 26
になっていて、彼らが無関心であることで、彼らが君より得をしているかどうかよくみ
なさい。また、彼らの承認が君よりも自然本性的な尺度に関わっているかどうか、欲求
が君よりも遂げられているかどうか、忌避が君よりもうまくおこなわれているかどうか、
計画や目標や衝動において君よりも成功しているかどうか、夫、息子、親、その他のも
ろもろの人のつながりの名称があるが、それらの義務を君よりも守っているかどうか、
よくみなさい。そして、彼らが官職を得ているならば、君は本当のところを、つまり、 27
君はそのためになにもしていないが、彼らはなんだってしているのに、なにかで骨を折

っている者が無関心である者よりも得るものが少ないというのはなんとも理屈に合わな
いということを、自分に向かって言ってみる気持ちにはなれないか。
28 「いいえ、むしろ私は正しい考えをもつことに心をかけているのですから、私が支配
するほうが理にかなっています」
たしかに、君が心を用いているのは考えだ。だが、ほかの人たちが君より心を用いて
きたことについては譲歩することだ。だって、正しい考えをもっているから弓兵よりも
29 うまく矢を当てるとか、鍛冶屋より鍛冶がうまいと言っているようなものだからね。だ
から、その考えに熱中するのをやめて、自分が得たいと思っていることに携わることだ。
30 それがうまくいかなかったら、泣くがよい。泣く資格があるのだ。だが実際のところ君
の話では、ほかのいろいろなことに関わって、ほかのことに骨を折っている。しかし、
31 多くの人が言うように、仕事のかけもちをするのは禁物だ。ある人は、朝早く起きて、
この家の誰に挨拶したものであろうか、誰にお世辞を言ったものだろうか、誰に贈り物
をしたものだろうか、踊り子が気に入るのか、どんなふうにだれかに意地悪すれば、別
の人を喜ばせることになるのかと思案している。その人が祈るときはそんなことを祈り、
32 犠牲を捧げるときはそのために捧げるのだ。ここで彼が引き合いに出すのは、

疲れたる眼（まなこ）で眠りについてはならぬ(4)

というピュタゴラスの言葉だ。また、人にへつらうことでは「どこで踏み違えたか」と 33
か、「何をなしたか」(5)とか、それを自由人としてなしたわけではあるまいとか、気高い
人としてなしたわけではあるまいとかいった言葉もある。そして、もしそのようなこと
をしているのがわかったら、自分を非難してこう咎（とが）めるのだ。「どうしてそんなことを
言うはめになったのだ。嘘をつくことはできなかったのか。嘘をついてもかまわないと
哲学者たちも言っているじゃないか」(6)
だが本当のところ、もし君が心像のしかるべき使用のみに専心したのであれば、朝早 34
く起きて、むしろこう考えるべきなのだ。「不動の心をもつために私には何が欠けてい
るのか。平静な心をもつために何が欠けているのか。私は何者なのか。この小さな身体
でも、財産でも、名声でもあるまい。そのどれでもないのだ。では、何であるのか。理
性的な生きものだ」。そうすると、必要とされるのは何か。自分がなしたことを反省す 35
ることだ。「幸福に生きようとして「どこで踏み違えたか」。「何をなしたか」。不親切で、

社交的でなく、恩知らずなことか。これらのことで私は必要な何をしなかったのか」
36 人が望むこと、おこなうこと、祈願することにこれほどの違いがあるにもかかわらず、
君が熱心でなかったのに、人びとが熱心にやっていることで、君はなお彼らと等しいも
37 のをもちたいと思うのか。さらに、彼らが君に同情したりすると、君は驚いたり腹を立
てたりするが、君が彼らに同情しても、彼らは腹を立てない。どうしてなのだろうか。
38 それは彼らが善いものを得たと確信しているが、君は確信していないからだ。君は自分
のもので満足せず、彼らのものを欲しがっているが、彼らは自分のもので満足していて、
君のものを欲しいとは思わない。というのは、君が本当に、善きものについてそれを得
ているが、人びとは道を間違えていると確信しているのであれば、彼らが君のことを何
と言おうとも、気にすることはないだろう。

第七章　恐れを抱かないことについて

僭主を恐ろしいものにさせるものは何か。 1
「護衛兵、彼らの剣、寝室の前に立つ召使い、入室者を追い払う人です」とある人が
言った。
それでは、子供を護衛兵がついている僭主のところに連れていっても、怖がらないの 2
はどうしてだろうか。子供が護衛兵を知らないからか。もし人が、護衛兵がいて、剣を 3
もっていることに気づいていても、なにかの事情で死にたいと思い、他人の手にかかって楽に死ぬことを願ってやって来た場合には、護衛兵を怖がることはあるまい。

「それは恐怖の原因になっていることを望んでいるからですね」

それでは、なんとしてでも死にたいとか、生きたいとか思わずに、許されるがまま僭 4
主に近づく人が、怖がることなく彼に近づくのを何が妨げるだろうか。

「なにもありません」

5 そうすると、もし人が自分の財産を身体に対するのと同じように考え、自分の妻子に
対しても同様であり、要するに、なにか狂気や絶望によって、それらを所有していても
所有していなくても、なんら問題ではないような気持ちになり、むしろ子供たちが陶片
で遊ぶときに、ゲームのことは気になっても、陶片のことは気にならないのと同じで、
この人の場合も、事物のことはなんの関心もなく、それで遊んだり扱ったりしているこ
とを喜ぶのであれば、彼はさらにどのような僭主を、どのような護衛兵を、どのような
剣を恐ろしいと思うだろうか。
6 　それでは、人は狂気によってそのような気持ちになり、ガリラヤ人(1)は彼らの習慣によ
って同様の気持ちになりうるというのに、理性と論証によっては、神が宇宙の中にある
いっさいのものを創ったこと、宇宙そのものは全体としては妨げられず自足的なありか
たをしながら、その部分は全体の利益のために資するものであることを知ることはだれ
7 にもできないのだろうか。ほかのすべての動物は神の支配を理解する能力を欠いている
が、理性的な動物はこれらのすべてについて、自分がその部分であり、しかもどのよう
な部分であるか、諸部分は全体にしたがうのがよいということを考えるための能力をも
8 っているのだ。これに加えて、生まれつき高潔で気高く自由な精神をもったものは、自

分の周囲にあるもののうち、あるものは妨げられず、みずからの力が及ぶものであり、
またあるものは妨げられ、ほかのものの力が及ぶものであって、意志に関わりのあるも
のは妨げられることはないが、意志に関わりのないことは妨げられることを知っている
9 のだ。したがって、自分の善や利益は妨げられないもの、みずからの力が及ぶものにし
かないと考えるならば、自由で順調で幸福な生を送り、害されず、高邁で、敬虔で、あ
らゆることで神に感謝し、起きたことでだれをも責めることなく、だれをも咎めること
10 はないだろう。だが、外部のものや意志と関わりのないことにあると考えるならば、妨
げられ、邪魔され、自分が驚嘆したり恐れたりしていることで相手を左右するだけの力
11 をもった人たちに隷属することになり、神によって害されると考えるものだから、神を
敬(うやま)わず、いつもより多くのものを得たいものだから不公平になり、卑しくけちくさい人
にならざるをえなくなる。

12 　以上のことをよく理解した人が、起きてくるすべてのことを平然と受け入れ、すでに
13 起きたことに耐えて、気軽で従順な気持ちで生きていくことを何が妨げるだろうか。貧
乏をさせたいのか。それでは、貧乏をもってきなさい。うまく演じる俳優がいれば(2)、貧
14 乏とは何かが分かるだろう。官職につかせたいのか。〔それをもってきなさい。官職を

剥奪したいのか。それをもってきなさい。むしろ、苦労をさせたいのか。[3]」なら、苦労もってきなさい。むしろ、追放か。どこに追放されても、私はそれで結構だ。結構だと言うのは、その場所のためではなく、私がともに抱いていこうとしている考えのためだ。なぜなら、私の考えを奪うことはできないし、これだけが奪われることのない私のものであり、これさえあれば、どこにいても、何をなそうとも私は満足なのだから。

「だが、そろそろ死ぬべき時が来た」

どうして「死ぬ」と言うのだ。物事を悲劇的にしてはいけない。むしろ、あるがまま
に「今やこの物質は、それを構成していた要素へ再び帰っていく時機だ」と言うのだ。15
何が恐ろしいのか。宇宙の中にあるものの中で何が滅びようとしているのか。どんな新
奇で不合理なものが生じようとしているのか。そのために、僭主は恐ろしいだろうか。
それが理由で、護衛兵は大きな鋭い剣をもっているのだろうか。そんなことを恐れるの16
はほかの人たちに任せよう。私はすべてについて考えたのであって、だれも私に対して
力を行使することなどできない。私は神によって自由にされ、神の命も知っている。も17
はやだれも私を奴隷にすることはできない。私にはしかるべき解放者としかるべき裁判
官がいる。

18 「君の身体を支配しているのは私ではないのか」

それが私にとって何の関わりがあるのか。

「君の財産を支配しているのは私ではないのか」

それが私にとって何の関わりがあるのか。

「君の追放や投獄を支配しているのは私ではないのか」

それらすべてのことも、この身体の全部も、君が望むときはいつでも、君に委ねることにしよう。君の支配を試してみればよい。そうすれば、それがどこまで及ぶものか分かるだろう。

19 そうすると、私はさらに誰を恐れることがありうるのか。寝室の前に立つ召使いか。彼らはなにもしていないじゃないか。私を追い払ったりするだろうか。もし私が入ろうとするのをみつけたなら、追い払わせておけばよい。

「それなら、どうして戸口までやって来るのか」

遊びが続いている間は、一緒にやるのが義務だと思うからだ。

「どうしたら追い払われずにすむのか」

20 それはこういうことだ。もし私を入れてくれなければ、中に入ろうとは思わない。む

しろ、いつでも私は自分に起きてくることを望んでいる。というのは、神が望んでいる
ことは私が望んでいることより優れていると考えるからだ。私は神の召使い、従者とし
て仕えるだろう。同じように意欲し、同じように欲求する。要するに、私は神と同じこ
とを望んでいるのだ。だから、私は追い払われることはないが、無理に入ろうとする者
21 たちはそういう目に遭うことになる。では、どうして無理に入ろうとはしないのか。そ
れは、中に入った人たちに善きものがなにひとつ分配されないことがわかっているから
だ。皇帝に尊敬されたという理由でだれかが祝福されたという話を聞けば、私はこう言
う。「その人は何を得たというのか。地方総督の仕事がどうあるべきかに関する考えで
22 はあるまい。行政官の仕事をどうすべきかということでもあるまい。どうしてさらに私
が無理に入ろうとするだろうか。だれかがイチジクやアーモンドを撒くと、子供たちが
奪い合って、互いにけんかを始める。だが、大人たちはつまらないことだと思うから、
そんなことはしない。しかし、だれかが陶片を撒いたら、子供たちも奪い合うことはな
23 い。地方総督の仕事が分配される。子供たちは黙ってみているだろう。お金が分配され
る。子供たちは黙ってみているだろう。将軍や執政官の職が分配される。子供たちに奪
い合いをさせるがよい。追い払われ、殴られ、あたえてくれる人や奴隷たちの手にキス

24 をさせるのだ。だが、私にとってそれらはイチジクやアーモンドでしかない」。たまた
ま、だれかが投げた干しイチジクが私の膝元に落ちたらどうするだろうか。私なら拾い上げて、食べる(4)。干しイチジクもその程度までは評価されるからだ。だが、身をかがめたり、ほかの人を押し倒したり、ほかの人から押し倒されたり、高官の部屋に入ってくる者にへつらったりするほどの値打ちは、干しイチジクにはない。その他のたいして善いものでないものも同様だ。これらについては、哲学者たちがそれほど善いものではないと私を説得してくれた。

25 護衛兵の剣をみせてくれた。

「みなさい。何とまあ大きく鋭いことか」

この大きな鋭い剣は何をするのか。

「人を殺すのだ」

26 では、熱病は何をするのか。

「同じことだ」

屋根瓦は何をするのか。

「同じことだ」

27 それでは、君は私がこれらすべてに驚嘆し、崇拝し、すべてのものの奴隷となって歩
き回ることを望むのか。そんなことはあるまい。むしろ、宇宙が静止したり進行を妨げ
られたりすることがないように、生じたものはまた滅びなければならないことを一度学
んだならば、それを滅ぼすのが熱病であろうと、屋根瓦であろうと、兵士であろうと、
私にはなんの違いもないのだ。いやもし比較せねばならないとしたら、兵士のほうが楽
で、早いことが分かるというものだ。

28 そうすると、〔僭主が〕[5]私に対して加えうるなにかを私が恐れるのでなければ、また彼
があたえうるなにかを私が欲するのでなければ、どうしてなおも彼に驚いたり、賛嘆し
たりすることがあるだろうか。どうして護衛兵を恐れたりするだろうか。もし彼が親し
そうに話しかけ、私を歓迎するならば、どうして私は喜ぶだろうか。どんなふうに話し
29 たとか、他人に告げたりするだろうか。彼はソクラテスではないだろう。その賞賛が私
30 についての証になるようなディオゲネスではないだろう。その人の性格を羨ましく思っ
たりしたことはないからだ。むしろ、遊びを続けるために[6]その人のもとに行って、馬鹿
なこと、理不尽なことを命じないかぎり奉仕するのだ。しかし、「サラミスのレオンの
31 ところへ行け」[7]と言うならば、彼にはこう言うことになる。「ほかの人を探しなさい。

私はもう遊びはしていませんから」。「こいつを連行しろ」。遊びのこの役は引き受けま
しょう。
「だけど、君の首がなくなるよ」
しかし、彼自身や服従している君たちの首はいつまでもそのままだろうか。
「君の亡骸は埋葬されずに投げ棄てられるよ[8]」
もし私が亡骸であれば、投げ棄てられよう。亡骸とは別のものであれば、事実をあり
のままにもう少し気の利いた言いかたをして、私を脅かさないでもらいたい。そんなこ 32
とは子供や愚かな人たちには恐ろしいのだが、しかし一度哲学学校に入った人が、自分
自身が何であるかを知らないのであれば、もし自分が肉でも骨でも腱でもなく、むしろ
それらを使用するものであり、心像を支配し理解するものであることをまだ学んでいな
かったのであれば、そのような人は脅かされ、以前にへつらっていた人たちに[9]へつらう
のが当然だ。
「そうですが、そんな議論は法律を軽視させますよ」 33
では、ほかのどんな議論が法律を守っている人たちをそれ以上に従順にさせるのか。
法律は愚者の力の及ぶものではない。むしろ、この議論がこれらの愚者に対してもどん 34

なふうにとるべき態度をとらせるかをみなければならない。少なくとも、われわれが勝
つことのできない事柄についてはこのような連中と張り合わないことを教えているから
35 だ。この小さな身体や財産について譲ることを、子供、両親、兄弟についてはすべて譲
歩し、すべてのものを放棄することを教えているが、ただ考えだけを除外している。ゼ
36 ウスもまた考えは例外として各人がもつことを望まれたのだ。ここにどんな違法、どん
な愚行があるだろうか。君が私より優れ、より強いところでは、私は君に譲ることにす
る。逆に、私のほうが優れているところでは、君のほうが譲歩することだ。なぜなら、
37 私はそのことに心を遣(つか)ったが、君はそうしていないからだ。君が心を遣ったのは、どう
したら大理石の壁のある家に住めるか、さらに[10]どうしたら奴隷の子供や解放奴隷[11]が君に
奉仕するか、どうしたら人目をひく服を着られるか、どうしたらたくさんの猟犬やキタ
38 ラー弾きや悲劇役者を雇えるだろうかといったことだ。私がこんなことを要求したこと
はあるまい。君も考えについて、自分の理性について心を砕いたことはないだろう。君
が理性というものがどんな部分からなり、どんな構造であり、どんな能力をもち、どん
39 な性質のものなのか知っているようなことはないだろう。それなのに、これに心を遣っ
てきたほかの者が君よりもまさっているからといって、どうして腹を立てるのか。

「でも、それは最も大切なものですから」

君がそのことに従事し、それに心を砕くことを誰が妨げるだろうか。それに、君ほど
たくさんの書物や閑暇や君を手助けするものを備えている人がいるだろうか。ただこれ 40
らのものだけに心を向け、君自身の指導的部分にわずかでも時間を割くことだ。君がも
っているその部分——ほかのすべての部分を使用し、ほかのすべてを吟味し、選び出し、
斥ける部分が何であり、どこから来たのかを考えてみることだ。君が外的なものに関わ 41
っているかぎり、それを獲得することにはだれにも負けないだろうが、指導的部分のほ
うは、君がもちたがっているように汚くなげやりにもつことになるだろう。

第八章　急いで哲学者の体裁をよそおう人びとに対して

1 善くも悪くもないことを根拠にけっして人を褒めたり非難したり、上手いとか下手と
か評価したりしないことだ。そうすることで、同時に性急さや悪癖から自分を解放する
ことになるだろう。
「この人はお風呂に入るのが早いね」
2 するとその人は悪いことでもしているのか。けっしてそうではない。では何なのか。
ただお風呂に入るのが早いのだ。

「では、すべて結構だということですね」
3 けっしてそんなことはない。むしろ、正しい考えから出たものは善く、悪い考えから
出たものは悪いということだ。君はそれぞれの行為の根拠になった考えを知るまでは、
4 人を褒めたり非難したりしてはならない。ただし、考えは外側からは容易に判断される
ものではない。

「この人は大工だ」

どうしてか。

「斧（おの）を使うからだ」

それがどうしたのか。

「この人は音楽家だ。歌うから」

それがどうしたのか。

「この人は哲学者だ」

どうしてか。

「襤褸（ぼろ）の衣服を着て、長髪だからだ[1]」
5 なら、浮浪者は何を着ているのか。だから、人が見苦しいなりの浮浪者のひとりをみ
かけたら、「ごらん、あの哲学者は何をしているのだ」などとすぐに言うのだ。しかし、
6 見苦しいなりからして、むしろ哲学者ではないと言うべきだったのだ。というのは、も
し哲学者というものの先取観念やその本分が襤褸の衣服を着て、長髪であることだとし
たら、言っていることはもっともであろうが、それがむしろ誤ることのないことだとし
たら、その本分を果たしていないという理由で哲学者という名前をその人から取り上げ

7 ないのはなぜなのか。ほかの技術についても同じことだ。斧の使い方が下手な人をみれ
ば、「大工がなすべきこととは何か。ごらん、この大工たちはなんと仕事が下手なこと
か」ではなく、むしろ、「こんな人は大工ではない。斧の使い方が下手だから」と言う
8 だろう。同様に、人が下手に歌っているのを聞いたら、「ごらん、この音楽家たちはな
9 んという歌い方だ」ではなく、むしろ、「この人は音楽家ではない」と言うだろう。し
かし、哲学の場合だけは扱いが違っているのだ。だれかが哲学の本分に反したことをし
ているのをみると、その人から哲学者という名前を取り上げるのではなく、むしろ哲学
者だとしたままで、その人の見苦しい行為を理由に、哲学することはなんの役にも立た
10 ないと結論づけたりするのだ。どうしてそんなことになるのか。その原因は、大工や音
楽家の先取観念には敬意を払い、その他の技術職に対しても同様であるのに、哲学者の
先取観念に対してはそうではなく、混乱し不明瞭であるために、われわれが外見だけか
11 ら判断することにある。いったいほかのどんな技術がその外見や髪型から判断されたり
するだろうか。理論も主題も目的もないのか。
12 　では、哲学の主題とは何か。襤褸の衣服ではあるまい。むしろ、理性だ。目的とは何
か。襤褸の衣服を着ることではあるまい。そうではなく、正しい理性をもつことだ。ど

のような理論か。どうしたら豊かな顎鬚や長い髪を生やせるかに関することではあるま
い。むしろ、ゼノンが言っているように、理性の構成要素について、それらの各々がど
のような性質のものであり、相互にどのように調和しあい、それらからどんなことが結
13 果するのかを知ることだ(2)。そうだとすれば、君はまず哲学者がその見苦しい行為をして
いるとき本分を果たしているかをみて、その上でその行為を非難する気にならないのだ
ろうか。ところが実際には、君自身の思慮が健全でその人の行為が悪いと思われている
ときに、そこから君は「ごらん、あの哲学者」とか――そんなことをしている人を哲学
者と呼ぶのがふさわしいかのように(3)――、あるいは逆に「これが哲学者だ」などと言う
のだ。だが、だれかが密通しているのを知っても、貪欲に食らったりするのをみても、
14 「あの大工をごらん」とか「あの音楽家をごらん」などとは言わない。そんなふうに君
は自分でもある程度哲学者の本分というものに気づいているのだが、不注意のため足を
踏みはずし混乱しているのだ。
15 しかし、哲学者と呼ばれている人びと自身ですら、善くも悪くもないものからこの仕
事に関わり、襤褸の衣服をまとい、顎鬚を生やすだけですぐに「私は哲学者だ」などと
16 言っている。だが、撥とキタラーを買っただけで「私は音楽家だ」と言う人はひとりも

いないし、フェルト帽とエプロンを身につけただけで、「私は鍛冶屋だ」と言う人もい
ない。むしろ、身なりはその技術に合わせるものであり、その仕事の名称は身なりから
ではなく、その技術から得られるのだ。そんなわけで、エウプラテス[4]がこう言っていた 17
のは正しいわけだ。「私は長い間哲学者であることを隠そうとしたが、これは私にとっ
て有益であった。第一に、私が正しくおこなっていたのが人にみせるためではなく、自
分のためであることがわかっていたからだ。しかるべき食事をして、きちんとした身な
りや歩き方をしたのも自分のためだった。すべてが自分のためであり、神のためであっ
た。次に、自分ひとりで奮闘したが、同様に自分ひとりで危険を冒した。私が恥ずべき 18
こと、ふさわしくないことをしても、哲学が危険にさらされることはなかったし、私が
哲学者として誤りを犯すことで大衆に害を及ぼすこともなかった。だから、私の意図を 19
知らない人たちは、あらゆる哲学者たちと交際し、ともに暮らしながら、どうして私自
身が哲学者でないのか不思議がっていたのだ。私が外見的な目印によってではなく、自 20
分がおこなったことで哲学者だとわかったとしても、どんな悪いことがあるだろうか」

私がどのように飲み食いし、どのように眠り、どのように我慢し、どのように抑制し、
どのように協同し、どのように欲求し、どのように忌避し、どのように生まれもった、

あるいは後で得たさまざまな関係を、混乱なく妨げられることもなく守っているかをみ
21 てほしいのだ。もし可能なら、こうしたことで私を判断してもらいたい。だが、ヘパイ
ストス[5]が頭にフェルト帽をかぶっているのをみなければ、優れた鍛冶屋であることが分
からぬほど君がものを言えず目がみえないのであれば、そんな愚かな判断をする人に知
られていないからといって、どんな悪いことがあるだろうか。
22 　ソクラテスはこんなふうに多くの人びとの間で知られていなかった。だから、人びと
は自分たちを哲学者らに紹介してくれるように求めて、彼のところへやって来たのだ。
23 すると、彼はわれわれのように腹を立てて、「みなさんには私が哲学者にみえないので
すか」と言っただろうか。むしろ、彼らを連れていって哲学者らに紹介したが、自分が
哲学者であるというただひとつのことで満足し、そう思われないことをむしろ喜んで苦
24 しむことはなかった。なぜなら、自分の仕事を記憶していたからである。知徳兼備の人
の仕事とは何か。多くの弟子をもつことか。けっしてそうではない。そういうことに熱
心な人たちが面倒をみてくれるだろう。むしろ、難解な哲学理論を厳密に論じることか。
25 それもほかの人たちが面倒をみてくれるだろう。それなら、ソクラテス自身の仕事はど
んな領域にあり、また、そうあることを望んだのか。それは害と利益のあるところだ。

「もし人が私を害することができるとしても、私としてはなにも意味のあることをして
いるわけではない。もし私がほかの人が自分に利益をあたえてくれるのを待っていると
したら、私はなんの意味もない人だということになる。私がなにかひとかどの人である
26 ことを望んで、実現できなければ、私は不幸だということになる」と彼は言う。だれが
相手でもこのような競技の場に呼び込み、そこではだれにも引けをとらなかったように
私は思う――君たちはどう思うか。そのさい、「私はこれほどの人物だ」と言いふらし
27 たりしたか。そんなことはあるまい。しかし、実際はそれほどの人物だったのだ。これ
とは逆に、「私はものに動じず、平静である。みんな、忘れてはいけない。君たちはな
んら価値のないことについて混乱し、大騒ぎしているが、私だけはどんな喧噪からも解
28 放されているのだ」などと言うのは、愚かな法螺吹きのすることだ。そうすると、苦痛
がないことだけでなく、「痛風を病む人、頭痛持ち、熱病にかかっている人、足が悪い
人、目がみえない人、みんな集まってくれ。ごらんよ、私はあらゆる病気から解放され
29 て健康だ」と言いふらすまでは、君は満足しないのだろうか。もし君が、医神アスクレ
ピオスのように、彼らでもどのような治療を受ければすぐに病が癒やされるかを示すこ
とができなければ、そして君自身の健康をそのための例として引き合いに出すのでない

ならば、そんな言葉は俗人の発する空しいものになるだろう。
30 このような人が、ゼウスから王笏と王冠を受けるに値するキュニコスの徒である。彼
はこう言うのだ。「諸君、君たちが幸福と平静な心があるところにそれらを求めず、な
31 いところに求めていることを知るために、みるがよい。私には財産も家も妻子もなく、
そればかりか寝具も下着も家財道具もないが、神によって君たちにみせる見本としてこ
の世に送られてきたのだ。しかも、どれほど健康かをみるがよい。私を試してみて、心
32 が平静であることが分かれば、私という薬とその治療法に耳を傾けてみないか」。これ
は人間愛に満ちた高貴な言葉だ。しかし、それが誰の仕事なのかをみてみたまえ。ゼウ
スの仕事であるか、それともゼウスがこの奉仕に適格であると判断した人の仕事だ。す
なわち、徳のために証言し、外的なものには不利な証言をする、そういう自分の証言を
みずから無効にするようなことはなにひとつ、いかなる場合においても大衆に対してみ
せることをしない人の仕事だ。

美しき顔が青ざめることも、その頬から落ちる
涙を拭うこともなかった[6]。

33 そればかりではない。人であれ、場所であれ、娯楽であれ、子供たちが収穫祭や休日
に対するように、なにかを願ったり求めたりすることもなく、むしろあらゆるところを、
恥を知る心で飾るのだ。ちょうどほかの人たちが壁や戸や門番で自分を守るのと同じこ
とだ。
34 　しかし実際のところは、哲学のほうへちょっと気持ちが動いただけであって、胃の調
子が悪い人が、すぐ後に胸が悪くなるような食べ物にひかれるのと同じことで、すぐに
また王笏や王国に心がひかれることになる。そして、髪を伸ばし、襤褸の衣服を着て、
肩をむき出しにしても、出会った人たちとけんかするし、だれかが生地の厚い外套を着
35 ているのをみかけると、その人とけんかすることになる。ねえ君、まず冬の寒さの訓練
をすることだ。そして、君の衝動を見きわめることだ。胃弱の人の衝動ではないのか。
妊娠して奇妙なものを欲しがる女性の衝動ではないのか。まずは、君が何者か気づかれ
36 ない練習をすることだ。しばらくは自分自身を相手に哲学しなさい。果実が生じるのも
そんなふうだ。実るためには、種がしばらくの間埋められて、隠されて、少しずつ成長
しなければならない。だが、茎の節が出る前に穂が出たら、それは未熟なもので、アド

ニスの庭から[7]採れたものだということになる。君もそのような植物だ。しかるべき時期 37
より早く花を咲かせるならば、冬の寒さが君を枯らすだろう。みたまえ。季節より先に 38
暖かくなるとき、農夫たちは種子について何と言っているか。彼らは種子が芽を出しす
ぎはしないか、それからたった一度の霜でやられてしまいはしないかと不安がるのだ。
ねえ君、君もよくみることだ。芽を出しすぎ、時が来るより先に評判が走りすぎていな 39
いか。自分がひとかどの者と思っているが、愚者の中の愚者だ。君は凍えている。いや
むしろ、下の根っこはもう凍えているのだが、君の上のほうはまだ少し花を咲かせて
いる[8]ために、まだ生きており、花盛りだと思い込んでいるのだ。われわれを自然本性に 40
したがって成熟させることだ。なぜ君はわれわれを裸にして、強制するのか。われわれ
はまだ空気に耐えられないのだ。根っこは成長するがままにして、それから最初の節が
出て、それから第二、第三の節が出るようにするがよい。そうすれば、たとえ私が望ま
なくても、果実はいやでもその自然本性を発揮するだろう。
　というのは、このように大きな考えを内に孕み、満たされていながら、誰が自分の心 41
構えを知らず、それに応じた行動を望まないというのだろうか。いや、野獣が現れたと 42
き、牡牛は自分自身の自然本性と心構えを知らないわけではないし、自分を鼓舞してく

れる者を待つこともない。野獣をみかけたときの犬も同じことだ。もし私が優れた人の 43
心構えをもっているのであれば、君が私のために準備して本来の仕事をするようにして
くれるのを待ったりするだろうか。しかし実際には、ご承知のように、私にはまだその
ような心構えができていない。それなのに、どうして君は自分自身が萎れるように、時
期が来る前に私を萎れさせようとするのか。

第九章　心変わりして恥知らずになった人びとに対して

　ほかの人が官職についているのをみたら、君が官職を必要としていないということを 1
代わりに示すのがよい。ほかの人が裕福であるのをみたら、代わりに君は何をもってい
るかみることだ。つまり、君がその代わりになにももたなければ、君は不幸だというこ 2
とになるが、富などは必要としないという考えがあれば、いいかね、君はより多くのも
のを、ずっと多くの価値あるものをもっているのだ。ほかの人には美しい妻がいるが、 3
君には美しい妻など欲しくはないという考えがある。これは君には些細なことだと思わ
れるか。そして、これらの富があり、官職があり、美しい妻と暮らしている人たち自身
が、富や官職や、彼らが愛し獲得した妻を軽視することだってできるのに、どれだけの
対価を払ってきたことか。君は熱病患者の喉の渇きがどのようなものか知らないのか。 4
それは健康な人の喉の渇きと同じではない。健康な人は水を飲めば渇きがおさまるが、
熱病患者はしばらくの間は気分がよくなるが、すぐに吐き気をもよおし、水が胆汁とな

5 り、吐くと腹痛がして、前より激しく喉が渇いてくる。欲求を抱きながら富があるのも、
欲求を抱きながら官職をもつのも、欲求を抱きながら美しい妻と寝床をともにするのも
同じようなことだ。それだけでなく、嫉妬や、奪われるのではないかという恐怖や、恥
ずべき言葉や、恥ずべき考えや、醜い行為を伴うことになる。
6 「それで、私は何を失うのですか」とある人が言った。
ねえ君、君には恥を知る心があったが、今はもうない。君はなにも失わなかったのか。

君はクリュシッポスやゼノンの代わりに、アリステイデスやエウエノス(1)を読んでいる。

君はなにも失わなかったのか。君はソクラテスやディオゲネスの代わりに、多くの女性
7 を誘惑し口説き落とすことのできる男を賛嘆した。君はさほどでもないのに、美男子で
ありたいとおめかしをして、女性の気をひくためにきらびやかな衣服を着たがっている。
8 そして、どこかで香料でもみつければ、幸福だと思い込んでいる。だが少し前には、そ
んなものには一顧だにせず、しかるべき言葉、語るに足る人物、高貴な思想はどこにあ
るかを考えていたのだ。だから、君は男として眠り、男として歩み、男の衣服を着て、
男にふさわしい言葉で話していた。ところが、今君は「なにも失わなかった」などと私
9 に言うのか。人は小銭を失うのでなければ、なにも失わないのだろうか。恥を知る心は

10 失われることがないのか。しかるべき態度は失われることがないのか。それとも、それ
らを失った者は損をしたことにならないのか。おそらく君には、これらのどれももはや
損だとは思われないのであろう。だが、かつてはそれだけを損失、損害と考え、だれか
が君からこれらの言葉や行動を奪いやしないかと心配していた頃があったのだ。
11 ごらんなさい。それらを奪ったのはほかの人ではなく、君自身なのだ。だから、自分
12 自身と戦って、自分自身にしかるべき言葉、恥を知る心、自由を取り戻すのだ。もしだ
れかが私について君に吹き込んで、無理やり私に姦通をさせ、そんな人が着る衣服を着
せて、香料を塗らせている人がいると言えば、君は出かけていって、そんなふうに私を
13 蔑ろにした下手人を殺害するだろう。君は今自分自身を助けようとしているのではな
いか。しかも、その援助は何と容易なことだろう。人を殺したり、縛ったり、虐待した
り、広場に出かけていったり(2)する必要はなく、むしろ自分で自分に対して、すなわち最
もよく服従し、だれもそれ以上に説得力をもたない相手に対して語りかけるだけでよい
14 のだ。そして、まず君がしていることを非難することだ。それから、非難しても君自身
に絶望してはならない。また、いったん意気沮喪すると、すっかり自暴自棄に陥って、
言わば流れにすくわれてしまうようなつまらぬ人間と同じような目に遭わぬようにせよ。

15 むしろ、体育教師たちがしていることを学ぶのだ。子供が倒されたか。体育教師なら、
16 「立って、もう一度組むんだ。もっと強くなるまでな」と言う。君もそんな気持ちにな
るといい。というのは、いいかね、人間の心ほど導きやすいものはないからだ。まず意
欲すべきだ。そうすれば実現する。つまり、矯正される。逆に、居眠りすればなくなっ
てしまう。なぜなら、滅びるのも救われるのも君の心の内にあるからだ。
17 「すると、私にはどんな善いことがあるのですか」
君はこれより大きい何を求めているのか。君は恥知らずなのが、恥を知るようになる
18 だろう。節度がないのが、節度があるように、放縦（ほうしょう）なのが、慎み深くなるだろう。もし
これらのことより大きなものを求めるならば、君がしていることを続けるがよかろう。
もうどんな神も君を救うことはできないだろう。

第一〇章　何を軽蔑すべきか、何において優れているべきか

1 どんな人間にとっても困難なこと、困惑することは外的なものに関して生じる。「私
は何をしようか。どうなるだろうか。どんな結果になるのか。こんな目に遭わないだろ
2 うか、あんな目に遭わないだろうか」。これらすべては意志と関わりのないことに関与
する人たちの声だ。というのは、誰が「どうすれば虚偽を承認しなくてもすむのか。ど
3 うすれば真理を外れなくてもすむのか」と言っているか。もしこれらについて思い悩む
ほど人がよければ、私はその人に思い出させるだろう。「何を思い悩んでいるのか。そ
れは君の力の及ぶことじゃないか、安心したまえ。自然本性的な基準にあてはめる前に、
4 承認することで先走ってはならないのだ」。さらに、もしその人が欲求について目的を
5 果たせず、得そこなうのではないかとか、忌避について避けそこなうのではないかと思
い悩んでいるのであれば、まず彼にキスをしよう。ほかの人たちが躍起になっているこ
6 とや彼らの恐怖を追い払い、本来の自己が存する自分自身の仕事に専念したからだ。そ

れから、その人にこうも言おう。「欲求して得そこなったり、忌避して避けそこなった
りしたくなければ、ほかの人に属するようなことは欲求せず、君の力が及ばないことは
なにひとつ忌避しようとしないことだ。さもないと、君は得そこなったり、避けそこな
7 ったりせざるをえないだろう」。そのことにどんな困難があるのか。「どんなことになる
のか」とか、「どんな結果になるのか」とか、「こんな目に遭わないだろうか、あんな目
に遭わないだろうか」とかと問う余地がどこにあるのか。
8 ところで、未来のことは意志と関わりのないことではないか。
「そうです」

善と悪の本質は意志に関わることにあるのか。

「そうです」

そうすると、どんなことが起きようともそれを自然本性にかなったしかたで用いるこ
とは、君にできることなのか。君がそうするのをだれか妨げることができるだろうか。

「だれにもできません」
9 それでは、もう私に「どんなことになるのか」と言わないことだ。なぜなら、どんな
ことが起きようとも、君は立派に処理するだろうし、その結果は君にとって幸せなもの

になるからだ。あるいは、もしヘラクレスが[1]「どうしたら私のところに大きなライオン 10
や大きなイノシシや野獣のような人間たちが現れないようにすることができるだろう
か」と言ったとしたら、彼は何であったことになるのか。いったい君は何が気になって
いるのか。もし大きなイノシシが出現したら、君は大格闘するだろう。もし悪人たちが
出現したら、この世を悪人たちから解放するだろう。

「そんなことをして、私が死んだらどうするのです」

君は気高い行為をなし遂げて、善き人として死ぬだろう。どのみち人は死なねばなら 11
ないわけだから、耕作しているとき、穴を掘っているとき、商売で船旅をしているとき、
執政官の仕事をしているとき、消化不良のとき、下痢のときなど、なにかをしていると
きにそんな目に遭わざるをえないのだ。そうすると、君はどんなことをしているときに、 12
死に遭遇したいか。私なら人間らしい、人に恩恵を施し、皆のためになる、気高い行為
をしているときに遭遇したい。もしそれほど大きなことをしているときに遭遇すること 13
ができなければ、少なくともあの妨げられず、なすことを許され、自分を矯正し、心像
を使用する能力を遂行し、不動心を得るために尽力し、人との関係にふさわしいことを
なしているときであってほしい。また、私が非常に運に恵まれていれば、第三の領域[2]、

すなわち判断の安全性に関わる領域に携わっているときに遭いたいものだ。
　このようなことをしているときに死が私を襲ったら、神に向かって手を挙げてこう言 14
うことができれば満足だ。「あなたの支配を理解し、それにしたがうために、私があな
たから頂いた手段を蔑ろにしませんでした。私のほうからあなたを辱める（はずかし）ことはありま
せんでした。私がどんなふうに感覚を用い、どんなふうに先取観念を用いてきたか、み 15
てください。私があなたを非難したことはないでしょうね。起きたことになにか不満が
あったことはないでしょうね。人との関係を踏みにじった[3]ことはないでしょうね。あな 16
たが私を生んでくれたことに、私は感謝しています[4]。あなたがあたえてくれたものに、
私は感謝しています。こんなに長い間あなたのものを使用して、私は満足しています。
それらをまた元に戻して、お好きな場所に置いてください。すべてはもともとあなたの
ものであり、あなたは私にそれらを下さったのですから[5]」。このような気持ちでこの世 17
から去ることで満足ではないか。そして、このような生よりも優れた、立派な生がほか
にあるだろうか。どんな終わりがより幸福であろうか。
　以上のことがおこなわれるために、少なからぬ困難を受け入れ、少なからぬ犠牲を払 18
わねばならない。この道にしたがうとともに執政官の職を望むことはできない。この道

にしたがうとともに土地を得ることに一生懸命になることはできない。君の奴隷と君自
身のことをともに配慮することはできない。もし君が自分のものでないものを望むなら 19
ば、君自身のものを失うことになる。それが物事の本性というものだ。なにごとも無償
ですむわけではない。しかも、何の不思議があるだろうか。もし君が執政官になりたけ 20
れば、徹夜しなければならないし、走り回り、手にキスをして、他人の戸口で朽ち果て、
自由人にふさわしくないことをたくさん言ったり、なしたりせねばならない。たくさん
の人に贈り物をして、毎日ある人びとの客人としてもてなされるが、その結果として何
が生まれるのか。一二本で縛ったファスケス[6]の先導、三度や四度にわたる裁判官席への 21
着座、競走場での試合、網籠の食べ物の施し[7]くらいなものだ。それ以外になにかあれば、
だれか私に示してもらいたい。ものに動じない平静な心のために、眠るときに眠るため 22
に、目を覚ますときに目を覚ますために、なにごとをも恐れず、なにごとにも不安を抱
かないために、君はなんの犠牲も払わないのか、なんの苦労もしないのか。むしろ、も 23
し君がこれらのことに携わっているときに、なにかが失われたり、下手に浪費されたり、
君が得るはずであったものをほかの人が得たりするならば、起きたことに君はすぐに腹
を立てるのだろうか。君が何の代わりに何を得るのか、どれだけのものの代わりにどれ 24

だけのものを得るのか比べてみるべきではないのか。むしろ、君はそれだけの価値のあ
るものを無償で得ようとしているのか。どうやったらそんなことができるのか。仕事の
25 かけもちをするのは禁物だ(8)。外的なものと君の指導的部分の両方に心を用いることはで
きないのだ。前者を望めば、後者を捨てよ。さもなければ、君は両方に引っ張られて二
26 つとも得ることはないだろう。後者を望むならば、前者を捨てなければならない。油は
こぼれ、容器は失われるだろうが、しかし私は不動の心を得るだろう。私が留守のとき
に火事が起きて、書物が失われるだろうが、私は心像を自然本性にかなうように使用す
るだろう。

27 だが、私には食べるものがなくなるだろう。もし私がそれほどあわれな境遇にあれば、
死ぬことは港になる。死はすべての人の港であり避難所である。だから、人生において
28 なにひとつ困難なことはないのだ。君は好きなときに出ていくことができるし、嫌な煙
に悩まされることはないのだ。それならば、君はどうして不安に思っているのか。どう
して夜に眠れないのか。君の善と悪がどこにあるかを考えて、次のように言わないのか。
「両方とも私の力の及ぶところにある。人は私から善を奪うことはできないし、私の意
29 志に反して悪に陥れることもできないのだ。ならば、横になって鼾（いびき）でもかけばいいじゃ

ないか。私のものは安全であり、ほかの人のものはそれを得た者が面倒をみるだろうし、
それについての権限をもった方〔神〕からあたえられたようになるのがよかろう。それら
がこうあってほしいとか、そうあってほしいとか思うなら、いったいこの私は何者なの 30
か。それらを選びとる権限が私にあたえられているわけではあるまい。私がそれらを支
配する者として創られたわけではないからだ。むしろ、私は私が自由にできるものだけ
で満足だ。私はそれらができるだけ善くあるようにしなければならない。それ以外のも
のはそれらについて権限をもたれた方の意のままになればよいのだ[9]」

人はそんなことを眼前に思い浮かべて、「あちらこちらに寝返りを打つ[10]」のだろうか。 31
何を願い、何に思い焦がれているのか。パトロクロスのことか、アンティロコスのこと
か、それともメネラオスのことか[11]。というのは、いつ彼は友人のだれかを不死と考えた
のか。明日か明後日には自分か友人が死なねばならないということを、いつ目の前に思
い浮かべなかったというのか。

「ああ、でも私は、友が私より長生きをして、私の息子を育ててくれるものと思って 32
いたのだ」とアキレウスは言う[12]。

君は愚かだったわけで、確かでないことを思い込んでいたのだ。すると、どうして君

は自分を非難しないで、女の子のように座って泣いていたのだ。
33 「だけど、あの人は食事の世話をしてくれたよ」
愚かだね、それは友人が生きていたからだ。だが、今はそれができない。代わりに、
アウトメドン[13]が食事の世話をしてくれるだろう。かりにアウトメドンが死ねば、また代
34 わりのものがみつかるだろう。君の肉を煮る鍋が壊れたら、君は慣れ親しんだ鍋がない
ために餓死しなければならないだろうか。むしろ、使いを出して、新しい鍋を買うんじ
ゃないか。

35 いいや、

これよりも辛い目に遭うことはあるまい[14]

とアキレウスは言う。

すると、それは君にとって悪いことなのか。あるいは、そんなことは放っておいて、

母の女神に、そのことを先に教えてくれないものだから、その時よりずっと苦しんできましたと、非難したものだろうか。

君たちはどう思うか。ホメロスはわざとこんな話を作って、最も高貴な人、最も強い 36
人、最も富んだ人、最も容姿の端麗な人が、もっているべき考えをもたなければ、実の
ところ最も哀れであり、最も不幸であることを妨げるものはなにもないことを、われわ
れが学ぶようにしたのではないか。

第一一章　清潔について

人間の自然本性の中に社会的なもの(1)があるかどうか疑っている人たちがいる。けれど 1
も、少なくとも清潔さを好む性格があることは間違いなく、ほかの点はいざ知らず、こ
の点においてはその他の動物と区別されることを疑っていないように私には思われる。
だから、ほかの動物が自分をきれいにしているのをみると、われわれは驚いて「人間み 2
たいだ」とよく言うわけだ。逆に、動物がきたないのを非難したりするときは、すぐに
言いわけするように、「どうせ人間じゃないんだから」とよく言うことになる。こんな 3
ふうにわれわれは、清潔を好むことは神々から最初に授かったもので、人間についてと
りわけ優れた点であると考えている。なぜなら、神々は自然本性において純粋で混じり
けがないために、人間が理性によって神々に近づくほど、純粋さを求め、清潔を好むよ
うになるからだ。だが、人間は現にもっている素材〔身体〕と混合されているために、そ 4
の本質が完全な意味において純粋であることは不可能であるので、神々からあたえられ

5 た人間の理性は、可能なかぎりその素材を清潔にしようと試みることになる。もちろん、
第一の、最高の純粋性は魂に生じるそれであり、不純さについても同様である。魂の不
純さを身体におけるそれのように見出すようなことはなく、むしろ魂の不純さとしては、
6 その活動において魂を汚すものにしか見出されないのではないか。魂の活動には、衝動
を感じること、反発すること、欲求すること、忌避すること、準備すること、計画する
7 こと、承認することがある。そうすると、こうした活動において、魂を汚れた不純なも
8 のにするものとは何であるのか。それは魂の悪しき判断しかない。それゆえ、魂の不純
さとは悪しき判断のことであり、その浄化とはあるべき判断を形成することにほかなら
ない。また、純粋な魂とはあるべき判断をもっている魂だということになる。なぜなら、
純粋な魂だけが魂の活動において混じりけのない、汚れのないものであるからだ。
9 　身体についても、できるだけこれに似た扱いをしなければならない。こんなふうに身
体とともにいるのだから、鼻水は流れるほかない。それゆえ、自然は人間の手を創り、
鼻水が流れ出るための管として鼻孔を創ったわけだ。それを吸い込むのは人間的な行為
10 ではないと言える。汚れた場所を通るならば、足に泥がつかないとか、汚れないとかい
11 うことは不可能だ。だから、自然は水を用意し、手を創ったのだ。食事をすれば、歯に

食べかすが残らないということは不可能だ。だから、自然は「歯を磨け」と言う。なぜ 12
か。それは君が野獣やイノシシではなく人間でいるためだ。汗をかいたり、衣服をこす
ったりすれば、身体の周囲にきれいにする必要のある汚れが残らないことは不可能だ。
だから、水、オリーブ油、手、タオル、垢すり、石けん[2]、時には身体をきれいにするた
めに使うほかのあらゆる道具が創られたのだ。いや、それだけではない。鍛冶屋は鉄器 13
から錆を落とし、そのための道具も調達するだろう。君自身だって、食事をしようとする
ときは、きたなく汚れたままでいたくなければ、皿を洗うだろう。君は身体を洗ったり、
きれいにしたりするつもりはないのかね。

「どうしてそんなことを訊くのですか」とその人が言った。 14

もう一度君に言おう。第一に、人間としてなすべきことをなすためだ。次に、出会っ 15
た人を不愉快にさせないためだ。君はここでもそんなふうなことをしていて、自分では
気づいていない。君は悪臭を放っているが、それに値するとでも思っているのか。そう
だとしておこう。悪臭を放つに値するのだ。だが、そばに座っている人も、君の側で横
たわっている人も、君にキスをする人もそうではあるまい。君に値するどこか人のいな
いところへ行ってくれ。そして、ひとりだけで自分を臭わせながら暮らすがよい。なぜ 16

なら、君の不潔なのは自分ひとりで楽しむのが正当なことだからだ。だが、都市の中に
17 いながら、そんなに無思慮に愚かにふるまうのは、どんな人のすることだと君は思うか
ね。もし自然が君に馬の世話を委ねたら、君は馬のことを顧みず、ほったらかしにして
おくだろうか。それなら今、自分の体が馬だと考えて、君にまかされたと考えてみなさ
い。その体を洗い、拭きとって、だれも君に背を向け、避けたりすることがないように
するのだ。汚れて悪臭がして顔色の悪い人間を、誰が糞便のついた人以上に避けないだ
18 ろうか。糞便のついた人の臭いは外からついたものだが、不精のせいでついたものは内
からのもので、言わば腐敗したものの臭いだ。

「しかし、ソクラテスはめったに風呂に入りませんでしたよ(3)」

19 だが、彼の体は光り輝いていた。非常に魅力的で気持ちのよい人だったので、最も器
量がよく、美しい若者たちが彼を愛し、最も姿形のよい人たちのそばよりも、むしろ彼
のそばに座ろうとしたのだった(4)。ソクラテスはその気になれば、風呂に入らないことも
20 体を洗わないこともできたが、たまの入浴は効果があった(5)。

「でも、アリストパネスはこうも言っています。

顔の青白い、靴をはかない奴らでしょう(6)」

21 ああ、ソクラテスが空中を歩むとか、体育場から衣服を盗むとか言っているね(7)。とこ
ろが、ソクラテスについて書いたすべての人びとは、これとは正反対のことを証言して、
彼と話をするのは聞いていていても、みていても楽しかったと述べている。さらに、ディオ
22 ゲネスについても同じようなことを書いている。というのは、身体の外見によって多く
の人を哲学から追い払うべきではなく、むしろ、ほかのことと同様にその身体において
23 も、自分が快活で平静であるところをみせるべきであるからだ。「君たち、みるがよい。
私はなにももっていないし、なにも必要としていない。私には家がなく、国がなく、も
しかすると追放の身になるかもしれず、竈（かまど）さえもたないが、それでもすべての家柄がよ
い人、すべての富者よりもどれほど平静に、ゆとりをもって生きていることか。それだ
24 けではない。私のこの身体がどれほど苛酷な生活をしても損なわれることはない」。だ
が、もしこんなことを私に言う人が、刑の宣告を受けた人のような格好や顔つきをして
いたら、どんな神が私を説得して、このような人にした哲学に近づけるだろうか。断じ
てありえない。たとえ私が賢者であろうとしても、そんな気にはなれまい。

25 私としては、神々に誓って言うが、最初に哲学したい気になって私のところにやって
来る若者には、髪を乱してきたならしくあるよりは、むしろきちんと手入れして来ても
らいたい。なぜなら、その人の中に美の心像、気品あるものへの願望がみてとれるから
26 だ。それがあると思われるところで、それを求めて努力することになる。だから、その
人にはただそのありかを示して、こう言えばよいわけだ。「青年よ、君は美を求めて、
いいことをしている。いいかね、美が成長するのは理性のあるところ、衝動と反発、欲
27 求と忌避があるところであり、そこを探せばよい。というのは、君は美を自分の中に特
別なものとしてもっているからだ。そのちっぽけな身体は自然本性的には土でしかない。

どうしてそれについて無駄な努力をするのか。ほかになにも学ばなくても、時がたてば
28 身体などなんの意味もないことが分かるだろう」。糞便をつけたきたない若者が、口髭
を膝まで伸ばして私のところにやって来たら、私は何を話して、美と類似したどんなも
のから彼を導くことができるだろうか。私は彼の心を入れ替えさせて、「美はそこにで
29 はなく、こちらにある」と言いたいのだが、彼は美と類似したどんなことに熱心になっ
ていたのか。君は私が彼に向かって「美は糞便で汚れたところにではなく、理性にある
のだ」と言うことを望むかね。そもそも彼は美に対して憧れているのだろうか。彼にそ

のような様子がみられるのか。行って、イノシシと話をして、泥の中を転げまわるなと
30 言うことだ。だから、クセノクラテスの言葉がポレモンを感動させたのは、ポレモンが
美を愛する若者だったからだ(8)。つまり、美に対する熱意を燃やしてクセノクラテスのと
ころにやって来たのだが、それまで見当違いのところを探していたのだ。
31 　実際のところは、自然は人間と共生する家畜もきたなくは創らなかった。馬は泥の中
を転がったりはするまい。育ちのよい犬もそうだ。むしろ、イノシシや汚れたガチョウ
32 や毛虫や蜘蛛など、人間との共同生活から最も遠く隔たっているものが転がるのだ。そ
うすると、君は人間のくせに人間と共生する動物であることさえ望まず、むしろ毛虫や
蜘蛛でいたいのか。いつかどこかで好むままに風呂に入ってみないか。もし温水が嫌な
ら、冷水で自分の体を洗うがよかろう(9)。君と一緒にいる人たちが君に好感をもつように、
きれいにする気はないのか。そんな格好でわれわれとともに神殿に行くんじゃないだろ
うね。そこでは唾を吐いたり、鼻をかんだりして、鼻水と唾にまみれていることは許さ
れないのだ。
33 「どういうことですか。おめかしせよと要求されるわけですか」
　そんなことはないさ。われわれの自然本性をなす理性や考えや活動は別だが、身体は

清潔で、人を不愉快にしない程度のことはしなければならないのだ。しかし、緋色の衣 34
装を着ろと言われたら、家に帰って襤褸の衣服を糞便で汚すか、引き裂くかすることだ。[10]
「でも、きれいな衣服はどこから手に入るのでしょうか」
ねえ君、君には水があるじゃないか。それを洗えばよいのだ。愛される資格のある若 35
者をみなさい。愛し愛される資格のある年長の人をみなさい。そのような人に人は息子
の教育[11]を任せるだろうし、もし機会があれば、娘たちも若者たちもやって来るだろう。
それは糞便をつけて講義をするためだろうか。とんでもない。すべての逸脱はなにか人 36
間的なものから生じるが、それはむしろ非人間的であることに近い。

第一二章　注意することについて

1 君が少し注意を怠ったとき、好きなときにいつでもそれを取り戻せるだろうと考えて
はならない。むしろ、今日犯した過失によって、必ず君が関わるほかのことで事態がよ
2 り悪くなるという覚悟をしなければならない。というのは、第一に、不注意というすべ
てのなかで最も悪い習慣がついてしまい、次には、注意するのを先延ばしにするという
習慣もついてくるからだ。そして、幸福な生、しかるべき行為、自然本性にかなった状
3 態や生活などはまた後でと、いつでも先延ばしすることになる。もし先延ばしすること
が有益であるならば、まったくやめるほうがもっと有益である。しかし、もしそれが有
益でないとしたら、どうしてたえず注意するようにしないのか。
4 「今日は遊んでいたいのです」
なら、注意して遊べばよかろう。

「今日は歌を歌いたいのです」

なら、注意して歌ったらよかろう。人生において、注意が及ばなくてもいいような例
外的なことがあるか。注意したために事態がより悪くなったり、注意しなかったために
5 より善くなったりするようなことがあるか。注意しない人がしたことで、かえって善く
なったというようなことがこの世においてあるか。注意しないことでより正確に
ものを作り、舵取りが注意しないことで[1]より安全に操縦するようなことがあるか。ほか
6 のもっと小さな仕事でも、注意を怠るほうがより善いということがあるか。君が気をゆ
るめたが最後、しかるべき行為でも、慎みでも、落ち着いた心でも、もはやそれをもう
一度呼び戻すことは君にはできないのだ。むしろ、欲望にしたがいながら、思いついた
ことはなんでもするほかはないのだ。
7 「それでは、どんなことに注意すればよいのですか」
まず第一に、一般的な原則に注意しなければならない。それを手元に置いておくべき
で、それから離れて、寝たり起きたり、飲んだり食べたり、人と交わったりすべきでは
ない。この原則とは、「なんぴとも他人の意志を支配することはできない。そして、善
8 悪は意志の中だけにある」ということだ。したがって、なんぴとも私に善をなすように
させることも、悪に引き入れることもできず、むしろこれらに関しては、私自身だけが

9 自分を支配する力をもっていることになる。そうすると、以上のことが私に保証されて
いるのであれば、私が外的なものに心を乱される必要がどうしてあるだろうか。どのよ
うな僭主が、どのような病気が、どのような貧困が、どのような障害が恐ろしいだろうか。
10 「いや、私はこれこれの人に気に入られなかったのです」
だからといって、その人が喜ぶのは私の仕事ではあるまい。私の判断でもあるまい。

「違いますね」

それなら、私にとってさらに何の関わりがあるだろうか。

「でも、その人はなかなかの人物だと思われていますよ」
11 その当人も、彼をそんなふうに思っている人も、そうみるだろう。だが、私が気に入
られなければならないのは、奉仕し追従しなければならないのは神であり、その次には
12 私自身[2]なのだ。神は私を私自身に委ね、私の意志を私だけの自由にさせて、それを正し
く使用するための基準をあたえてくださった。その基準にしたがいさえすれば、推論に
おいてなにか違ったことを言う人がいてもそちらに振り向くことはないし、転換論法に
13 おいてもだれの言葉も気にするようなことはない。そうすると、どうして私はこれらよ
りももっと重大な問題において、私を非難する人びとに悩んだりするのか。心が乱され

る原因は何であるのか。それはほかでもない、この領域において私に訓練ができていな
14 いからだ。およそ知識というものは、無知と無知な人びとを軽蔑するものだ。知識ばか
りでなく、技術についても同じことが言える。君の好きな靴屋を連れてきたまえ。彼は
自分の靴作りの仕事に関しては多くの人を笑う。君の好きな大工を連れてきてもよい。
15 だから、まず第一に、これらの基準を手元に置いて、なにごともそれから離れてなし
てはならない。むしろ、心をこの標的に向けて、外的なものや他人に関わるものはなに
ひとつ追い求めることなく、権限をもたれた方〔神〕が定められたように、意志に関わる
ことはなんとしてでも追求するが、ほかのことはそれがあたえられるがままにしておく
16 のがよいのだ。その次には、われわれが何者であり、われわれの名前が何であるかを心
に留めなければならない(3)。そして、われわれの人間的な関係における能力に応じたふさ
17 わしい行為をなすように努力せねばならない。すなわち、どんなときに歌うべきか、ど
んなときに遊ぶべきか、そして誰がいるときにか。どんなことをすれば見当違いな結果
になるだろうか。われわれの仲間が軽蔑したり、われわれが彼らを軽蔑したりすること
はないだろうか。いつ嘲笑し、誰を嘲笑するのか。どんな目的で交際し、誰と交際すべ
18 きか。さらに、その交際においてどのようにして自分を保持すべきか。そして、これら

のうちどれかから逸脱すれば、ただちに罰を受けることになる。どこか外からではなく、
活動そのものからだ。
19 ではどうか。もう過失を犯さないというようなことは可能なのか。それは不可能だが、
過失を犯さないようにたえず努力することは可能である。というのは、注意をけっして
怠ることなく、少しでも過失を免れることができれば、われわれは満足すべきだからだ。
20 しかし、今もし君が「明日、注意することにします」と言えば、いいかね、それは「今
日は破廉恥で、時をわきまえず、下劣でいることにします。他人の気持ち次第で、私は
苦しむでしょう。今日は腹を立てて、嫉妬深くしていましょう」と言うのと同じことに
21 なる。自分自身にどれほどの数の悪を認めることになるかをよくみることだ。明日に注
意することがよいのであれば、今日注意すればどれほどよいだろうか。明日に有益にな
るのであれば、今日注意することにして、明日もまたそうすることができ、明後日に引
き延ばさないようにするほうが、はるかに有益であるだろう。

第一三章　自分のことを軽々しく話す人びとに対して

他人が自分自身のことをわれわれに率直に話していると思われるようなとき、われわ 1
れもその気になって、自分自身の秘密を自分のほうからその人に打ち明けて、それを率
直だと思ったりするのはどうしてか。その理由は第一には、自分が隣人の話を聞きなが 2
ら、お返しとして自分の話をしないのは不公平だと思われるからだ。次には、自分のこ
とを秘密にしておくのは、彼らに率直な人でないという印象をあたえかねないと思うか
らである。

確かに、われわれはよく「私は君に私のことをすべて話したのに、君は君のことを少 3
しも私に話さないじゃないか。そんな人はどこにいるんだ」と言う習慣がある。さらに 4
これに加えて、すでに自分のことを打ち明けてしまった人を安心して信用することがで
きると思っていることがある。というのは、この人は自分のことをわれわれに口外して
ほしくないと用心しているくらいだから、われわれのことを口外することはないだろう

5 という考えがわれわれに起こるからである。かくして、そそっかしい人はローマの兵隊
に捕らえられることになる。私服を着た兵隊が君の側に座って、皇帝の悪口を言い始め
る。すると、その兵隊が皇帝を罵(ののし)り始めたものだから、言わば信用の担保をもらった気
になって、君自身も思っていることを話す。その次は、君が捕縛されて連行されること
になる。

6 　これと同じようなことが日常生活でも経験される。この男が自分のことを安心して私
7 に打ち明けたようには、私もたまたま出会った人に話したりはしないからだ。むしろ、
私はそのような性格の者であるならば、聞いても黙っているが、その人は出かけていっ
て、あらゆる人に口外して回るわけだ。それで、もし私が起きたことを知って、私自身
もその人と同類の者であれば、やり返してやろうと思ってその人のことを口外し、互い
8 に誹(そし)りあうことになる。だが、人が他人を傷つけるのではなく、人の行為がそれぞれを
傷つけ、あるいは益するのだということを私が覚えていれば、その人と同じようなこと
をしようとする気持ちを抑えるだろう。しかしそれでも、私の愚かなおしゃべりのせい
で受けるべきことがあれば、甘んじて受けることになる。

9 「ええ、だけど隣人の秘密を聞いていながら、自分のほうからはその人になんのお返

しもしないというのは不公平ですよ」
ねえ、君が君の秘密を話したのは、今度は君も私の秘密を聞くという契約のようなも 10
のを取り交わしたからではあるまい。君がおしゃべりで、会う人はだれでも友人だと思 11
って話すのだとして、私にも君のまねをしてほしいのか。もし君が私に自分の秘密をう
まく打ち明けられ、私のほうは自分の秘密を君にうまく打ち明けられないとしたら、私
にそれほど軽率なまねをしてほしいということなのか。それはちょうど、私が水漏れし 12
ない甕(かめ)をもっていて、君は穴のあいた甕をもっており、やって来て私に君の酒を私の甕
に入れておくように預けたが、その次に今度は、私も自分の酒を君に預けないと言って
文句を言うようなものだ。預けないのは君の甕に穴があいているからだ。
　そこにもはやどんな公平があるだろうか。君は誠実で、慎み深く、有害や有益である 13
のは自分の活動だけで、外的なものはなにひとつそうでないと考える者を信頼したのだ。
自分の意志を汚し、メディア(1)のように自分の子供を殺すことがあっても、わずかな金銭、 14
なんらかの官職、宮廷での昇進を望むような、そんな君に私が口外することを望んでい
るのか。そのどこに公平さがあるのか。いやむしろ、君自身が誠実で、慎み深く、信頼 15
できるところをみせることだ。友愛の考えをもっているのをみせることだ。君の器に穴

があいていないのをみせることだ。そうすれば、君はどのように私が、君自身のことを
口外するのを待たずに、私のほうがみずから出向いて、君に私のことを聞いてくれと頼
16 むのか分かることだろう。というのは、善き器を使いたいと誰が思わないだろうか。好
意ある誠実な忠告者を誰が軽蔑するだろうか。荷物を分担するように、自分の困難を分
担してくれる者を、そして分担するというまさにその行為によって、その負担を軽減し
てくれる者を、誰が喜んで受け入れないだろうか。
17 「そうですが、私はあなたを信用しているのに、あなたは私を信用していませんよ」
第一に、君だって私を信用していないし、おしゃべりだから、そのためなにも心に留
めておくことができないのだ。というのは、実際にその通りであれば、そのことを私に
18 だけ打ち明けるがよい。ところが実際は、君は暇な人間を捕まえると、側に座ってこう
言うのだ。「兄弟よ、お前より好意をもてる親しい者はいない。お願いだが、私の話を
聞いてくれないか」。さらに、君はわずかの面識もない人が相手でもそんなことを言う
のだ。
19 しかし、君が私を信用するのであれば、それは私が誠実で慎み深いと思うからであっ
20 て、私が君に自分のことを打ち明けたからではない。だから、私もそのように考えられ

るようにしてくれ。もし人がだれかに自分のことを打ち明けるのであれば、話す人が誠
実で慎み深い人間だということを示してくれ。もしそれによって私が誠実で慎み深い人
になれるものなら、私は歩き回ってあらゆる人に自分のことを話すだろう。だが、実際
のところはそのようなものではなく、むしろそのためには行き当たりばったりでない考
21 えが必要だ。だから、意志と関わりのないことに一生懸命になって、それらに自分の意
志をしたがわせている人をみかけたら、この人には人を強制し、妨げる無数の人間がい
22 ることを知らねばならない。こんな人には知っていることを口外させるのに、瀝青も
車輪[(2)]も必要ない。むしろ、少女のちょっとしたうなずき、皇帝のご愛顧、官職につきた
い気持ち、財産の相続、その他同じような数かぎりないもの、そうしたものがあれば、
気持ちは簡単に揺れ動く。
23 そんなわけで、一般に秘密の話というのは誠実さとそれに相応する考えを必要とする
ということを覚えておくのだ。けれども、今そのようなものはどこに行けば容易にみつ
24 かるのか。あるいは、私にこんなことを言うことができる人をぜひ紹介してもらいたい。
「私が関心をもっているのは、私自身のもの、妨げられないもの、自然本性において自
由なものだけだ。これこそが私がもっている善の本質であり、その他のことはあたえら

れるがままであってよい。そんなことは私にはどうでもよいことなのだ」

〔アリアノスによるエピクテトスの語録、第四巻[3]〕

断片

人に対して。

エピクテトスの弟子アリアノスの言葉から。「存在」の問題について忙殺されている(1)

一

エピクテトスはこう言っている。存在するものが構成されているのが、原子(アトム)からであろうが、不可分なものからであろうが、火からであろうが、土からであろうが、私には何の関わりがあるだろうか。むしろ、善と悪の本質を学び、欲求や忌避や、さらに衝動や反発の限度というものを学んで、それらを言わば基準として用いることで、人生に関わる事柄を管理して、われわれの力を超えたものは捨てておくことで十分ではないだろうか。後者は人間の精神によっては把握できないし、たとえ人がそれを最大限把握できるものだと考えても、その把握されたものは何の役に立つだろうか。それらのものを哲学者の議論には必要なこととみなすような連中は、無駄なことをしていると言うべきではないだろうか。(2)

そうすると、デルポイにある「汝自身を知れ」という箴言も余計なものだということになるだろうか。

「そんなことはありません」とその人は言う。

とすると、その箴言が意味するものは何であるのか。だれかが合唱隊員に汝自身を知るように勧めたら、その人は合唱の仲間たちにも、彼らと調子を合わせるようにして、その指示に注意するのではないだろうか。

「その通りです」

それでは、船乗りの場合はどうだろうか。兵士の場合はどうだろうか。人間は自分ひとりだけを頼りに生きる動物なのか。それとも共同体のために生きるものなのか。

「共同体のためです」

何によってなのか。

「自然によってです」

自然とは何であり、どのように万有を統括しているのか、自然は存在するのかどうか、こんな問題にはもはや忙殺される必要などないのだ。

ストバイオス(3)『精華集』第二巻一・三一

二

エピクテトスの弟子アリアノスの言葉から。

現在あるものや運によってあたえられているものに不満をもつ人は、人生における俗人(4)であるが、それらに堂々と耐え、それによる結果にも賢明に耐えた人(5)は、優れた人物だとみなされるに値する。

ストバイオス『精華集』第四巻四四・六五

三

同じ人の言葉から。

万物は、大地も海も太陽もその他の星も、地上の動植物も、宇宙〔秩序〕(6)にしたがい、仕えている。われわれの身体も宇宙にしたがい、宇宙が望めば、病気になり、健康になり、あるいは若くなり、歳をとり、その他の変化を受けるのである。したがって、われわれの力が及ぶもの、すなわち判断が宇宙に抵抗する唯一のものではないということは(7)、理にかなっている。なぜなら、宇宙は強く、より優れており、われわれのためによく思いをめぐらし、万物とともにわれわれを支配しているからである。以上のことに加えて、これに逆らって行動することは不合理であるばかりか、無駄に混乱し、悩み苦しむような目に遭うほかにはなにもないのだ。

ストバイオス『精華集』第四巻四四・六六

四

エピクテトスの書物にある友愛に関するルフスの言葉から。

神は存在するもののうち、あるものをわれわれの力が及ぶものとして、あるものをわれわれの力が及ばないものとして定めた。われわれの力が及ぶものには、最も美しく最も優れたもの——それによって、神ご自身も幸福であるのだ——、すなわち心像の使用ということがある。その使用が正しくおこなわれるならば、自由であり、順調で、楽しく、平穏であり、またそれは正義であり、法であり、節度であり、すべての徳であるからだ。だが、神は残りの一切のものをわれわれの力が及ばないものとした。したがって、われわれも神と歩調を合わせ、物事をこのように区別して、われわれの力が及ぶものはあらゆるしかたで追求し、われわれの力が及ばないものは宇宙に委ねなければならない。そして、宇宙が要求するのが子供であれ、祖国であれ、身体であれ、ほかのなんであれ、喜んでお任せしなければならないのだ。

ストバイオス『精華集』第二巻八・三〇（ムソニウス・ルフス「断片」三八）

五

エピクテトスの書物にある友愛に関するルフスの言葉から。

ラケダイモン人のリュクルゴス(8)の言葉に感嘆しない者が、われわれのうちにだれかいるだろうか。というのは、彼はある市民(9)のために片方の目を損なったが、自分が望むままに処罰するように民衆からその若者を引き渡されると、その若者を処罰するどころか、むしろ彼を教育し、優れた人間に仕上げて、劇場に連れていったのである。ラケダイモン人たちが驚いていると、「私は皆さんからこの男を傲慢で乱暴な人間として受け取ったが、道理をわきまえた人づきあいのよい人間にしてお返しする」と彼は言った。

ストバイオス『精華集』第三巻一九・一三（ムソニウス・ルフス「断片」三九）

六

エピクテトスの書物にある友愛に関するルフスの言葉から。

しかしながら、とりわけ自然の働きだと言えるのは、衝動をふさわしいものや有益なものの心像と結びつけ、調和させることである。

ストバイオス『精華集』第三巻二〇・六〇(ムソニウス・ルフス「断片」四〇)

七

同じ著者の言葉から。

もしわれわれがはじめて出会う敵に対してあらゆる手段によってこれを害するのでなければ、ほかの人たちからたやすく軽蔑されてしまうだろうと考えるのは、卑しく愚かな人間のすることである。なぜなら、われわれが人に軽蔑される人間だとみなすのは、その人が相手に害をあたえられないという点ではなく、むしろ人の役に立つことをすることができないという点だからである。

ストバイオス『精華集』第三巻二〇・六一(ムソニウス・ルフス「断片」四一)

八

エピクテトスの書物にある友愛に関するルフスの言葉から。

宇宙の自然本性とはこのようなものであったし、今もあり、これからもあるであろう。また、生成するものは今あるのとは異なるしかたで生成することはありえない。そして、この運動変化の過程に関与しているのは、人間やその他の地上の生きものだけではなく、神々もそうであり、ゼウスにかけて、四つの基本要素そのものも上方や下方へ姿を変え、変化して、土は水になり、水が空気となり、空気はさらにアイテール〔上層気〕に変化する。同じ変化の過程は、上方から下方についても言える。もし人がこれらのものに心を向けて、必然的に起きることを自分の意志で受け入れるようにみずからを説得しようとするならば、その者はきわめて適切で調和のとれた生涯を送ることになるだろう。

ストバイオス『精華集』第四巻四四・六〇（ムソニウス・ルフス「断片」四二）

九

ストア派の著名な哲学者が……自分の手荷物の中から、エピクテトスの『語録』の第五巻[10]を取り出した。この書はアリアノスによって整理されたもので、ゼノンやクリュシッポスが著したものと一致していることは疑いない。当然ながらギリシア語で書かれたこの書物の中に、以下のような文が読まれる[11]。

心像――哲学者たちはこれを「パンタシアー」と名づけている――は、それによって人間の知性が最初にそれをみたまさにその時に、心に生じたものによって刺激を受けるのであるが、意志によるものでも自由になるものでもなく、むしろ心像そのもののなんらかの力によって、人間の心に入ってきて認識される。しかし、承認――彼らはこれを「シュンカタテシス」と呼んでいる――は、それによって心像が同じものとして認識されるのだが、意志によるものであり人間の自由になる。それゆえ、なにか恐ろしい音が天空より、あるいは建物の崩壊によって生じるとか、突然になにか危険な知らせがあるとか、あるいは他にもそのようなことが起きたりするときは、賢者の心もしばらくの間は必ず動揺したり、畏縮したり、青くなったりするものだが、それはなにか悪いことを予感してのことではなく、むしろ知性や理性に先行するなにか急激で予想できない心の動きがあるためである。しかし、まもなく賢者は「このようなパンタシアー」――すなわち、彼の心に恐怖を抱かせた心像――に承認することなく――つまり、「承認もせず、是認もしない(12)」――、むしろこれをはねつけ撃退して、その中になにか恐れるべきものがあるとは考えない。そして、これが賢者の心と愚者の心が異なるという点であり、愚者は最初に自分の心には野蛮で苛酷にみえるような印象を受け取ると、実際にそのようなものであると考え、みずから同意してこれを「是認する」――これはストア派がこのような問題を扱うときに用いる言葉である。一方、賢者のほうは、しばらくはその顔色や表情がわずかに変化しても、「承認することはない」。むしろ、このような心像は少しも恐れるにたりず、ただ偽りの外見と見せかけの恐怖心であおっているにすぎないとして、常々保持している態度や信念の強さを失わない。

以上が、哲学者エピクテトスがストア派の教説に基づいて考えて、述べたことであり、先ほど挙げた書物の中に読まれる。

アウルス・ゲリウス『アッティカの夜』第一九巻一・一四―二一

一〇

哲学者のエピクテトスが次のように語ったという話を、私はファウォリヌス(13)から聞いた。たいていの哲学者たちは、哲学をしているようにみえても、「口舌だけで行動がない」、つまり、言うだけで行動を伴わないという意味である。

さらに、アリアノスが彼の「談論(ディッセルターティオーネース)」についてまとめた書物には、彼のより力強い言葉が残っている。

アリアノスはこう述べている。「恥を知る心を失い、見当違いのことに懸命になって、性格も堕落して、無鉄砲で、口達者で、心のことを除けばほかのどんなことにも関わっているような人間をエピクテトスがみつけたときには、あるいは、哲学の勉強や研究に関わったり、自然学に従事したり、問答法に考えをめぐらせたり、この種の多くの理論を手がけ、頭を悩ませたりしているような人をみかけたりするときには、証人として神々や人びとの名を呼んで、しばしばこのように訴えながら、その人をこう叱ったものである。「ねえ君、君はそれをどこに入れるのかね。容器がきれいかどうか調べてみたまえ。うぬぼれの中に入れたら、なくなってしまうだろう。腐ってしまえば、小便か酸っぱい酒になってしまうか、それとももっとひどいものになるかもしれない」」

まことに、この言葉よりも重く、真実なものはない。これによって、哲学者の中でも最も偉大なこの人は、哲学の文書や教説が、あたかも不純で汚れた入れもののような、不実で劣った人間の中に流れ込むようなことがあれば、劣化し、変形して、彼自身が用いている「よりキュニコス的な」(14)物言いをすれば小便となり、もしかすると、小便よりもっときたないものになってしまうのだ。

さらに、これもファウォリヌスから聞いた話で、かのエピクテトスがよく言っていたことだが、すべての中で最も重大で憎むべき悪徳として二つのものがあるという。すなわち、辛抱がないことと不節制である。我慢すべき乱暴な行為に耐えられず我慢できない場合であり、抑制すべき欲望を抑制できないような場合である。

彼はさらに続けて、「したがって、これら二つの言葉を心にかけて、これを遵守することをみずからに課し、監視するならば、たいていは罪過なくきわめて平穏な人生を送ることができるだろう」と言う。彼が言っていた二つの言葉は、「耐えよ（ἀνέχου）」と「控えよ（ἀπέχου）[15]」である。

アウルス・ゲリウス『アッティカの夜』第一七巻一九・一―六

一〇 **a**

アリアノスがエピクテトスの言葉だと言っているように、魂の救済やわれわれ自身の尊厳に関わるような場合に、躊躇することなくなにかをなさねばならないことがある。[16]

アルノビウス[17]『異端論駁』第二巻七八

一一

アリアノスの徳を勧める談話から。

アルケラオス[18]がソクラテスを金持ちにしてやろうと迎えを送ったが、彼は王に次のような返事をするように指示した。「アテナイでは、四コイニクスの大麦の粉は一オボロスで[19]買えるし、井戸には水が流れている。つまり、私の持ち物は十分なものでないとしても、私にはそれだけで十分であり、そういうわけで、持ち物も私には十分な分量なのだ」。それとも君は、俳優のポロス[20]がオイディプス王を演じるのに、コロノスの放浪者や物乞いであるオイディプスを演じるよりも[21]、きれいな声で楽しくやっていたわけではないということを知らないのかね。さらに、気高い人間[22]はポロスよりも見劣りがして、ダイモーンの声[23]によって割り当てられたすべての役[24]を立派に演じることができないだろうか。彼はまた、ぼろ着を着ても、紫[25]の上等の外衣を着た人間と少しも劣らず輝いていたオデュッセウス[26]をまねるのではないだろうか。

ストバイオス『精華集』第四巻三三・二八

一二

アリアノスの言葉から。

度量が大きくて、感情の激しい人がするようなことを穏やかに、静かに、言わば怒りを交えずにする人たちがいる。だから、この人たちが見過ごしている点については、激しく怒っている人よりもずっと悪いと考えて、警戒しなければならない。なぜなら、後者はすぐに仕返しをして満足するが、前者はちょうど微熱がある人たちのように、長期にわたってこれを引き延ばすことになるからである。

ストバイオス『精華集』第三巻二〇・四七

一三

エピクテトスの『覚え書き』[27]から。

「私は優れた立派な人が飢えと寒さで身を滅ぼすのをみたことがありますよ」とある人が言った。

だけど、君は優れてもいないし立派でもない人が贅沢や法螺(ほら)や不作法で身を滅ぼすのをみたことがないのかね。

「だけど、他人に養ってもらうのは恥でしょう」

気の毒な人だね、宇宙[28]よりほかに誰が自分で自分を養うだろうか。実際のところ、悪い奴なのに罰せられないとか、力が強いとか金持ちだとかいう理由で、摂理を非難する人はだれでも、その悪者が眼を失っても、爪が丈夫なままだから罰を受けていないというのと似たことを言っているわけだ。私は言うけれども、眼が爪より優れているのに比べて、徳ははるかに悪徳(29)よりも優れているのだ。

ストバイオス『精華集』第一巻三・五〇

一四

エピクテトスの『覚え書き』から。

……彼ら(30)は、快楽を自然本性的なものとは考えず、むしろ正義、節度、自由のような自然本性的なものに付随するだけのものだとみなす気むずかしい哲学者たちを中央に引きずり出している。いったい魂はどうして、エピクロスが主張するように(31)、あまり重要でない肉体的な善の場合にはこれを喜び、穏やかな気持ちになるのに、最も重要である魂自身の善の場合にはこれを楽しまないのだろうか。けれども、自然は(32)私に恥を知る心(33)をあたえた。なにか恥ずかしいことをしていると思うようなときには、私はよく赤面するのだ。これがあるために、私は快楽を人生における善とか目的とか考えることが許されていないのだ。

ストバイオス『精華集』第三巻六・五七

一五

エピクテトスの『覚え書き』から。

ローマではご婦人たちが、プラトンが婦人共有論を主張しているという理由で[34]、彼の『国家』を所持しておられる。なぜなら、彼女らはこの哲人の言葉に心を向けてはいるが、一夫一婦で結婚し同居することを禁じ、むしろそのような結婚を廃止して、別の形態での結婚を導入することで婦人を共有するのがよいとしたプラトンの真意には心を向けていないからである。そして、一般の人びとはと言えば、自分の過失への言い訳をここにみつけて喜んでいる。しかし、哲学が言っているのは、指一本たりともでたらめに動かすべきではない[35]ということなのだ。

ストバイオス『精華集』第三巻六・五八

一六

エピクテトスの『覚え書き』から。

毎日同じことを語り、同じことを聞いて、同時にこれを生活のために活用するのでなければ、人がある教説を自分のものにするのは容易ではない、ということを知るべきである。

ストバイオス『精華集』第三巻二九・八四

一七

エピクテトスの言葉から。

宴席に招待されたときは、目の前のものを食するものだ。もし人が歓待してくれる人に魚やお菓子を出すように命じれば、おかしな奴だと思われるだろう。この宇宙においてもわれわれはあたえられていないものを神々に要求したりする。しかも、神々がわれわれにあたえたものはたくさんあるのだ。

ストバイオス『精華集』第三巻四・九一

一八

同じ人の言葉から。

自分の力が及ばないことに大きな誇りを抱いている人たちはおめでたいかぎりだ、とエピクテトスは言っている。

「私は君よりも上だよ。だって、私はたくさん土地をもっているが、君のほうは飢えて死にそうだからね」とひとりが言った。

「俺は執政官をしている」と別の人が言った。

「私のほうは行政官だ」とまた別の人が言った。

「私の髪の毛は巻き毛だ」とさらに別の人が言った。だけど、馬は別の馬に、「私は君よりも上だよ。だって、たくさん秣をもっているし、大麦も多い。私の手綱は黄金でできているし、鞍にも刺繡がしてある」などとは言わず、むしろ「私は君より足が速い」と言う。つまり、動物というものはすべて、自分の徳と悪徳(36)に基づいてより優れているとか、より劣っているとか言うのだ。すると、人間だけには徳がなくて、髪の毛とか、服装とか、祖先とかをみなければならないのだろうか。

ストバイオス『精華集』第三巻四・九二

一九

同じ人の言葉から。

病人は医者からなんの助言も受けなければ、不機嫌になって医者から見放されたと考えるものなのに、どうして人は哲学者に対しては、有益なことをなにひとつ自分に言ってくれないなら、哲学者に見放されて、分別のある人間にはなれないと思う気持ちにならないのだろうか。

ストバイオス『精華集』第三巻四・九三

二〇

同じ人の言葉から。

身体が健全な状態にある人は、暑さや寒さに耐えるものだが、それと同様に、魂が良好な状態にある人も、怒りや苦しみや度を越した悦楽に耐えるものである。

ストバイオス『精華集』第三巻四・九四

二一

エピクテトスの言葉から。

アグリッピヌス(37)を褒めたたえるのは正当なことであるが、それは彼が非常に価値のある人間でありながら、自画自賛するようなことは一度もなく、ほかの人が彼を褒めようものなら、顔を赤くしたほどだ、という理由による。エピクテトスが言うところでは、彼は自分に困難なことが起きると、いつもそれへの讃辞を書くような人柄であり、熱病になれば熱病の、悪評であれば悪評の、追放になれば追放の讃辞を書いていた。またある時には、昼食の準備をしていると、だれかが「ネロ帝があなたを追放するように命じましたよ」と告げ知らせると、「それじゃあ、アリキアで昼食をとろうじゃないか(38)」と言ったという。

ストバイオス『精華集』第三巻七・一六

二二

アグリッピヌスの言葉から(39)。

アグリッピヌスが総督(40)であったとき、彼によって有罪判決が下された人びとを説得して、彼らには有罪の判決がふさわしいことを納得させようとした。彼が言うには、彼らを敵とか盗賊とかとしてではなく、むしろ世話人や保護者のように思って、有罪の票を投じたからである。あたかも医者が手術を受ける者の気持ちを和らげ、自分に身を任せるように説得するようなものである。

ストバイオス『精華集』第四巻七・四四

二三

エピクテトスの言葉から。

自然は驚くべきものであり、クセノポンも言うように(41)、生きものに愛情をもっている。実際のところ、われわれはあらゆるものの中で最も不快で不浄な肉体を愛(いと)おしみ世話をしているのだ。というのも、五日間でも隣人の肉体の世話をしなければならないとしたら、辛抱できないであろう。早朝に起きて他人の歯を磨いてやったり、なにかやむをえない事情からその人の局部を洗ったりすることがどんなことか、考えてみるがよい。毎日毎日これほどの世話をしているものを愛好するのは、本当に驚くべきことである。この袋(42)の中に詰め込んで、また空にする。これほど厄介なことがあるだろうか。だが、私は神に仕えねばならない。だから、私はこの世に留まって、辛抱しながら、この惨めなちっぽけな肉体を洗ったり、食わせたり、保護したりしているのだ。もっと若い頃には、神は私にはほかのことも課したが、それでも私はそれに耐えていたのだ。そうすると、われわれに肉体をあたえた自然がそれを奪うときに、どうして君たちはそれに耐えないのか。

「私はこの肉体が好きなのです」

たった今私が言っていたことだが、まさにその愛するという気持ちを君にあたえたのも自然なのだ。そして、その同じ自然が、「さあそれを手放したまえ。もう厄介なものを背負うことはないのだ」と言っているのだよ。

ストバイオス『精華集』第四巻五三・二九

二四

同じ人の言葉から。

もし若くして生を終えることになれば、神々を非難する。〔そんな歳でもないのに命を奪われるからである。また、歳をとっても死ななければ、また神々を非難する[43]。〕もう休息すべき歳なのに、世話がやけるからである。ところが、いよいよ死が近づいてくると、まだ生きることを望み、医者を迎えにやって、労を惜しまずに看護してくれるようにお願いするのだ。人間というものは、生きたくもなく死にたくもないという不思議な存在だ、と彼は言っている。

ストバイオス『精華集』第四巻五三・三〇

二五

エピクテトスの言葉から。

君が人に暴力を加え、脅したりするようなときは、その人に自分が柔和な人間である[44]ことを前もって言っておくことを忘れるな。そうすれば、野蛮なことはなにもしないで、一生を後悔することなく、咎められもせずに生きることになるだろう。

ストバイオス『精華集』第三巻二〇・六七

二六

君は死体を担いでいる小さな魂だ[45]、とエピクテトスは言っていた。

マルクス・アウレリウス『自省録』第四巻四一

二七

エピクテトスはこう言っていた。承認することに関する技術[46]をみつけねばならない。また、衝動の領域においても、その衝動が留保付きであり[47]、共同体に資するものであり、価値に相応するもの[48]であるように注意しなければならない。さらに、欲求は完全に慎むべきものであり、われわれの力の及ばないものに対して忌避の念を抱かないことである。

マルクス・アウレリウス『自省録』第一一巻三七

二八

争っているのはありきたりの事柄ではなく、われわれが狂気に陥っているのか否かである。

マルクス・アウレリウス『自省録』第一一巻三八

二八a[49]

ソクラテスはこんな問答をしていた。「君たちはどちらを望むかね。理性的な生きものの魂をもつことか、それとも理性的でない生きものの魂をもつことか」。「理性的な生きものの魂をもつことです」。「どのような理性的な生きものかね。健全なものか、それとも、劣悪なものか」。「健全なものです」。「ではなぜそれを求めないのか」。「すでにもっていますからね」。「そうすると、どうして君たちは争ったり、意見が違ったりするのかね」

マルクス・アウレリウス『自省録』第一一巻三九

二八b(50)

「私がこんな目に遭うなんて、運の悪いことだ」むしろ逆に、「私はこんな目に遭ったのに、苦しむことなく過ごしており、現在の状況によって打ちひしがれることもなく、将来のことを恐れもしていない」と言うべきだ。なぜなら、このようなことはすべての人に起こりうるが、こうしたなかで苦しむことなく過ごすことはだれにもできなかっただろうから。すると、どうして前者が不運で、後者が好運だということになるだろうか。

そもそも人間の自然本性の落ち度ではないものを、君は人間の不運だと言うのだろうか。また、人間の自然本性の意志に反していないことを、人間の自然本性の落ち度だと君は思うのだろうか。いやどうだろうか。意志[51]について君は学んだはずだ。だから、君に起きたことが、君が正しくあることを、高邁な心をもち、節度があり、思慮深く、軽率でもなく、人を欺かず、慎み深く、自由であることを、さらにはそれらが備われば人間の自然本性がその固有なものを十分に享受することになるその他の性格を君がもつことを妨げるようなことはけっしてあるまいね。

今後は、どんなことであれ君を苦境に陥らせるようなことがあれば、次の信条をよりどころとすることを忘れてはいけない。すなわち、「それは不運ではない。むしろ、それに気高く耐えることこそ幸運なのである」。

マルクス・アウレリウス『自省録』第四巻四九

疑わしい、あるいは偽作の断片

二九

エピクテトスの『要録』から

なにごとにつけ先に考えるべきは安全ということである。すなわち、語るよりも沈黙することのほうが安全である。およそ理性を欠いた非難がましいことを言うのをやめることだ。(52)

ストバイオス『精華集』第三巻三五・一〇

三〇

エピクテトスの言葉から

船をひとつの碇(いかり)につなげてはならないし、人生をひとつの希望につなげてもならない。

ストバイオス『精華集』第四巻四六・二三

三一

同じ人の言葉から

足でも希望でも、可能な歩幅を知るべきである。

ストバイオス『精華集』第四巻四六・二二

三二

エピクテトスの言葉から

身体を癒すことよりも必要なことは、心（魂）を癒すことである。悪しく生きるよりも、死ぬことのほうが勝っているからだ。

ストバイオス『精華集』第四巻五三・二七

三三[53]

同じ人の言葉から

快楽のうちで最も稀にしか生じないものが、一番喜びをあたえるものだ。

ストバイオス『精華集』第三巻六・五九（デモクリトス「断片」二三二 DK）

三四

同じ人の言葉から

もし人が度を越すならば、最も喜ばしいことが最も喜ばしくないものになる。

ストバイオス『精華集』第三巻六・六〇(デモクリトス「断片」二三三 DK)

三五[54]

自分に克(か)つことがなければ、なんぴとも自由ではない。

ストバイオス『精華集』第三巻六・五六

三六

真理は不死にして永遠なるものである。真理がわれわれにあたえてくれるのは、時とともに色あせる美でも、裁判によって奪われる言論の自由でもなく、むしろ正義と法にかなったものであり、不正をそれらのものと区別し、これを反駁するものである。

アントニウス・メリッサ[55]『総覧』第一巻二一

『要　録』

一

1 物事のうちで、あるものはわれわれの力の及ぶものであり、あるものはわれわれの力
の及ばないものである。「判断、衝動、欲望、忌避」など、一言でいえば、われわれの
働きによるものはわれわれの力の及ぶものであるが、「肉体、財産、評判、官職」など、
一言でいえば、われわれの働きによらないものは、われわれの力の及ばないものである。
2 そして、われわれの力の及ぶものは本性上自由であり、妨げられも邪魔されもしないが、
われわれの力の及ばないものは脆弱で隷属的で妨げられるものであり、本来は自分のも
3 のではない。そこで次のことを心に留めておくがいい。本性上隷属的であるものを自由
なものと考え、自分のものでないものを自分のものと考えるならば、君は妨げられ、苦
しみ、神々や人びとを非難するだろう。だが、君のものだけを君のものと考え、自分の
ものでないものは、実際そうであるように、自分のものでないものと考えるならば、だ
れもけっして君を強制したりしないし、邪魔をしたりもしないし、君はだれをも非難し
たりせず、だれかを咎めることもなく、なにひとつとして不本意におこなうようなこと

もなく、だれも君を害することはないし、敵をもつこともないだろう。なにか害を受けることもないからだ。

4 だから、君がこれほど重大なことを求めるのであれば、適当な気持ちでこれらに携わるべきではなく、あることはまったく放擲(ほうてき)し、あることはさしあたり延期せねばならないことを心に留めておくがいい。だが、もし君がそれらのものとともに、官職に就くことや富を得ることを望むのであれば、前者を求めるがゆえに、後者さえも得ることはできないだろうし、その前者も、それによってのみ自由や幸福がもたらされるというのに、まったく得そこなうことになるだろう。

5 そこで、すべて不愉快な心像に対しては、ただちにこう言うように訓練するがいい。「お前は心像だが、けっして外観どおりのものではないだろう」。次に、君がもっている基準に照らして、その心像を調べ吟味するのだ。まずは次の基準で吟味しよう。それは自分の力の及ぶことに関わるのか、それとも自分の力の及ばないことに関わるのか。そして、もしなにか自分の力の及ばないことに関わるのであれば、ただちにそれは「私とは関係のないもの」だということにしよう。

二

1 次のことを心に留めておくがいい。欲求が約束するのは、君が欲求しているものを得
ることであるが、忌避が約束するのは、君が忌避しているものに遭遇しないようにする
ことである。また、欲求するものを得そこなう人は不運であるが、忌避することに遭遇
してしまう人は不幸である。これらのことを心に留めておくがよい。だから、君の力が
及ぶもので自然に反するものだけを忌避するようにするならば、忌避するものに遭遇す
2 ることはないだろうが、病気や死や貧困[1]を忌避しようとすれば、不幸になるだろう。し
たがって、われわれの力の及ばないすべてのものから忌避する気持ちを取り除いて、む
しろその気持ちをわれわれの力の及ぶもののうちで自然に反するもののほうに向けるこ
とだ。そして、欲求はさしあたって今は完全に取り去っておくのがよい[2]。なぜなら、君
がわれわれの力の及ばないもののなにかを欲求するならば、必ずや不運なことになるし、
われわれの力の及ぶものについては、たとえそれらを欲求することがよいことだとして
も、まだ君の手に入ることはないからだ。ただものに向かっていったり忌避したりする
力だけを、ただし気軽に、慎重に、また自由に用いるようにせよ。

三

心を引きつけるようなもの、役に立つもの、愛着を感じるもののひとつひとつについて、ごく些細なものから始めて、それがどのようなものであるかを言うことを忘れてはならない。もし気に入った土瓶があるのなら、「私は土瓶が気に入っている」と言うのだ。そうしたら、それが割れても、心をとり乱すことはないだろうから。もし君の子供や妻にキスをするなら、「人間とキスをしているのだ」と言うのだ。そうしたら、彼らが死んでも、心をとり乱すことはないだろうから。

四

もし君がなにか行動しようとしているときには、その行動がどのようなものであるのかを思い起こすことである。もし風呂に入ろうと出かけるのなら、浴場で起きることを思い浮かべてみるのだ。湯をはねかける人、押す人、罵(ののし)る人もいれば、盗む人もいる。その時すぐに、「私は風呂に入りたいが、自分の意志を自然にかなったままに保っておきたい」と言えば、その行動をより安全に進めることができるだろう。どんな行動でも同じことだ。入浴するのになにか妨げとなることが起きれば、「いや私は風呂に入ることだけを望んだわけではない。むしろ、自分の意志を自然にかなったままに保っておきたいのだ。起きたことに腹を立てるなら、私はこれを保ったことにはなるまい」という言葉が用意されているだろう。

五

人びとを不安にするのは、事柄ではなく、事柄についての思いである。例えば、死はなんら恐るべきものではなく――そうでなければ、ソクラテスにも恐ろしいと思われたであろう――、むしろ死は恐ろしいものだという死についての思い、これが恐ろしいものなのだ。だから、われわれが妨げられたり、不安にさせられたり、苦痛をあたえられたりする場合は、けっして他人を責めるのではなく、自分自身を、つまり自分の思いを責めるようにしよう。

自分がうまくいっていないことで他人を非難するのは、教育を受けていない人がすることである。むしろ、教育を受け始めた人なら自分を非難するし、教育を受けてしまった人なら他人も自分も非難しないであろう。

六

ほかのものがもっている優れた点で得意になってはならない。もし馬が得意になって、「私は美しい」と言うとしても、それは我慢もできることだ。だが、君が得意になって「私は美しい馬をもっている」と言えば、君は馬がもっている善さで得意になっているということである。そうすると何が君がもっているものなのか。心像を用いることであることを知らねばならない。だから、心像を用いてそれが自然にかなっているなら、その時こそ得意になるがよい。その場合には、君のもっている善さで得意になっているわけであるから。

七

航海で船が港に入ったとき水を汲みに上陸したならば、君は道の途中で小さな巻き貝や小さな球根(3)を拾い集めるだろうが、心は船のほうに向けて、船長が呼びはしないかとたえず振り返ってみるべきである。そして、もし船長が呼んだなら、羊のように縛られて(4)船の中に投げ込まれることがないように、持っているものをすべて投げ捨てなければならない。人生もこれと同じことだ。小さな球根や小さな巻き貝の代わりに妻や子供をあたえられるならば、彼らとともにいてもなんらさしつかえはないだろう。しかし、船長が呼ぶときは、それらすべてをうち捨てて、彼らを顧みることなく船へ急がねばならない。君が老人であったなら、呼ばれたときに置き去りにされないように、船から遠く離れてはならない。

八

出来事が君の欲するように起きることを願ってはならない。むしろ、出来事が起きるがままに起きることを願うのがよい。そうすれば、道が開けてくるだろう。

九

病気は肉体の妨げになるが、意志みずからが欲するのでないかぎり、意志の妨げにはならない。足が不自由なのは足の妨げとなるが、意志の妨げとはならない。君に起きるどんなことについても、そのように言うのだ。それがほかのものの妨げとなっても、君の妨げとはならないことが分かるだろうから。

一〇

君が遭遇するすべてのことについて、わが身を省みて、それを処理するどんな能力をもっているのかを吟味することを忘れないことだ。もし美しい男や美しい女を目にしたら、それに対する力として自制心を見出すであろうし、労苦を課せられたら、忍耐力を見出すであろうし、罵(ののし)られることがあれば、我慢する力を見出すであろう。そして、このように習慣づければ、心像が君を奪いさることもないであろう。

一一

どんなことについても、「それを失った」とけっして言ってはならない。むしろ、「お返しした」と言うのだ。子供が死んだのか。それは返されたのだ。妻が死んだのか。それは返されたのだ。

「所有地が奪われました」

これも返されたのだよ。

「だけど、奪った人は悪い奴ですよ」(5)

あたえた方が誰を通じて君に返還を求めようとも、君に何の関わりがあるだろうか。

この方があたえている間は、他人のものとして世話するようにするのだ。ちょうど旅人が宿屋に対してそうするようにね。

一二

もし君が進歩を望むならば、「自分の財産をおろそかにすれば、生活の糧が失われる 1
ことになるだろう」とか、「奴隷の子供は懲らしめないと、悪くなってしまうだろう」とかいった考えは捨てることだ。飢えて死んでも、苦痛も恐怖もないのなら、それは数多くのことで悩みつつ生きるよりも勝っているからだ。奴隷の子が悪くても、君が不幸であるよりはましなのだ。

だから、些細なことから始めてみることだ。オリーブ油が少しこぼれた。酒が少し盗 2
まれた。その時には、「これだけの値段で不動心が買えた。これだけの値段で平常心が買えた」と言うがよい。なにごともただでは生まれない。奴隷の子供を呼ぶときには、その子が言うことを聞かなかったり、またたとえ聞いても君の望むことをなにひとつしなかったりすることがありうると考えておくのだ。しかし、君の心が乱されないようにするほどの十分な力は、この子にはないのだ。

一三

もし君が進歩を望むならば、外的なものに関して無思慮だとか愚かだとか思われてもこれに甘んじて、なにも知らない人だと思われることを願うのだ。また、自分が人にひとかどの人物だと思われようとも、自分自身を信用してはならない。なぜなら、知っておいてもらいたいのだが、君自身の意志と外的なものとを自然にかなうしかたで保持するように気をつけることは容易ではなく、むしろ一方を配慮するならば、どうしてももう片方はおろそかにせねばならなくなるのだ。

一四

もし君が自分の子供や妻や友人が永遠に生きることを願うなら、君は愚かである。なぜなら、君の力が及ばないものに君の力が及ぶことを、自分のものでないものが自分のものであることを願っているからだ。同様に、奴隷の子供が過ちを犯さないことを願うなら、君は馬鹿者である。なぜなら、君は悪徳が悪徳でなく、別のものであることを願っているからだ。だが、君が欲求して、それを得そこなわないことを望むならば、これは可能である。だから、可能なことで訓練を積むのだ。

2 各人が願ったり、あるいは願わなかったりするものについて、これを確保したり奪ったりできる力を有する者は、その人の主人である。だから、自由であることを欲する人は、他人の力が及んでいるもののなにかを願ったり、避けたりしないほうがよい。さもなければ、奴隷であるほかはない。

一五

君は宴席にいるときのようにふるまわねばならないことを心に留めておくがいい。ご馳走が君のところに回ってきたら、手を伸ばして行儀よく取るのだ。それが通過しても、引きとめてはならない。まだ来ないからといって、遠くから欲しいと言ってはならず、むしろ君のところに来るまで待つのだ。子供に対しても、妻に対しても、官職に対しても、富に対してもそのようにするのだ。そうすれば、いつか君は神々と宴席をともにするにふさわしい者となるだろう。また、君の側に置かれたものを取らずに、一顧だにしないようにすれば、その時は神々と宴席をともにするばかりか、ともに統治する者となるだろう。なぜなら、ディオゲネス、ヘラクレイトス[6]、その他同様の人びとは、そのように行動して、正当にも神の名に値する人であったし、またそのように言われていたからである。

一六

子供が外国に旅立ったとか、自分の財産を失ったとかで、人が泣いているのをみかけたら、この人は外的な事柄のために不幸なのだと早合点して、心像が君の心を奪うことがないように気をつけよ。むしろ、「この人を苦しめているのは出来事ではなく——それはほかの人を苦しめていないのだから——、むしろその出来事についての思いなのです」とすぐに言うように心がけるのだ。だが、言葉でもって、この人に同情することを躊躇(ためら)ってはならず、そのような機会があれば、ともに嘆くのがよかろう。ただし、心の底から嘆くことのないように気をつけるのだ。

一七

次のことを心に留めておくがいい。君は劇作家が望むような俳優なのだ。劇作家が短いものを望めば短い劇の俳優になるし、長いものを欲するなら長い劇の俳優になるのだ。

もし君に物乞いを演じることを望めば、それを上手く演じるようにせよ。役が足の不自由な人間でも官吏でも民間人でも同じことだ。というのは、君の仕事は、あたえられた役を立派に演じることだが、どの役を選ぶのかは、ほかの(7)人の仕事であるからだ(8)。

一八

カラスが縁起のよくない鳴きかたをしたからといって、心像が君の心を奪うことがないように気をつけよ。むしろ、心の中で分別をして、こう言うのだ。「これは私に対してはなんの兆しも告げておらず、むしろ私のちっぽけな肉体、私のつまらぬ財産、私のたわいもない評判、あるいは子供や妻に対して告げているのである。むしろ、もし私がそのような気持ちになれば、私にはあらゆる吉兆を告げていることになる。というのは、そうした兆しのうちどんなことが生じても、それから利益を受けることは、私の力の及ぶことであるからだ」

一九

もし君の力では勝つ見込みのない戦いを起こさなければ、君は無敵でありうる。

2 尊敬されているとか、大きな権力をもっているとか、ほかに評判のよい人をみて、心像に心を奪われ、幸福な人だと祝福することがないように、気をつけよ。というのは、善の本質がわれわれの力の及ぶものの内にあるのであれば、嫉妬や羨望が入る余地はないからだ。君自身は将軍や行政官や執政官になりたいわけではなく、むしろ自由になりたいのではないか。自由に至る唯一の道は、われわれの力の及ばないものを軽視することである。

二〇

次のことを心に留めておくがいい。君を辱めているのは、罵ったり殴ったりしている人ではなく、彼らが辱めているという思いなのだ。だから、だれかが君を怒らせたなら、君の考えが君を怒らせたのだということを知るがよい。だから、まず第一に心像によって心を奪われないように心がけよ。なぜなら、考える時間と猶予がいったん生じたら、もっと容易に君自身に打ち克つことになるだろうから。

二一

死とか、追放とか、あらゆる恐ろしいことを、毎日、目の前に思い浮かべるようにせよ。なかでも特に死のことを思え。そうすれば、つまらぬことを考えることもなければ、なにかを過度に欲求することもないであろう。

二二

哲学を志そうと思えば、笑われたり、大衆が君を嘲(あざけ)ったり、そして「知らぬ間に、哲学者なんかになって俺たちのところに帰ってきた」とか、「どこからあいつは偉そうな顔をぶら下げてやって来たのか」という言葉を聞かされることを、ただちに覚悟しなければならない。君は偉そうな顔をしてはならない。むしろ、神によってその場に配置された者として、君に最善と思われることを保持するのだ。そして、君がその同じことに踏みとどまるならば、先に君のことを笑った人びとは後には君のことを賛嘆することになるが、そのことを保持できなければ、君は二重に笑われることになる、ということを忘れてはならない。

二三

もしだれかに好かれたいという気持ちから、君が外に心を向けるようなことが一度でもあるならば、その目論見(もくろみ)はすでにだめになっていることを知るがよい。だから、どんな場合にも哲学者でいることに満足するのだ。そして、哲学者だと思われたいのなら、自分自身にそう思われるようにすべきであり、それで十分だろう。

二四

「自分は名誉もなく、どこにおいてもつまらない人間として生きることになるだろう」というような考えに苦しむことのないようにせよ。なぜなら、たとえ名誉のないことが悪だとしても、君が他人のせいで悪に陥ることがありえないのは、辱めに遭うことがありえないのと同様であるからだ。そうすると、官職を得たり、宴会に招かれたりすることは、君となにか関わりがあるというのではあるまい。とんでもない。それなら、どうしてそれがさらに君の不名誉であるだろうか。自分の力の及ぶことにおいてのみひとかどの者であるはずであり、そこにおいて最も値打ちのある人間であることが許されているのだとすれば、どうして君はどこにおいてもつまらない人間だということになるだろうか。

2 「しかし、それでは友人たちは私から援助を受けることができないでしょう」

援助を受けられないというのは、どういう意味なのか。たしかに、彼らは君から小銭をもらうことはできないだろう。君は彼らをローマ市民にすることもできないだろう。そうすると、誰が君にこうしたことがわれわれの力の及ぶことであって、ほかのものに関わるものではないと言ったのか。誰が自分自身のもっていないものを他人にあたえることができるだろうか。

3 「それでは、われわれが所有するためにも、それを獲得しなければなりませんね」

もし私が控えめで、信頼でき、高邁な心をもつように配慮しながら獲得することができるのなら、その道を教えてくれたまえ。そして、獲得することにしよう。しかし、もし君たちが善でないものを所有するために、私の善であるものを捨てることを要求するのであれば、自分がどれほど不条理で無思慮であるかが分かるだろう。君たちはどちらを欲するのか。金銭か、それとも信頼できる慎み深い友か。それならば、どうか後者であるように、私を助けて、まさにこれらのものを失う原因となるようなことをあえてせよと私に要求しないでくれ。

4 「だけど、祖国は私から受けるはずの援助が得られないことになるでしょう」

もう一度聞こう。君はどんな援助のことを言っているのか。柱廊や浴場は君からは得られないだろう。それはどういう意味なのか。靴は鍛冶屋からは得られないし、武具は靴屋からは得られないからね。むしろ、各人が自分の仕事をすれば、それで十分なのだ。もし君が祖国のために他人を信頼できる慎み深い市民にすれば、祖国に対してなんの役にも立っていないだろうか。

「役に立っていますとも」

そうすると、君自身も祖国のために無益だということにはならないだろう。

5 「それでは、国家で私はどんな地位に就くことになるでしょうか」とその人が言った。

同時に信頼できる慎み深い人のままでいられるのなら、どんな地位でも可能だよ。だけど、国家の役に立ちたいと願っていても、それらの性格を失うならば、恥知らずで信用のおけない人のままで、どうして国家の役に立つことができるだろうか。

二五

1 もし宴会の席とか、挨拶の場とか、もしくは相談をもちかけられたりして、だれかが君より重んじられているようなことがあったとしよう。それらが善いことなら、その人が尊敬を受けたことで君は喜ぶべきだが、悪いことであるなら、それを受けなかったのだから悲しんではならない。われわれの力が及ばないものを得るためには、人がしたのと同じことをしなければ、等しいだけものを要求することができないということを心に留めておくがよい。

2 なぜなら、どうして人の玄関のところに通わない者が通う者と、人のお供をしない者がお供をする者と、人を褒めない者が褒める者と等しいだけものを受けることができるだろうか。だから、それらが売られている分の代価を支払わず、ただでそれらを得ようと欲するのであれば、君は不正で貪欲だということになるだろう。

3 しかし、トゲチシャ[9]はいくらで売っているのか。おそらく一オボロス[10]くらいだろう。そうすると、ある人が一オボロス支払ってトゲチシャを手に入れたが、一方、君は支払いもせず、手にも入れないなら、君はその人より少なくもっているなどと考えないほうがよい。なぜなら、その人はトゲチシャをもっているように、君はあたえなかった一オボロスをもっているからだ。

4 今の場合も同じことだ。君は人の宴会の席に呼ばれなかったのか。それは、君がその人に食事を売っているだけの値段を払わなかったからだよ。彼は褒め言葉と交換にそれを売るのであり、世話と交換にそれを売るのだ。だから、売られているものが君の利益になるのであれば、その代価を払えばよい。だが、支払いもせずにそれを望むのであれば、君は貪欲で愚か者だ。

君は食事の代価をなにももっていないだろうか。君はたしかに、褒めたくない人を褒めないということ、玄関のところにいる人のことを我慢しないということをもっているのだ。

二六

自然の意志(11)については、われわれがお互いに意見を異にしないような事柄から学ぶことができる。例えば、他人に仕える奴隷の子供がコップを割ったときは、「よく起きることだ」と即座に言える。そうすると、君のコップが割れたときも、君は他人のコップが割れたときと同じような態度をとらねばならないということを知っておくことだ。もっと重大なことについても、そんなふうに当てはめるがよい。他人の子供か妻が亡くなった。すると、「人間の運命ですよ」と言わない人はいない。しかし、自分の妻子が死んだりすると、すぐに「ああ、なんて私は不幸なんだ」と言ったりする。しかし、これと同じことが他人の身に起きたとき、われわれはどんな気持ちになるのかを思い出さねばならない。

二七

的が命中しないために置かれているのではないように、自然本来の悪も宇宙には存在しない。(12)

二八

もしだれかが自分の体をたまたま出会った人に委ねるとしたら、君は腹を立てるだろう。だが、自分の精神を通りすがりの人に委ねて、もしその人が君を罵ったら、精神は乱され混乱するというのに、そんなふうに委ねることを君は恥ずかしいと思わないのか。

二九

どんな仕事をするにしても、先立つ事柄と結果する事柄とを考えて、その上でそれに

1

とりかかるがよい(13)。さもないと、その次のことはなにひとつ考えていないのだから、最初のうちは喜んでやっていても、後になってなにか困難なことが出現すると、醜態をさらしてその仕事から離れることになるだろう。

2　オリュンピア競技で勝ちたいかね。神々にかけて、私だって勝ちたいよ。光栄なことだからね。だけど、それに先立つ事柄とそれから結果する事柄とを考えて、それからその仕事にとりかかるのだ。君は秩序を守り、食餌法にしたがい、お菓子を控えねばならないし、炎暑にも酷寒にも定まった時刻に厳格に体を鍛え、冷たいものを飲まず、たまたま酒を飲む機会があっても飲んではならない。要するに医者に身を委ねるように、君自身をトレーナーに委ねるのだ。次に、競技に出たとなると、互いに突きあって、時には手首を脱臼したり、くるぶしを捻挫したり、たくさん砂を吸い込んだり、殴られたりして、あげくのはてに負けることだってある。

3　これらのことをよくよく考えたうえで、それでも君が望むのなら、競技を始めるがよい。そうしないと、子供に戻って、ある時はレスリングで、ある時は一騎打ちをして遊んだり、ある時は喇叭を吹いたり、さらに悲劇の芝居ごっこをしたりする。そのようにして、君もある時は競技者になり、ある時は剣闘士になり、さらに弁論家に、またさらには哲学者になるけれども、本気ではなににもなっていない。むしろ、あたかも猿のごとく、目にしたものはなんでも真似をして、次々といろいろなものが君の気に入るのだ。なぜなら、君はよく考察して、それについて調べあげたうえでとりかかるのではなく、でたらめに、さめやすい心でそうするからだ。

4 そんなわけで、ある人たちが哲学者をみかけたり、だれかがソクラテス[14]のように話すのを聞いたりすると——だけど、誰が彼のように語ることができるだろうか——、自分たちも哲学をしようという気になるのだ。

5 いいかね、その仕事がどのようなものかをまずよく考えて、それに耐えられるかどうか、自分の素質をよくみるようにするのだ。五種競技者[15]とかレスラーになりたいのかね。自分の肩や太腿や腰をよくみるがよい。人が違えば、向いているものも本来違うものだ。

6 君はそういったことをするのに、同じように食べ、同じように飲み、同じように怒り、同じように不満を抱いたりすることができると思っているのか。むしろ、徹夜して、骨を折り、身内の者たちから離れ、奴隷の子供から馬鹿にされ、出会った人びとからは笑われ、名誉、官職、法廷、その他すべてにおいて、万事遅れをとらねばならない。

7 もし君がこれらのものに代えて、ものに動じない心、自由、平静を得たいと望むのであれば、これらのことをよく考えてみるがよい。さもなければ、哲学には近づくな。子供のように、今は哲学者だが、後で税務官に、その次は弁論家に、またその次は皇帝任命の太守になりたがってはならない。これらをひとりで兼ねるわけにはいかないのだ。君は善人であれ悪人であれ、一個の人間でなければならない。君自身の指導的部分か外的なもののいずれかを完成しなければならない。内的なものに励むか、外的なものに励むか、つまり哲学者か一般の人か、いずれかの立場をとるほかないのだ。

三〇

一般に、義務[16]は対人関係で決まる。彼は君の父親だ。とすると、面倒をみて、万事に譲歩し、罵られようが殴られようが、我慢しなければならないことになる。

「しかし、悪い父親ですよ」

まさか、君は善い父親とつながりをもって生まれたのではあるまい[17]。むしろ、ひとりの父親とのつながりをもつだけなのだ。

「私の兄弟は不正なことをやっています」

それでは、兄弟に対する君自身の立ち位置を守って、彼が何をするかではなく、君が何をすれば、君の意志が自然にかなうものになるかを考えるようにせよ。なぜなら、君がそれを望まないかぎり、他人が君を傷つけるようなことはなく、むしろ自分が傷つけられたと考えるとき、その時こそ君は傷つけられたことになるからだ。そんなわけで、もし対人関係をみることに慣れたら、君は隣人や、市民や、将軍から、彼らに対する自分の義務を見出すことになるだろう。

三一

1 神々を敬(うやま)うことについて、最も重要なのは神々について正しい理解をもつことである。すなわち、神々が存在し、万有をよく、かつ正しく支配しているということ、さらに、神々にしたがってあらゆる出来事に譲歩し、それらが最善の叡知(えいち)によって成就されたものと考えて、みずから進んでそれにしたがうように、君自身の立ち位置を神々が定めている(18)ということである。そうすれば、けっして神々のことを非難することも、自分は見捨てられていると嘆くようなこともなくなるだろう。

2 ただしこのことは、われわれの力の及ばないものを断念して、われわれの力の及ぶものだけに善悪を想定するのでなければ、できるものではない。なぜなら、もしわれわれの力の及ばないもののどれかに善悪を考えるようなことがあれば、君が望むものを得そこなったり、望まないものに出くわしたりすると、必ずやその原因である神々を非難したり憎んだりすることになるからである。

3 というのは、自然本性的にすべての生きものは、有害にみえるものやその原因となるものからは、逃げて回避するようにするが、他方、有益なものやその原因となるものは、追求し賛嘆するからである。だから、人が害されると思うときには、ちょうど害そのものを喜ぶことが不可能なのと同様に、害すると思われる人を喜ぶことはありえない。

4 そんなわけで父親は、子供が善いと思うもののどれかをあたえることがなければ、子供から罵られる。そして、独裁を善と考えるこのことこそが、ポリュネイケスとエテオクレス[19]を互いに敵にしたのである。農夫が、船乗りが、貿易商人が、妻子を失った者たちが神々を罵るのは、そのような理由によるのだ。つまり、ご利益があれば、そこには神を敬う心もあるわけだ。したがって、しかるべきしかたで欲求し、忌避することに配慮している者は、同時に神を敬うことにも配慮していることになる。

5 灌奠をおこない、犠牲を捧げたり、父祖の習慣にしたがって初物をあげたりするのは、その都度清浄な心で、不注意でもぞんざいでもなく、ものを惜しむことなく、また分不相応でないことがふさわしいのである。

三二

1 占い[20]にみてもらうときは、心に留めておくがよい。君はどんな結果が出るか知らないわけだが、それを占い師から聞くために来ているのだ。だけど、君が哲学者であれば、それがどのような性質のものであるか分かっていて来たはずだ。それがわれわれの力の及ばない事柄のひとつであれば、当然ながら善でも悪でもないからだ。

2 占い師のところに君の欲求や忌避をもっていってはならないし、びくびくしながら彼に近づいてもならない。むしろ、結果してくるものはすべて、善悪に無関係なもの[21]であり、君に対してなんでもないものであるということ、また、それがどのようなものであろうとも、それを立派に用いることができるし、だれもそれを妨げることはないだろうということをよく承知したうえで近づくのだ[22]。だから、元気を出して、助言してくれる人のもとに行くように、神々のところに行くがよい。そしてさらに、君がなにか助言を受ける場合には、君は誰を助言者として受け入れたのか、それを聞き入れない場合には、誰にしたがわなかったのかを心に留めておくがよい。

3 ソクラテスが主張していたように[23]、すべての考察が将来の出来事に関連し、理性からもほかの技術からも、問題の出来事について知るための手段があたえられていない場合には、占ってもらいに行くがよい。したがって、友人や祖国とともに危険を冒す必要が生じた場合には、ともに危険を冒すべきかどうかを占ってもらうには及ばない。なぜなら、占い師が供物に凶兆が出ていると告げれば、それは死か、体の一部を損なうか、あるいは追放を意味することが明らかであるのだが、理性は友人や祖国を助けて、ともに危険を冒すことを求めているからである。だから、より偉大なピュティオス〔アポロン神〕のほうに心を向けるがよい。この神は、友人が殺されたときに、助けなかった人を神殿から追い出したのだ[24]。

三三

1 自分のためにふさわしい性格と生き方を決めて、ひとりのときでも、人と会ったときでも、これを守るようにするのだ。

2 たいていは沈黙するようにして、必要なことは手短に話すようにせよ。だが、たまに話すべき機会が訪れたときには話せばよいが、剣の一騎打ち、競馬、競技者、飲食など

普段話題になるような、ありふれたことを話してはならない。とりわけ、人びとについ
3 て非難したり、褒めたり、比較したりして話すのはよくない。もし可能ならば、君の話
で一緒にいる人たちの話をふさわしい方向に導くようにせよ。見知らぬ人の中で孤立す
るようなときには、沈黙するのがよい。

4 大笑いするな。何度も笑うのも、だらしなく笑うのもよくない。

5 どんな場合にも、誓いを立てることは、もし可能なら避けるようにして、それができ
なければ、可能な範囲で避けるようにせよ。

6 外部の一般人との宴会は遠慮するようにするが、やむをえない機会が生じれば、あり
ふれた会話に流されないように君の注意を働かせるのだ。仲間の体が汚れていれば、一
緒に組み合う人の体も、たとえ自分はきれいでも、必ず汚れるものだということを知る
がよい。

7 身体に関するものについては、必要最小限のものだけを受け入れよ。例えば、飲食、
服装、住まい、使用人である。評判や奢侈に関するものはすべて斥けるのだ。

8 性生活については、婚前はできるだけ清浄を保ち、おこなう場合には、良俗にもとら
ない程度にせよ。しかし、これをおこなう人に対して、不愉快な態度を示したり、非難

してはならないし、自分は抑制していると、あちこち言って回るのもよくない。

9 もしだれかが、君のことでひどい悪口を言っている人がいると告げたなら、言われたことに弁解するのではなく、こう答えるがよい。「その人は私のほかの欠点は知らなかったわけだ。でなければ、それだけを挙げるようなことはしなかっただろう」

10 劇場にたびたび足を運ぶ必要はない。また、そのような機会があっても、自分自身以外のだれかに熱をあげるような姿をみせてはならない。つまり、起きることだけが起こり、勝者が勝利を収めることだけを望めばよいのだ。そのようにすれば、君は妨げられることはないだろう。だれかの名を叫んだり、喝采したり、ひどく興奮するようなことは、断じて控えるがよい。また、劇場から帰った後も、自分の改善に役立つことでなければ、そこで起きたことについてあまり多くを語ってはならない。なぜなら、君がその見世物を感嘆していたことが、そのようなことから明らかになるからだ。

11 講演には無分別に軽率に行ってはならない。また、行くことがあっても、真面目で、平静な態度を保ち、その場にいる人を傷つけないようにせよ。

12 君がだれかと、とりわけ[25]高位にあると考えられる人たちのだれかと会うときは、こんな場合にソクラテスやゼノンならどうしただろうか、と自分に問うてみるのがよい。そうすれば、自分が遭遇した事態を適切に処理することで困ることはないだろう。

13 権力をもっている人のところに行くときは、その人が不在であったり、追い出されたり、目の前でドアが閉められたり、あるいは君のことを鼻にもかけなかったりするかもしれないといったことを、思い浮かべることだ。そして、そんな場合でも行くのがふさわしいのであれば、行ってそこで起きることに我慢するのだ。そして、「自分はそれだけの値打ちがなかったのだ」などと、けっして自分自身に対して言ってはならない。それは哲学の素養がなく、外部のことに腹を立てる人のすることだからである。

14 人との交際では、自分がおこなったことや冒険したことについて、長々と度を超えて話すことのないようにせよ。君の冒険譚を思い出すのは君には楽しくても、君に起きたことを聞かされるのはほかの人にはさほど楽しくはないからだ。

15 人を笑わせるようなことも避けることだ。なぜなら、そんなやり方は低俗に流れやすく、近くにいる人たちが君に抱いている尊敬の念を弱めるのに十分であるからだ。

16 また、下品な話に入っていくのも危険である。だから、なにかそういった話が出たら、適当な折をみて、それを言い出した人を責めるのがよい。そんな機会がなければ、黙るとか、赤面するとか、しかめっ面をするとかして、そんな話を不愉快に思っているところを明らかにするのがよい。

三四

なにか快楽の心像が浮かんだときは、その他の心像の場合と同じように、それに心を奪われないように自分を守るとよい。いやむしろ、その事柄にちょっと待ってもらって、君自身に猶予をとるようにするのだ。それから、その快楽を享受するのにかかるであろう時間と、その快楽を享受したあとで後悔して自分で自分を責めるのにかかるであろう時間、これら二つの時間のことを心に留めておくのだ。そして、これらの時間と比較して、もし君がこれを遠ざけるなら、どんなに喜びを感じ、自分で自分自身を讃えることになるかを考えよ。また、このようなことに関わってもさしつかえない時だと思われるような場合でも、その甘美で快く魅力的なものが君を打ち負かすことのないように気をつけて、むしろこれに勝利したという自覚をもつことのほうがどれほど優れているか、と比較してみることだ。

三五

なにかをなすべきだと決断したときは、たとえ多くの人びとがそれについて違ったふうに考えようとしても、それをおこなっているところをみられるのを避けてはならない。もし君が正しくおこなっていないのであれば、その行為自体を避けるべきであり、もし正しくおこなっているのであれば、間違って非難する人たちをどうして君は恐れるのか。

三六

「昼である」や「夜である」という言葉は、選言命題のためにはおおいに意味〔価値〕があるが、連言命題のためにはなんの意味〔価値〕もない(26)。それと同じように、食事でより大きな取り分を選ぶことは身体のためには価値があるとしても、宴会でしかるべきマナーを守るためにはなんの価値もない。だから、他人と食事をともにするときには、出されたものの身体に対する価値だけをみるのではなく、主人に対する敬意にも心を配らねばならないことを心に留めておくべきである。

三七

もし君が力量を越えた配役を引き受けるならば、その点において君は恥ずべきふるまいをしているだけでなく、自分が果たしうる配役をおろそかにしているのだ。

三八

歩くときには、釘を踏んだり足を捻挫したりしないように気をつけるが、それと同じように、君の心の指導的部分を損なわないように注意することだ。われわれはどんな行動においても、この点を配慮するならば、より安全に行動にとりかかることができるだろう。

三九

各人の身体が所有を測る尺度であるのは、足が靴を測る尺度(27)であるのと同じだ。そこで、君がそれに留まるならば、尺度を守ることになるだろうが、それを踏みこえるならば、その後は必ず断崖から落ちるはめとなる。ちょうど靴の場合でも、足の尺度を越えてしまうと、鍍金された靴になり、次いで紫に染められた靴になり、刺繍を施した靴になる。いったん尺度を越えると、限界というものがなくなるからだ。

四〇

女性は一四歳になるとすぐに男性から「婦人」(28)と呼ばれる。だから、彼女らはただ男性と寝所をともにする以外に、自分たちに得られるものがなにもないのが分かると、化粧を始めて、このことにあらゆる希望を託すようになる。したがって、尊敬を受けるためには礼儀をわきまえ、慎み深くみせること以外にはないということを、彼女たちに気づいてもらうように配慮するのは大事なことである。

四一

身体のことで時間を浪費するのは、愚かさの証拠である。例えば、長時間運動をしたり、長時間飲み食いをしたり、長時間排泄をしたり、長時間性行為をすることである。むしろ、こういったことは片手間におこなって、すべての注意を精神に集中するのだ。

四二

だれかが君に悪いことをしたり、悪しざまに言ったりするときは、当人はそれがふさわしいことだと思って、おこなったり言ったりしているということを心に留めておくのだ。とすると、その人は君に善いと思われていることではなく、むしろその人自身に善いと思われていることにしたがうことしかできないわけだ。したがって、その人が間違って考えているとすれば、欺かれているその人こそがひどい目に遭うことになる。なぜなら、真なる結合命題を人が偽であると判断するならば、ひどい目に遭うのは、結合命題ではなく、欺かれた人であるからだ。このような考えで物事を始めるならば、君を罵る人に対して温和な態度をとることができるだろう。そのたびに、「その人にはそう思われているのだ」と口にするとよい。

四三

すべての事柄には二つの取っ手[29]がある。ひとつではそれを運ぶことができるが、もうひとつでは運べない。もし兄弟が不正なことをすれば、不正をするという取っ手のほうからそれを取ってはならない――それは持ち運べないほうの取っ手であるからだ。むしろ、彼は兄弟であり、ともに育った者であるという取っ手から取るのだ。そうすれば、運ぶことができる取っ手から取ることになるだろう。

四四

次のような推論、「私は君よりも裕福である。したがって、私は君より勝っている」とか、「私は君より雄弁である。したがって、私は君より勝っている」というのは論理的ではない。むしろ、以下のような推論、「私は君よりも裕福である。したがって、私の財産は君の財産より勝っている」とか、「私は君より雄弁である。したがって、私の演説は君の演説より勝っている」というほうが論理的である。ただし、君は財産でも演説でもないのだ(30)。

四五

人が早く入浴したら、入浴のしかたが悪いと言ってはならず、むしろ早いと言うべきである。人がたくさん酒を飲んだら、酒の飲みかたが悪いと言ってはならず、むしろ多いと言うべきである。なぜなら、その人の考えを知る前に、どうやってそれが悪いかどうかが分かるのか。このようにすれば、あるものの把握されうる心像(31)をとらえながら、別のものとして同定することも起こらないだろう。

四六

1 君自身のことを哲学者だと言ってはならないし、一般の人の間で哲学理論について長々とおしゃべりすべきでもない。むしろ、哲学理論にしたがったことをおこなうのがよい。ちょうど酒席で、どのように食べるべきかを語らず、むしろ食べるべきしかたで食べるのがよいのと同じだ。というのも、次のことを心に留めておくのだ。ソクラテスは自分を誇示することをことごとく斥けたために、人びとが彼から哲学者たちに紹介してもらおうとやって来たときには、ソクラテスは彼らを案内しに行ったほどである。こんなふうに彼は自分が無視されても辛抱したのである。

2 もし一般の人の間で、なにか哲学理論について話題になったら、たいていは沈黙しておくことだ。というのは、消化していないものをすぐに吐き出す危険が大きいからだ。そして、だれかが君に「なにも分かっていないね」と言ったときに、その人に嚙みついたりしなければ、その時こそ自分の仕事を始めているのだということを知るとよい。羊は飼い主のところにやって来て、干し草をどれだけ食べたかをみせたりはしない。むしろ、飼料を身体の内部で消化して、外部に羊毛や乳をもたらすのだ。だから君も、哲学理論を一般の人の前でみせびらかすようなことをせずに、むしろよく消化したうえでそこから仕事を始めてみることだ。

四七

君が身体に関することでふさわしい生活をしているからといって、これを自慢してはいけない。もし君が水を飲んでいるなら、[32] どんな場合にも水を飲んでいるなどと言わないことだ。また、労苦に耐えるように鍛えているときには、外部のもののためではなく、君自身のためにするのだ。彫像は抱かないことだ。[33] しかし、ひどく喉が渇くようなことがあれば、冷水を口に含んで吐き出すのだ。そして、だれにもそのことを言うな。

四八

1 一般の人の物事に対する姿勢や性格は、利益も損害も自分から生じるとはけっして考
えず、むしろ外部のものから生じると考える。哲学者の物事に対する姿勢や性格は、ど
んな利益も損害も自分自身から生じるものだと考える。
2 進歩した人であることのしるし。その人はだれをも咎(とが)めず、だれをも褒めず、だれを

も非難せず、自分のことをちょっとした人物であるかのように、あるいはなにか大事なことを知っているかのように話すことはけっしてない。なにかのことで邪魔されたり、妨げられたりしても、自分自身を非難する。また、人が自分のことを褒めても、自分では心の中で褒めた人のことを笑っているし、非難されても弁解はしない。そして、あたかも病気あがりの人のように、回復した部分が固まるまで傷つけないように用心しながら歩き回っている。

欲求というものはことごとく排除して、われわれの力が及ぶもののうち自然に反するものだけを忌避の対象とする。あらゆることに対する衝動をほどほどに抑える。愚かで無知だと思われようとも、気にもかけない。一言でいえば、敵や裏切り者に対するように、自分自身を監視するのである。

四九

人がクリュシッポスの書物を理解したり解釈したりできると自慢しているときには、自分で自分自身にこう言うのだ。「もしクリュシッポスが不明瞭な書き方をしなかったら、この人は自慢できることがなにもないことになるだろう(34)」

私は何を望んでいるのだろうか。自然本性を学び、これにしたがうことだ。それゆえ、私はどんな人がそれを解釈してくれるのかを探しているのだ。そして、その人がクリュシッポスだと聞いたら、私は彼のところに行くのである。ところが、書かれたものを理解できないでいる。すると、私はそれを解釈してくれる人を探すわけである。そこのところまでは、まだ自慢すべきことはなにもない。だが、解釈してくれる人をみつけたあとは、そこで勧められたことを実行することが残されており、まさにこの実行することだけが自慢すべきことになる。もしこの解釈だけに感嘆するのであれば、私は哲学者ではなく、ほかでもなく文献学者になったわけだ。ただし、ホメロスではなく、クリュシッポスを解釈するというだけの話だ。だから、人が私に「どうかクリュシッポスを解釈してください」と言うとき、私の行動を彼の言葉と一致し調和するものとして示すことができなければ、自慢するどころか赤面することになる。

五〇

提示された指針(35)は、もし破ればこれを冒瀆することになると考えて、国法のように遵守せよ。君について人が何を言おうとも、振り返ってみるにはあたらない。それはもはや君の仕事ではないからだ。

五一

君は自分自身を最善のものに値するとみなし、どんなことにおいても決断を下す理性 1
にそむかないようにすることを、いつまで引き延ばしているのか。君は本来賛同すべき哲学理論を聞いて、それに賛同したのだ。それなのに、どんな教師を待っていて、その人が来るまで自分を改善することを引き延ばそうとしているのか。君はもはや青年[36]ではなく、一人前の大人なのだ。今もし君が自分のことをなおざりにして、怠惰であり、いつも延期に延期を重ね[37]、自分のことを大事にしようとする日を決めては、また別の日にするようなことであるならば、進歩していないことに気づくことなく、普通の人のまま生き続け、そして死ぬことになるのである。

だから今こそ自分のことを大人として、進歩しつつある者として生きる価値のある者 2
だと考えるのだ。そして、君に最善と思われるものはすべて不可侵の法であるとするがよい。もし苦しいことや楽しいこと、名誉なことや不名誉なことがやって来たら、心に留めておくがよい。今こそ競技が、オリュンピア祭の競技が始まったのであり、もはや一刻の猶予もなく、一日でひとつのことで進歩がだめになるか、救われるかするのだ。
このようにしてソクラテスは完成の域に達したのだが、それは自分が出くわすあらゆ 3
ることについて、理性以外のいかなるものにも注意を向けなかったからである。もし君がいまだソクラテスではないのであれば、少なくともソクラテスでありたいと願う人として生きるべきである。

五二

哲学における第一の、そして最も必要な領域は、哲学理論の実行に関わるものであり、 1
例えば、嘘をつかないというようなことである。第二の領域は、論証に関わるもので、例えば、なぜ嘘をつくべきではないかというようなことである。第三の領域は、これら二つを確証し、説明するものであり、例えば、なぜこれが論証であるのかとか、論証とは何であるのかとか、帰結とは何か、矛盾とは何か、真とは何か、偽とは何かといったことである。
それゆえ、第三の領域は第二の領域のために必要であり、第二の領域は第一の領域の 2
ために必要であるが、最も必要であり、そこに留まるべきものは、第一の領域である。

ところが、われわれは本末を転倒している。なぜなら、第三の領域で時間を浪費し、われわれの熱意のすべてはそれに向けられていて、第一の領域のことはまったくなおざりにしているからだ。そういうわけで、われわれは嘘をつくが、嘘をつくべきではないということの論証は自分のものにしているわけだ。

五三

1 あらゆる場合に、以下の言葉を自分のものにしておかねばならない。

われを導きたまえ、ゼウスよ、そして汝（なんじ）、運命よ
いずこなりとも汝らによって定められたところへ。
われは臆することなくそれにしたがうべし。よしやこれを欲せず
悪しき者になりはてるとも、これにしたがうほかはなし[38]。

2 必然の力にうまく譲歩する者はだれであれ、
われらの間では賢者であり、神的なことを知れる者なり[39]。

「いやクリトンよ、それが神々の御心にかなうのであれば、そうあってほしいものだ」 3

「アニュトスもメレトスも私を殺すことはできるが、害をあたえることはできないのだ[40]」 4

訳注

『語　録』第三巻

第一章

(1) レスリングとボクシングを合わせた競技。次に出てくる五種競技とは、走り幅跳び、徒競走、円盤投げ、やり投げ、レスリングを含むスポーツのこと。

(2) 原語はアレテーだが、ここではこの語が含む「優秀性、卓越性」の意味で用いられている。それぞれのものには、それが本来果たすべき働きがあって、それに応じて「徳」というものがあるということ。ここではプラトン『国家』第一巻におけるソクラテスの考察を踏まえている(三五三B—C参照)。

(3) エピクテトスのこのような反応から、青年が師の言葉にかなり激高したものと考えられる。

(4) アカデメイアの第四代学頭(前三五一頃—二七三/六九頃)。裕福な家庭に生まれ、若い頃は放蕩の限りを尽くしたが、ある日酒に酔ったまま、アカデメイアの学園に押しかけたところ、第三代学頭のクセノクラテスの講義に強い感銘を受け、改心して彼の弟子になった。

(5) 伝説上のテバイ王。アポロン神が「生まれてくる子によって命を落とすであろう」という神託を降ろしたので、女色を慎んでいたが、ある時酒に酔って妻と交わり、オイディプスが生まれる。赤児を山中に棄てさせたが、成人した子によって偶然殺される。ソポクレス『オイディプス王』に詳しい。

(6) デルポイのアポロン神殿の前に掲げられていたとされる。

(7) 原語はダイモニオン。「ダイモーンの」を意味する形容詞で、しばしばセーメイオンという語を補って「ダイモーンの声」を意味する。この語を指小辞(diminutive)として名詞的に解し、ダイモーンのような存在と考えることもできる。なお、ダイモーンはギリシアの古い時代には神と同義であったが、ソクラテスやプラトンの時代では、神と人間の中間的存在として、個人に関わりをもつ神霊として考えられた。後の時代にはいわゆる「デーモン」、すなわち悪霊の意味をもつようになるが、ここではそのような意味合いはない。

(8) プラトン『ソクラテスの弁明』(二八E)において、ソクラテスは知を愛し求めながら、自分や他人を吟味する仕事を神によってあたえられたと述べている。

(9) プラトン『ソクラテスの弁明』二九C―三〇Aからの自由な引用。種族が近いとは同じアテナイ人であるという意。

(10) 古代ローマの高官は紫の縁のついた衣服を着用する慣習があった。

(11) 哲学者はきまって鬚を生やし、襤褸の服を着ていた。「襤褸の服」と訳した原語はトリボーンで、擦り切れた外衣を意味する。

(12)「自然本性に一致して」生きることが、ストア哲学において理想とされた。『初期ストア派断片集』I一七九(Arnim)参照。

(13) 心像を用いる能力なら動物ももっている。人間は理性にしたがって心像を用いることができる。

(14) 当時のローマにおいて、脱毛は男性のおしゃれのひとつで、ウォルセッラ(volsella)と呼ばれる毛抜きで脱毛するサービスが、理髪店や公衆浴場でおこなわれていた。

(15) ペロポンネソス半島北東端にある都市。エピクテトスの対話の相手がコリントス出身の者だと考えられる。

(16) 地域監督官(アステュノモス)は、町の行政が潤滑におこなわれているかを監督する人びとのこと。

(17) オオガラス(κόραξ, Corvus corax)が占いによく用いられたことは、キケロ『占いについて』(第一巻三九)などによって知られる。

(18) ホメロス『オデュッセイア』第一巻三七―三九。引用中の「かの人」とはアガメムノン王で、その妻はクリュタイムネストラ。情夫のアイギストスは王を殺害し、妻を娶ったが、そのために王の子のオレステスに殺害されることになると、事前に神々によって告げられていた。その使者はヘルメイアス、すなわちヘルメスである。この神のエピセット(枕詞)ἀργειφόντης については諸説あるが、通常は「アルゴス殺し」の意味に解され、全身に目をもつ巨人アルゴスを殺害したことから付けられたと考えられている。

(19) 彼とは情夫のアイギストスのこと。写本を Αἰγίσθῳ(Bentley)に読み替える試みもあるが、文脈から明らかであろう。

(20) ホメロスにおける常套句を引用している。

(21) プラトン『アルキビアデス第一』一三一D。ただし、正確な引用ではない。

(22) エピクテトスはしばしば神のことを言うのに、このような表現を用いている(第一巻第二五章13、第三〇章1、第二巻第五章22など)。

第二章

(1) 第一巻第四章においても、人が訓練すべき三つの領域(トポス)が言及されていたが、本章においてこれについて徹底した論議がされる。

(2) 本書において何度も出てくるカテーコンという言葉であるが、文字通りには「ふさわしい行為」の意味で、人として当然なすべき行為のことである。

(3) 承認(シュンカタテシス)とは、現れてくる心像を精神が吟味したうえで、これを受け入れることを意味する。

(4) 三つの領域のうち第一の欲求と忌避に関する領域に相当する(第一巻第四章12参照)。

(5) 第一巻第七章1および同箇所の注(1)参照。

(6) 原語はアメタプトーシアー。第三の領域に至ってはじめて達することができる心の状態のこと(第三巻第二六章14参照)。

(7)　一ペーキュスは肘から中指の先までの長さで、約四五センチメートル。つまり、二センチメートル足らずの大きさから、九〇センチメートルくらいに大きくなるという意味。

(8)　キュニコス派のシノペのディオゲネス(前四一二頃—三二三)。

(9)　相手を侮辱するしぐさのひとつ。

(10)　タルソスのアンティパトロスは前二世紀のストア派。バビュロニアのディオゲネスの弟子で、師の死後、ストア派の第六代学頭になる。アルケデモスも同時代のタルソス出身のストア派で、ヘルクラネウム出土の『ストア派について』というパピュロス断片(四八)に名前があることから、この人もバビュロニアのディオゲネスの弟子であろうと推測されている。

(11)　ストア派の哲学者(年代不詳)。論理学に関連する資料にのみ名前が挙がっている。『初期ストア派断片集』Ⅲ(クリニス)一—五(Arnim)参照。

第三章

(1)　指導的部分(ヘーゲモニコン)はストア派の主要概念のひとつで、理性を指している。

(2)　ラテン語のコーンスル(consul)で、内政の最高責任者のこと。

第四章

(1)　ラテン語のプロクラートル(procurator)で、エペイロスなどの属州で行政長官(総督)を務めた。エペイロスはギリシア北西部の属州で中心都市はニコポリスで、エピクテトスの哲学学校があった。

(2) ゼウスは天空の神であるから、降雨は神の意志によって決まると考えられた。

(3) 喜劇役者の名前として挙がっているが、特に誰と特定される人物ではない。

(4) 古代ギリシアの四大祭典。ネメア競技祭はアルゴリス地方ネメアで、イストミア競技祭はコリントス地峡イストミアでそれぞれ二年に一度、ピュティア競技祭はデルポイで、オリュンピア競技祭はペロポンネソス半島北西のエリス地方オリュンピアでそれぞれ四年に一度開催された。

第五章

(1) 先取観念(プロレープシス)とは、物事についてあらかじめ心の中で形成されている観念を言う(第一巻第二章注(2)を参照)。

(2) ここでは人生が祭礼に喩えられている(第二巻第一四章23参照)。

(3) ἦ(Upton)と読む。すべての写本はἢと読んでいる。

(4) これと同じ文章は他には見出されないが、クセノポン『ソクラテス言行録(思い出)』(第一巻第六章八、一四)に近似した発言がある。

(5) プロタゴラスはトラキアの南海岸の都市アブデラ出身の高名のソフィスト(前四九〇頃―四二〇頃)。ヒッピアスはペロポンネソス半島北西の都市エリス出身のソフィスト(前五世紀後半)。ソクラテスが若者と連れ立ってこれらのソフィストたちを訪ねるくだりは、プラトンの対話篇『プロタゴラス』に出てくる。

第六章

（１）有力写本は ἢ γάρ とあるが、このままでは読めないので、καὶ γὰρ（Upton）の修正案を採用する。

（２）この後に写本には εἰ μὴ ὅπου κρείσσων なる言葉が続いているが、たいていの校訂本とともに削除して読む。

（３）写本に付された修正案（Sb）にしたがって、〈τὰ〉 κατὰ τὸν ἀγρὸν と補う。

（４）諺的な表現。ディオゲネス・ラエルティオス『ギリシア哲学者列伝』（第四巻四七）のビオンの略伝にも、若者を教育することの難しさを言うための喩えとして用いられている。

（５）ガイウス・ムソニウス・ルフス（三〇頃―一〇一頃）は北イタリアのウォルシニイ（現在のトスカーナ地方にあった）出身の哲学者、エピクテトスの哲学の師。

第七章

（１）後出のマクシムスという人物。総督（ディオルトテース、ラテン語の corrector）は属州における行政を監督するための役職であった。

（２）どのマクシムスかを特定するのは困難である。同時代には、トラヤヌス帝の対パルティア戦争に参加したアッピウス・マクシムス・サントラがいるが、エピクロス派であったかどうかは不明。

（3）ギリシア本土の北西部エペイロス地方の沖合にあるコルキュラ島の港。

（4）ギリシアでは冬の航海は危険を伴った。

（5）エピクロスによれば、不正行為はそれ自体としては悪ではなく、そのような不正行為を処罰する人にみつかりはしないかと恐れる気がかりの中に悪があるという（ディオゲネス・ラエルティオス『ギリシア哲学者列伝』第一〇巻一五一参照）。

（6）ストア派は賢人たちからなる都市国家を想定していたが、エピクロス派は「隠れて生きよ」という言葉があるように、政治的な活動をよしとせず、また、結婚を否認したとされる（ディオゲネス・ラエルティオス『ギリシア哲学者列伝』第一〇巻一一九参照）。ただし、ディオゲネス・ラエルティオスの当該箇所の読み方も含めて、エピクロス派を擁護する解釈もある。

（7）これらはエピクロス派を代表する見解である。なお、「私だってそうだよ。……政治的な活動もしてはならないのだ」を同一人が発した言葉とする解釈もある。

（8）この義務（カテーコンタ、文字通りにはふさわしい行為）の分類は導入がいささか唐突で、「優先されるもの（プロエーグーメナ）」について写本の欄外に記された注記ではないかという見方もある。いずれにしても、前の二つはものの素材と形状に関するもので、より重視されるのは三つ目の「優先されるもの」である。ストア派の用語である「優先されるもの」に関しては、『初期ストア派断片集』I 一九二、III 一二七（Arnim）参照。

（9）ラテン語の codicillus で、皇帝がみずから署名した親書を意味する。

（10）シュンポルスもヌメニウスもローマの高官であったと思われるが、詳細については不明。

（11）高官たちの寝室の前で眠ることで、翌朝に一番に伺候することができる。早朝の挨拶（いわゆる salutatio）は、権力者に近づくための有効な方法であった。

第八章

（1）ストア派の用語にしたがっている。心像（パンタシアー）とは魂に刻印されたもので、それには把握されうる（カタレープティケー）ものとそうでないものがあり、現実に存在するものの通りに刻印されれば、それは把握されうる心像となる（ディオゲネス・ラエルティオス『ギリシア哲学者列伝』第七巻四五－四六参照）。

（2）自殺の可能性を暗に述べている。次の「出ていく」は死ぬことを意味する。

（3）哲学者を嫌った大カトー（マルクス・ポルキウス・カトー・ケンソリウス）などの例が示すように、一般にローマ人は弁舌を弄（ろう）するよりも実践を好む根強い傾向があり、そのために哲学者たちは何度かローマを追放されており、エピクテトスもそのひとりであった。

（4）イタリクスは不詳の人物であるが、哲学についての一知半解の徒の例として挙げられている。

第九章

（1）写本の通り *τι δόγμα* と読む。

（2）クレタ島の北岸中央部に位置する主要都市。

（3）共同体の利益・権利を擁護、代弁する役職（プロスタテース、ラテン語の patronus に相当）。

(4) いずれにせよ、訴訟にはなんの役にも立たないという意味。

(5) 底本にしたがい、ἂν ἀλύητε (Kronenberg) と読む。

(6) ミュッラ(myrrha)すなわち没薬(もつやく)は、アフリカ産のムクロジ目カンラン科の樹木から採取される香りの高いゴム樹脂。

(7) 「嘘つきの論」「否定する人の論」は、ともにクリュシッポスが扱ったパラドックスであるが(ディオゲネス・ラエルティオス『ギリシア哲学者列伝』第七巻一九七参照)、その内容に関しては不明。

第一〇章

(1) 原語のアリストンは古い時代には朝食を意味したが、エピクテトスの頃は昼食の意味として用いられた。

(2) ピュタゴラスの作と伝えられる『黄金詩』(四〇―四四)からの引用であるが、現存する『黄金詩』(ヒエロクレス『黄金詩注解』所収のもの)と若干読み方が異なる。二行目は「三度反省するまでは」、四行目は「(その日の)最初の行為から始め」となっている。五行目のテキストは安定しておらず、写本の ῥέξας はこのままではヘクサメトロン(長短短六脚韻)の詩形に合わないので、底本は現存の『黄金詩』の読み ἐκπρήξας を採用している。ただし、どちらの読みでも意味に大差はない。

(3) パイアンはアポロン神の異称で「治癒する者」の意。病気の治癒を願っておまじないとしてその名が唱えられた。

(4) 底本にはしたがわず ἐπιμελεῖσθαι ⟨δεῖ⟩ の修正案(Upton)を採り、次も写本のまま εἴ τε καὶ を読む。

(5) 第三巻第一章注(1)参照。

(6) 死ぬことを意味する。

(7) 文字通りには、「眉を上げる」こと。

(8) 生命活動の中心は、身体ではなく魂にあると考えられていた。

第一一章

(1) いわゆる法律ではなく、神によって定められた法のこと(第二巻第一六章28参照)。

(2) ホメロス『オデュッセイア』第一四歌五六－五八。豚飼いのエウマイオスが物乞いの姿をしたオデュッセウスに語りかける言葉。「より悪しき」は「よりみすぼらしい」の意味であるが、エピクテトスの意図に合わせてこう訳しておく。

第一二章

(1) 文字通りには棗椰子(なつめやし)の木を立てることであるが、Schweighäuser が指摘するように、登り木を立てて手と足を使って登っていく競技のことで、その様子が棗椰子を登るのに似ていることからこの名があると思われる。ルキアノス『シュリアの女神について』(二九)にも言及がある。

(2) キュニコス派のディオゲネスが、雪をかぶった彫像を抱きかかえることで自分を鍛えたことを踏まえる(ディオゲネス・ラエルティオス『ギリシア哲学者列伝』第六巻二三参照)。

(3) 以下において、再び訓練のための三つの領域(トポス)の議論が展開される(第三巻第二章参照)。まず第一の領域である欲求と忌避に関して述べられる。

(4) 皮のテント、臼と杵については、詳細は不明であるが、同様に身体を鍛えるための道具への言及かと思われる。杵については、第三巻第二〇章10にも言及がある。

(5) 底本を含めたいていの校訂者とともに προσβήσῃ (Upton) と読む。写本は προσβήσῃ になっている。

(6) バブリオス(後二世紀)による『イソップ風寓話集』一九三(Crusius)に「二つの壺」が収録されている。こちらは土の壺と青銅の壺になっているが、土の壺は青銅の壺とぶつかると壊れてしまうように、弱者は強者によってその生活が破壊されることを喩える。本文もこれと同類の諺的表現かと思われる。

(7) 写本の読みが明瞭でないが、多くの校訂本とともに τόπος と読む。行末の語は写本では ἀσυμμετρίαν であるが、これでは意味が反対になるので、これも多くの校訂本にしたがい συμμετρίαν と読む。

(8) プラトン『ソクラテスの弁明』三八A(第一巻第二六章18、第三巻第二章5も参照されたい)。

(9) 四角形の札(ラテン語の tessera)で、陣営における指令の伝達や夜警での巡察の確認などに用いられた(ポリュビオス『歴史』第六巻三六に詳しい記述がある)。

(10) 不詳。新ピュタゴラス派のテュアナのアポロニオス(後一世紀)だとも言われるが、確かなことは分からない。

第一三章

(1) エクピュローシス。ストア派の思想で、世界は火から活動を始め、最後に万物を燃やし尽くす世界燃焼によって消滅し火に戻り、これを永遠に繰り返すというもの(『初期ストア派断片集』I一〇七―一〇九、II五九六―六三二(Arnim)参照)。

(2) 神話ではヘラはゼウスの正妻で、アテナとアポロンはゼウスの子である。

(3) トラヤヌス帝はダキア戦争(後一〇一―一〇二、一〇五―一〇六年)の後に、ローマの版図を広げ平和を実現した。

(4) もちろん、これは死を暗示している。

(5) ハデスはあの世を指す。次の三つはともにあの世を流れる河。アケロン河はエペイロス地方を流れる河であるが、黄泉の国に通じていると信じられ、あの世の河の名前になった。コキュトス河もアケロン河の支流として実際にあるが、「コキュトス(嘆き)」の意味からあの世の河になった。ピュリプレゲトン河(あるいはプレゲトン河)は「炎で燃えさかる河」の意味である。この他にステュクス河、レテ河(忘却の河)の五つの流れがあの世にあると信じられていた。

(6) ストア派はあの世に関する伝統的な信仰を受け入れていない。この点ではエピクロス派と同様である。ストア派の神観については、『初期ストア派断片集』I一五二―一七一、II一〇〇八一一〇五(Arnim)参照。「宇宙は生きており、ダイモーンで満ち満ちている」(ディオゲネス・ラエルティオス『ギリシア哲学者列伝』第一巻二七)はタレスに帰される言葉であるが、ストア派ではダイモーンは身体から遊離した魂のことで、善き魂は善きダイモーンに、悪しき魂は悪しきダイモーンになると考えられた(『初期ストア派断片集』Ⅱ一一〇一(Arnim))。

(7) 以下の段落は内容的にこれまでの議論と接続していない。おそらく別の談論がここに紛れ込んだものと思われる。

(8) 伝承された写本では文がつながらないので、ここに空隙があったと考えられる。

(9) 哲学に一知半解の徒が聴衆に唾を飛ばしながら講義するさまをからかっている。

第一四章

(1) すべての写本が καλοί(優れた)とある。多くの校訂本とともに κακοί(Wolf)と修正する。

(2) 哲学者はしばしば訓練のために水だけを飲む生活を送った。ここでは、いかにも自分が哲学者であるとみせかけることの愚を言っている。

(3) この前後も話が連続しておらず、別の談論であった可能性がある。

(4) 第三巻第三章注(2)参照。

(5) 護民官(ラテン語の tribunus plebis)は平民を保護する目的で創設されたローマの公職で、元老院議決に対する拒否権を有する力をもっていた。

第一五章

(1) 『要録』二九でも、ほぼ同じ内容の忠告が語られている。

(2) 原語の *παρορύσσεσθαι* は「お互いに掘る」の意であるが、パンクラティオン競技のさいに、親指で相手を突くことを言っていると考えられる(類例はディオゲネス・ラエルティオス『ギリシア哲学者列伝』第六巻二七にある)。ただし、相手の目を「掘る」ことは禁じ手であった。互いに穴を掘って身体に砂を塗りつけることという解釈もあるが、採らない。

(3) 競技者がお互いをつかみやすくするために体に振りかける砂。

(4) 後一世紀のストア派の哲学者で、おそらくムソニウス・ルフスの弟子のひとり。小プリニウスは『書簡集』(第一巻八)において言及している(『語録』第四巻第八章17も参照)。なお、『要録』二九・4にもよく似た箇所があるが、そこではソクラテスになっている。

(5) 「一般の人」と訳したのはギリシア語のイディオーテースで、公人に対する私人を意味する語であるが、エピクテトスはしばしば哲学者と対比させ、哲学理論を知らない素人の意味で用いている。

(6) セルウィウス・スルピキウス・ガルバは、ネロが自害した後を受けてローマ皇帝に即位するが、わずか数ヵ月で暗殺された(後六九年一月一五日)。

(7) 最後の三行は前の議論と連続していないので、別の議論が紛れ込んだものと思われる。

第一六章

（1）剣闘士の例は何度か出てくるが、ローマの祭礼のおりに、果し合いを見世物にしている剣士のこと。

（2）当時は蠟を塗った書板がノートとして用いられた。

（3）原語はラテン語の circus に相当するもので、楕円形の競走路を指し、戦車競走などがおこなわれた。

第一七章

（1）ピロストルゴスについては不詳であるが、次に出ているスラにおべっかを使っている人物のひとりであろう。スラはドミティアヌス帝に仕えたパルフリウス・スラのことかと思われる（スエトニウス『ローマ皇帝伝』「ドミティアヌス伝」一三参照）。

（2）エピクテトスの対話の相手が非難した不正な人物のこと。

（3）写本に空隙があり、前後の議論が連続していない。底本にしたがって、*τί ἔστι τοῦτο; ὁ πατήρ μοι οὐδὲν δίδωσιν.* (Wolf) を補い、続いて写本の *αὐτῷ* を *αὐτόν σε* (Schenkl) に読み替える。

第一八章

（1）前三九九年ソクラテスは不敬罪、すなわち国家が崇拝する神々を敬わなかったという罪で告訴され、有罪の判決が下った（プラトン『ソクラテスの弁明』に詳しい）。

第一九章

(1) 子守役の召使い(身分は奴隷である)に話しかけている。

第二〇章

(1) 原語は θεωρητικῶν φαντασιῶν で、意味は明瞭ではないが、ストア派は心像を二種類に分け、対象を把握されうる心像(すなわち、実在との対応をもつ心像)とそうでない心像を考えるから(第三巻第八章注(1)参照)、前者の意味であると考えられる。

(2) 諸家とともに πηρώσεως と読む。有力写本は πληρώσεως(充足)とある。

(3) 伝説上におけるテバイのクレオン王の息子。テバイ攻めの七将が攻め寄せたとき、予言者テイレシアスが「スパルトイの末裔(テバイ人)である男子が犠牲にならないかぎりテバイは敗れるであろう」と告げたため、みずから城壁から身を投げて死んだ。

(4) 「死んでしまえ」という皮肉な回答。なお、写本には ὠφεληθείη の後に ἤ があるが、削除して読む。

(5) ペライ市の創建者ペレスのこと。息子のアドメトスに死期が近づいたとき、身代わりになって死ぬ者があれば生きながらえる、という託宣をアポロン神が下したとき、ペレスはこれを拒んだ。そのため、アドメトスの妻のアルケスティスが代わりとなって死を選んだ(エウリピデス『アルケスティス』に詳しい)。

（6）杵については、第三巻第一二章9にも言及がある。

（7）神話で神々の伝令使の役をしたのがヘルメスであるが、この神は柄に二匹の蛇が巻きついた杖を所持していた。本文では「小さな杖」とあるが、別名ケーリュケイオン（ラテン語で caduceus）とも言い、伝令使の（転じて、商業の）杖として用いられるものであったが、後代では占星術や錬金術の流行のなかで、魔法の杖の意味をも表すようになった。本文では後者の意味だと考えられる。

（8）レスビウスについては、エピクテトスの批判者として聴講する人びとには既知の人物のようだが、なにも分からない。

第二一章

（1）*ἀπὸ λιμένος* の修正案（Wolf）で読む。写本は *ἀπὸ λιπομένος* となっている。

（2）穀物と大地の生産を司る女神。

（3）次に出てくるエレウシスの秘儀（ミュステーリア）を指す。次注を参照。

（4）エレウシスはアテナイの北西一八キロメートルにあり、デメテル崇拝の中心地であった。女神と娘コレ（ペルセポネ）を祭る神殿があり、密儀宗教であるエレウシスの秘儀がとりおこなわれた。入信者は死後の冥福が約束されたため、ギリシア全土から参集したが、儀式の内容を口外してはならないとされたので、詳細は不明である。

（5）ヒエロパンテース。エウモルピダイ氏族が世襲していたエレウシスの最高神官職。

(6) 原語はケーリュクスで伝令使のことだが、文脈からエレウシスのヒエロケーリュクス(入信者のための伝令使)を言っているものと思われる。

(7) エレウシスの秘儀で松明をもつ神官のこと。エレウシスの秘儀を執りおこなうさいの役割には、以上の三つのほかに「祭壇を司る係」があった。

(8) 訳文では省いたが、文の主語 *ταῦτα*(これらのことが)は秘儀でおこなわれる事柄を指す。原文を *ταὐτὰ*(Oldfather)に修正して、「同じことが」と読む案もあるが、文意は明らかであろう。

(9) キュニコス派のシノペのディオゲネス。次章に詳しい記述がある。

(10) ゼノン(前三三四頃―二六二頃)は、キプロス島キティオン出身の哲学者でストア派の創始者。

第二二章

(1) キュニコス派はシノペのディオゲネス(アンティステネスとも)を祖とするヘレニズム時代の哲学派。キュニコスとは「犬のような」の意で、自然にしたがい虚飾を嫌う生活を送った。本書での記述は、エピクテトスによっていささか理想化されている。

(2) イリオン(イリオス)はトロイアの別名。アガメムノンはトロイア戦争においてギリシア軍を指揮した。この戦争において、アキレウスはヘクトルと一騎打ちをして倒した。

(3) トロイア戦争に参加したギリシア軍の中で最も醜悪な人物。武将たちに悪態をつく横柄な性格として描かれている。

(4) *καὶ σὺ βούλευσαι*(Upton)と読む。写本は *καὶ συμβουλεῦσαι* となっている。

（5）キュニコス的な生き方を指す。

（6）シノペのディオゲネスをはじめ、キュニコス派の哲学者はみんなこれを着ていた。原語はトリボーン（ぼろぼろの外衣）の縮小辞。

（7）これもキュニコス派の哲学者が所持していたもの。原語はペーラー（ずだ袋）の縮小辞。

（8）高位にある人びとが身にまとう衣服。

（9）いずれも欲求の対象として考えられている。

（10）ἐκτός（Wolf）と読む。写本は ἐντός（内部の）になっている。

（11）ソクラテスのような人間が想定されている。

（12）写本の読みは καί であるが、κατά（Schweighäuser）の修正案で読む。

（13）カイロネイアの戦いは、前三三八年八月二日ピリッポス二世（前三八二―三三六）率いるマケドニア軍とアテナイ・テバイ連合軍がボイオティアのカイロネイア近郊で交えた戦争で、マケドニア軍の勝利に終わった。戦いの後、ピリッポスの前に連れていかれたキュニコス派のディオゲネスは、「お前は何者か」と問う王に対して「あなたの飽くなき欲望を探る密偵だ」と答えたと言われる（ディオゲネス・ラエルティオス『ギリシア哲学者列伝』第六巻四三。プルタルコス『追放について』六〇六Cにも同様の記事がある）。

（14）プラトン『クレイトポン』（四〇七A）において、悲劇の舞台に出てくる機械仕掛けの神（すなわち、クレーンのような舞台装置に乗って登場する神のこと）のように、ソクラテスが聴衆に語りかける場面が設定されている。以下の引用の冒頭の言葉は、プラトンの同箇所にもみられる。

(15) ミュロンもオペリオス(オフェリウス)も、文脈から体育競技者か剣闘士で悲惨な最期を遂げた人物かと思われるが、詳らかでない。ミュロン(Μύρων)は、第一巻第二章37で言及された体育競技者ミロン(Μίλων)の誤記であるかもしれない。

(16) 第一巻第二章37でも言及されたリュディア王のクロイソスは、在世中は栄華を誇ったが、最後はキュロス率いるペルシア軍に滅ぼされた(ヘロドトス『歴史』第一巻七一以下に詳しい)。

(17) 暴君で知られたネロ(ネロ・クラウディウス・カエサル・アウグストゥス・ゲルマニクス)はローマ帝国の第五代皇帝(在位五四―六八)で、本書で何度か言及されている。サルダナパロス(前九世紀頃)はなかば伝説上のアッシリア王で、贅沢な暮らしぶりで知られ、女装を好んで女官や宦官たちに交じってあらゆる快楽を追求したと言われる。

(18) ホメロス『イリアス』第一〇歌一五。アカイア(ギリシア)兵が眠りについているときに、ひとりアガメムノンだけは不安にかられ眠ることができなかった。続く引用も、その描写の一部である。

(19) ホメロス『イリアス』第一〇歌九一。

(20) ホメロス『イリアス』第一〇歌九四―九五。

(21) 以下はアガメムノンとエピクテトスとの間の仮想問答。

(22) ホメロス『イリアス』第一〇歌三一五にある表現。

(23) 死は身体と魂の分離であるとは、プラトン以来の哲学にしばしばみられる思想である(プラトン『パイドン』六四Cなど)。

(24)「ドアは開いている」は、本書にしばしば出てくる自殺を暗示する言葉。
(25)権威の象徴としてゼウスからあたえられた笏。
(26)王が本来あるべき王であるかぎり不幸ではない。不幸な王は本来あるべき王ではない、という意味。
(27)アガメムノンの弟メネラオスの妻ヘレネが、トロイアの王子アレクサンドロス(パリス)に奪われたことが、トロイア戦争の原因となった。
(28)本章24参照。哲学者は人間にとって何が善であり、何が悪であるかを探るために神から送られた密偵であると考えられている。
(29)ここでアガメムノンとの仮想問答を離れ、話題がキュニコス的な生き方に移っていく。
(30)シノペのディオゲネスのようなキュニコスの徒。
(31)ディオゲネス・ラエルティオス『ギリシア哲学者列伝』第六巻三八参照。
(32)ディオゲネスは奴隷に売られたとき、「お前はどんな仕事ができるのか」と尋ねられて「人間を支配することだ」と答え、売買の案内役に「だれか自分のために主人を必要としている者はいないか、と触れまわってくれ」と言ったという(ディオゲネス・ラエルティオス『ギリシア哲学者列伝』第六巻二九)。
(33)当時の通俗的なキュニコスの徒の姿。大きな顎は他人の食卓でがつがつ喰らうことを皮肉っている(アテナイオス『食卓の賢人たち』第三巻一一三f参照)。
(34)ラケダイモンはスパルタのこと。ニコポリスはギリシア北西部エペイロス地方の都市で、エピクテトスは後五九年頃ローマを追われこの地に着くと、そこに哲学学校を開設した。

(35) 写本の読みは「(競技祭から)出ていく」(ἐξελθόντα)であるが、Schweighäuser が支持する εἰσελθόντα (Meibom)を読む。

(36) オリュンピア競技に参加する者の労苦については、第三巻第一五章でも触れられている。

(37) ダイモーンは個人の運命を司る守護霊のこと。ダイモーンのしるし(τὸ δαιμόνιον)とは、ダイモーンが個人に示す合図の意で、ソクラテスが自分の生涯の間にしばしば生じたと言っている「ダイモーンの声」が有名である。

(38) 執政官格総督(ラテン語の proconsul)は執政官代理の意味で、ローマの属州を監督する。

(39) ヘラクレスはギリシア神話中で最大の英雄。誤って妻子と弟の子を殺害し、罪を浄めるためにデルポイに赴き、その神託にしたがってティリュンスの王エウリュステウスのもとで一二の難業に耐えたという。

(40) もちろん携えている杖を王笏にみたてたうえでのことだが、ディオゲネスの真の後継者であるという意味。偽ディオゲネス『書簡』一九、ユリアノス『弁論集』六、一八一Bにも同様の表現がみられる。

(41) 文字通りには競技者の落命と戦いだが、写本の ὄλεθρον を ὀλέθρων (Blass)と読み替えて「つまらぬ競技者たちのはたし合い」と読む案もあるが、採らない。

(42) 聖ヒエロニュムス『ヨウィニアヌス反論』二・一四にも類似の挿話がある。

(43) 「ペルシア大王の幸福」はよく用いられた表現で、現生における最高の幸福を意味する。

(44) 本章冒頭に出てきたキュニコス的な生き方に心惹かれる青年のこと。

(45) ソクラテスの弟子。第一巻第一七章12および同箇所の注(5)参照。

(46) クラテス(前三六五頃―二八五頃)はテバイ出身のキュニコス派の哲学者。裕福な家柄の出身であったが、ディオゲネスの清貧の生き方をみて彼の弟子になる。後年、ストア派の祖のキティオンのゼノンがクラテスに師事して哲学の道に入った。

(47) 写本は命令法(*ἐνθυμήθητε*)になっているが、*ἐνθυμηθῇς*(Reiske)の修正案で読む。

(48) ストア派は一般に結婚や子づくりを奨励しており、この点ではエピクロス派と対照的である(第一巻第二三章参照)。

(49) 賢者の国はストア派が構想した理想国家で、そのような国家が実現するのであれば、わざわざキュニコス的生活に入る必要もないということ。

(50) ここでキュニコスの徒を王者にみたてる。私事に関わらずにはおれない者が、なお王者たりえるだろうか、という意味。

(51) ホメロス『イリアス』第二歌二五。アガメムノン王について語られた言葉。

(52) *πινακίδια ἔχοντα, γραφεῖα* [*τιλλάρια*]と読む(Billerbeck)。写本の *τιλλάρια* はおそらく *τιτλάρια*(du Cange)が正しい読みであろうが、*πινακίδια* と同様に小さな書板を意味すると考えられる(古辞書の『スーダ』は両者を同義とみなしている)。*γραφεῖα* はラテン語の stilus と同じもので、(蠟を塗った書板に書き込む)尖筆、鉄筆のこと。

(53) 当時はさまざまな理由から捨て子をする習慣があった。

(54) クラテスは同じくキュニコスの徒となるヒッパルキアを妻としていた(ディオゲネス・ラエルティオス『ギリシア哲学者列伝』第六巻九六に詳しい)。次文にある「もうひとりのクラテス」とは彼女もまたキュニコスの徒であったという意味。

(55) 原文の *κακόρυγχα* は文字通りには「醜い鼻面の」の意。

(56) エパミノンダス(エパメイノンダス)(前四二〇頃—三六二)はテバイの名将、レウクトラの戦い(前三七一年)、マンティネイアの戦い(前三六二年)でスパルタ軍を破ったが、清貧に甘んじ、生涯独身であった。

(57) 三人ともホメロスの作品中に登場する。プリアモスはトロイア戦争時のトロイア王で、五〇人の子がいた。ダナオスはホメロス作品中でギリシア人の総称であるダナオイ人の名祖になった人物で、五〇人の娘がいた。アイオロスは風を岩窟に閉じ込めて、意のままにあやつる力をゼウス神からあたえられたとされる人物で、六人の息子と六人の娘がいた。いずれも子沢山の例として挙げられている。

(58) それぞれエパミノンダスとホメロスのことを言っている。

(59) テオプラストスの弟子であったメトロクレスが、弁論の稽古中におならをしてしまい、すっかり気落ちしていたときに、キュニコス派のクラテスがやって来て、それがごく自然なことであることを示すために、自分からおならをしてみせた。それ以来、メトロクレスはクラテスの弟子になった。エピクテトスの言及はこの逸話を踏まえたものと思われる。

(60) ホメロス『イリアス』第二二歌六九にみられる表現。なお、エピクテトスはここで当時街を徘徊していたキュニコスの徒を、ディオゲネスやクラテスなどの古代のキュニコス派と明確に区別している。

(61) ストア派は国政に参加することを拒むことはないが(『初期ストア派断片集』Ⅲ六九四―六九八)、キュニコスの徒は政治参加に消極的であると考えられている。エピクテトスはこれに答えるが、ここでも初期のキュニコス派を理想化して考えている。

(62) 宇宙規模の国家を指している(本章4参照)。

(63) 文字通りには鼻水の意であるが、ここでは頭が鈍いことを言う。

(64) ディオゲネス・ラエルティオス『ギリシア哲学者列伝』第六巻四二参照。

(65) アレクサンドロス大王とディオゲネスとの会見模様としては、何か必要なものはないかと尋ねる大王に対して、日向ぼっこの邪魔をしてくれるなと言ったという話が有名であるが(ディオゲネス・ラエルティオス『ギリシア哲学者列伝』第六巻三八参照)、本文にあるようなエピソードについては、アレクサンドリアのソフィストであるアエリオス・テオン(後一世紀後半)が弁論の練習用に編んだ『プロギュムナスマタ』(五)にも同じ記事がみられる。なお、アレクサンドロスとディオゲネスの言葉はそれぞれホメロス『イリアス』第二歌二四―二五からの引用。

(66) 初期ストア派第二代学頭クレアンテスの詩の一部。なお、次のソクラテスの言葉とともに、『要録』五三において言及されている。

(67) プラトン『クリトン』四三D参照。

(68) この蜜蜂は働き蜂のことを言っている。生殖のみに関係する雄蜂たちは、やがて働き蜂たちによって殺される(アリストテレス『動物誌』第九巻第四〇章六二五a一五参照)。

(69) ディオゲネスが忍耐強かったことについては、ディオゲネス・ラエルティオス『ギリシア哲学者列伝』第六巻二、七、二三、三四に記載がある。

(70) 神話で百の目をもつと言われた巨人。

(71) マルクス・アウレリウス『自省録』(第一一巻三六)で引用されている。

(72) ホメロス『イリアス』第六歌四九二—四九三。ヘクトルとアンドロマケの別れの場面で、涙を流す妻に優しく語りかけた言葉。

第二三章

(1) 本章は、哲学者を自認する人に対して、ソフィストに類する活動と真の哲学者との違いについて述べる。章題の「演示」の意味については、アリストテレス『弁論術』第一巻第三章一三五八b六以下を参照。アリストテレスによれば、弁論の種類には三つあり、議会の参加者を対象におこなう審議的弁論(シュンブーレウティコン)、裁判員を対象におこなう法廷弁論(ディカニコン)、観客を対象におこなう演示的弁論(エピデイクティコン)である。演示的弁論はソフィストが得意とするもので、賞賛・非難が是非の決め手となる。

(2) 写本の読みが混乱しているが、底本にしたがって *εἰ καὶ ἐπιεικῶς, ἢ βλαπτικῶς ὡς θηρίον* と読む。

(3) パーンはアルカディアの牧神で、上半身は毛深い人間の姿で角を生やし、下半身はヤギの姿をしていた。真昼に木陰で眠り、これを妨げる者を恐怖に陥れた（パニックの語源）。ニュンフ（ギリシア語ではニュンペー）は山川草木にあるあらゆるものが擬神化されたもので、若く美しい女性たちの姿で表象される。彼女らは不死ではないが、非常に長寿であったとされる。

（4）エピクテトスが生きた時代は、いわゆる第二次ソフィスト運動が盛んな頃で（第一次は言うまでもなくソクラテスの時代）、ソフィストたちの間で絵画の主題を言葉で表現する（エクプラシス＝図像化）ことがよくおこなわれた。パーン、ニュンフ（11）、アキレウスの死（35）、ペルシア戦争（38）などが図像の例に取り上げられているが、これとソクラテス（21、25）、ルフス（29）の真の哲学者の態度とが比較される。

（5）ディオン・クリュソストモス（後四〇頃―一一二頃）は、小アジアのプルサ出身の弁論家。クリュソストモスとは「黄金の口」の意の、優れた弁論を称えた渾名であるが、いくつかの作品が現存する。

（6）諺的な表現。ギリシア神話にアンピオンとゼトスの双生児によるテバイ市建設の話がある。音楽に優れたアンピオンが竪琴をかなでると、石がそれに応じてひとりでに動き出し、城壁を築いたと言われる。美しいものはあらゆるものを感動させる、という意で用いられている。

（7）リュシアス（前四五九／四五頃―三八〇／七八頃）もイソクラテス（前四三六―三三八）もギリシアの著名な弁論家で、アッティカ十大弁論家に数えあげられる。

（8）クセノポン『ソクラテス言行録（思い出）』の冒頭の言葉。議論は複数形（λόγοις）よりも単数形（λόγῳ）がよいという意味。ここでは哲学者の言葉の真意を汲みとるよりも、弁論家のように修辞表現に気をとられる例として挙げられている。

(9) プラトン『ソクラテスの弁明』三〇C。現行のテキストと少し異なる。第一巻第二九章18、第二巻第二章15、『要録』五三でも引用されていて、エピクテトスのお気に入りの言葉である。

(10) プラトン『クリトン』四六Bにあるソクラテスの言葉。

(11) ソクラテスが若者たちをプロタゴラスやヒッピアスのような当時著名なソフィストのところに連れていったことは、プラトン『プロタゴラス』(三一一A、三一四E以下)などから分かる。

(12) ローマの富者が文人たちを自宅に招くことはよくあった。クァドラトゥス(不詳)はそうした富者のひとりと目されるので、もちろん時代が合わない想定である。

(13) プラトン『ソクラテスの弁明』一七C。ソクラテスは裁判で弁明を始めるにあたって、美辞麗句で飾られた言葉ではなく、あり合わせの言葉で話をしたいと述べている。

(14) ストア派の自然学では、太陽はその養分を大海から得ていると考えられていた(ディオゲネス・ラエルティオス『ギリシア哲学者列伝』第七巻一四五参照)。

(15) エピクテトスはムソニウス・ルフスから哲学を学んでいる。その時期については本書上巻「解説」を参照。

(16) 瘻管(fistula)とは、炎症性の疾患によって体内にできる管状のものを言う。

(17) ここでは議論の三つの様式について述べている。勧告的な議論(プロトレプティコス)、論駁的な議論(エレンコス)、教示的な議論(ディダスカリコス)の三つである。これらが哲学の正当な議論の方法であるが、第四の演示的な議論(エピデイクティコス)はソフィスト流の弁論の様式でしかない。

第二四章

(1) かなり唐突な導入であるが、人との別れのような外的な出来事で、人は悲しみ、あるいは喜ぶことがあり、それが幸不幸に関係するのではないかという疑問である。
(2) 以下に語られるのはストア派の基本思想である。
(3) 世界国家(コスモポリス)のこと(第二巻第五章26、第一五章10参照)。
(4) ホメロス『オデュッセイア』第一歌三。
(5) ホメロス『オデュッセイア』第一七歌四八七。ただし、この言葉はホメロスでは神々について用いられている。
(6) ホメロス『オデュッセイア』第五歌八二参照。
(7) 底本にしたがって *ἡγεμονίδι*(Kronenberg)を読む。
(8) 底本にしたがって〈*εἰς*〉を補う(Capps)。
(9) ローマの市民権を不正に横領した者は斬首刑に処せられた(スエトニウス『ローマ皇帝伝』「クラウディウス伝」二五参照)。
(10) 野生のレタスで、地中海域で豊富に採れる越年生の植物。
(11) オボロスはギリシアの貨幣単位で少額の硬貨。タラントンは三万六〇〇〇オボロスにあたる。
(12) 一般的な名前として挙げたにすぎない(第一巻第一二章13参照)。

(13)　愛情の深さ(ピロストロギアー)とは、次のソクラテスの例にあるように、とくに家族に対する愛情が深いことを言う。

(14)　アテナイの法廷では、まず有罪か無罪かについて決めるために弁明がおこなわれる。有罪が確定すると、ソクラテス裁判のような不敬神の罪に関する場合は、さらに量刑を決めるために、原告被告双方の弁論がおこなわれた。ソクラテスが申し出たのは、迎賓館における食事であった(プラトン『ソクラテスの弁明』三六B以下参照)。

(15)　ソクラテスは弁明の中で、三度の従軍において指揮官にしたがって死の危険をおかしたこと(プラトン『ソクラテスの弁明』二八D―E)、評議員を務めたさいには海戦で漂流者を救出しなかった一〇人の将軍を違法に裁判にかけようとした人びとにひとり反対したこと(同、三二B)を述べている。

(16)　キュニコス派のシノペのディオゲネスは、アイギナ(アテナイ南方の島)へ航海する途中で、海賊に襲われた。クレタ島で奴隷として売られるはめになったが、ちょうどその時コリントス出身のクセニアデスという人物がディオゲネスを買い取ったため、以後はコリントスで暮らすようになった(ディオゲネス・ラエルティオス『ギリシア哲学者列伝』第六巻七四参照)。

(17)　テッサリアの最北部、マケドニアとの境界地帯をなす山岳地域。ディオゲネスとの関係については詳らかでない。

(18)　ディオゲネスとアンティステネスとの出会いについては、ディオゲネス・ラエルティオス『ギリシア哲学者列伝』第六巻二一参照。両者の邂逅の史実性を疑う解釈もある。続くディオゲネスとの問答も、仮想的なものである。

(19) ピリッポス二世、アレクサンドロス三世（大王）（前三五六―三二三）、ペルディッカス（前三六〇頃―三二一）は、いずれもマケドニア王家に属する人びと。ペルディッカスはアレクサンドロスの臨終に際して玉璽を委ねられた人物。

(20) 自分の舌を嚙み切って僭主に吐きかけた哲学者の例は、エレアのゼノンやアブデラのアナクサルコス（前三八〇頃―三二〇頃）にみられる（ディオゲネス・ラエルティオス『ギリシア哲学者列伝』第九巻二七、五九参照）。

(21) アテナイの外港。アテナイとの間を結ぶ二重の長壁が築かれていた。

(22) 裁判官の前で、ある人の身分を奴隷もしくは自由人だと宣言する人（ラテン語の assertor）。

(23) アテナイの東方、イリソス河の近くにあった聖林で、体育場や庭園があり、アテナイ市民にも親しまれた場所。

(24) 以下は自分が愛するものが失われるような場合に、人はどんな態度をとるべきかについて語られる。

(25) 底本にしたがって、*τί πῇ μοι*（Wolf）の修正案で読む。

(26) 将軍が勝利を祝う凱旋式で、増長して神々の怒りを買わないように、後ろに奴隷を立たせ、死すべき身であることをつぶやかせるという風習があった。テルトゥリアヌス『アポロギア』三三・四参照。

(27) マルクス・アウレリウス『自省録』第一一巻三三にこの箇所への言及がある。

(28) マルクス・アウレリウス『自省録』第一一巻三四参照。
(29) マルクス・アウレリウス『自省録』第一一巻三五参照。
(30) 「むしろ、君は……ほかのものとして存在するだろう」(G. Long)と読む案もあるが、採らない。
(31) 以下は、知徳をそなえた人(真の哲学者)と神との仮想問答である。
(32) プラトン『ソクラテスの弁明』二八D―二九Aへの言及。
(33) ギュアラ島はエーゲ海南方にある島で、当時は罪人の流刑地(第一巻第二五章19および同箇所の注(11)参照)。
(34) アナクサゴラスに、あるいはソロンやクセノポンに帰せられる言葉で(ディオゲネス・ラエルティオス『ギリシア哲学者列伝』第二巻一三)、ヘレニズム時代、ローマ時代には人口に膾炙していた(キケロ『トゥスクルム荘対談集』第三巻一三・二八参照)。
(35) 写本の *ὀπτικίοις* を *ὀπφικίοις*(Coraes)と読む。原文の *ὀρδινατίων* も *ὀπφικίοις* も見慣れない語であるが、ordinatio と officia のラテン語をギリシア語に文字化したものと考えられる。
(36) ローマのカピトリウム丘に建つユピテルの神殿。執政官以下の政務官たちが、就任にあたってここで犠牲式をおこなった。

第二五章

(1) 原語は *περίοδος*(周期)だが、ピュティア、イストミア、ネメア、オリュンピアの競技祭が周期的に開かれたことからこの名がある。

(2) 古代ギリシア人は好んでウズラを闘わせた。外に追い出されると負けになる。

第二六章

(1) あの世を指している。

(2) 多くの校訂本とともに ἢ πλούσιοι μὲν ἦσαν (Schweighäuser et Schenkl) を補う。

(3) τίνα ⟨δ'⟩ ἐπὶ (Schweighäuser) と補って読む。

(4) 写本の ἀποτευκτικὴν (得そこなう) は忌避とは合わない。Reiske 案にしたがった底本の περιπτωτικὴν (避けそこなう) を採用する。

(5) いわゆるコーニスで、建物の最上部をなす突起物。これを造る前に、まず基礎となる壁がなければならないの意(プラトン『国家』五三四E参照)。なお、テキストが安定しないが、τειχίον を τειχίῳ (写本上の修正案Sb)に、行末の αὐτὸ αὐτοῦ を αὐτόν (Schenkl) に修正して読む。

(6) さして重要でないものを指している。

(7) ストア派のクレアンテスは、井戸から水を汲み上げる仕事を生業(なりわい)としていた(ディオゲネス・ラエルティオス『ギリシア哲学者列伝』第七巻一六八参照)。

(8) 善き人には生前も死後も悪いことはひとつもなく、神々が彼らのことを配慮しているというのは、ソクラテスが裁判において語った言葉で、エピクテトスはこれを念頭に置いていると考えられる(プラトン『ソクラテスの弁明』四一D)。

(9) 死を意味する（第一巻第九章16参照）。

(10) 第一巻第一六章15参照。

(11) 英雄ヘラクレスは、ゼウスとミュケナイ王の娘アルクメネの子であった。アルクメネには夫アンピトリュオンがいたが、ゼウスが彼女を見初めて、夫の姿に身を変じて交わった。彼女がゼウスの子を孕むと、ゼウスはアルゴスとミュケナイの王が生まれようとしていると告げる。アルクメネとの仲を嫉妬したゼウスの后ヘラが、お産の女神に命じて出産を遅らせ、まだ七ヵ月であったエウリュステウスを先に生まれさせたので、ヘラクレスではなくエウリュステウスがアルゴスとミュケナイの王になる結果になった。

(12) ヘラクレスのいわゆる一二の難業を指す。

(13) オデュッセウスは漂流の後、パイエケス人の国に流れ着き、そこで王女ナウシカアら乙女たちと出会う（ホメロス『オデュッセイア』第六歌冒頭参照）。

(14) ホメロス『オデュッセイア』第六歌一三〇。

(15) 写本はこのままでは読めない。*ἐν ἐπιτηδείῳ* ⟨*οὐ*⟩ *νοσήσεις;* (Schenkl)と否定の語を補って読む。

(16) 謎のような言葉だが、ストア派の創始者ゼノンが病気のとき、特別扱いの治療をせずに、「マネスと同じような治療をしてくれ」と言ったことを踏まえる（ムソニウス・ルフス「断片」一八A＝『初期ストア派断片集』I二八七（Arnim））。マネスは奴隷によくある名前。エピクテトスがこのように言っているのは、身分が奴隷であってもなくても、病気をしたら変わるところはないだろうという意味である。

『語録』第四巻

第一章

(1) ニコポリス市民としての自立は、ローマ皇帝の臣下であることを前提にしているという皮肉。

(2) メナンドロスの失われた作品『ミースーメノス(憎まれ者)』の登場人物。主人公の傭兵トラソニデスは、キュプロス島から戦争捕虜としてアテナイに連れ帰った少女に好意を抱いているが、少女は傭兵の戦利品の中に兄が持っていた剣をみつけ、兄はこの傭兵に殺されたと思っていて、彼を憎んでいる。その後、少女の父親がアテナイにやって来て、傭兵の家の隣に逗留する。そして、傭兵が持っていた剣の存在がきっかけとなって、父娘が再会し、傭兵に対する嫌疑も晴れて、二人はめでたく結婚する。なお、ゲタスはトラソニデスが所有する奴隷。

(3) トラソニデスが戦争捕虜として連れ帰った少女。

(4) 最後の部分は写本のままでは判読できない。ἀπομαθὼν οὗτος ἐλευθερίαν ἂν εἶχε (Schenkl) の修正案で読んでおく。

(5) キュニコス派のシノペのディオゲネス。ヘレニズム時代にディオゲネスの偽書簡が多く書かれたが、その一部を引用したものと考えられる。

(6) これはディオゲネスとペルシア大王との仮想問答。

(7) ローマにおける奴隷解放の儀式では、そのさいに二十分の一税(奴隷の価値に対する五パーセント)が課せられた。

(8) ローマでは金の指輪があれば騎士階級に入ることができた。

(9) ユリウス・カエサルの法(前四四年)によれば、元老院議員に選ばれるためには、騎兵なら三度、歩兵なら六度出征した経験がなければならなかった(第二巻第一四章17および同箇所の注(5)参照)。

(10) 原文は一二本の棍棒の意だが、ローマのファスケス(fasces)——「束」を意味するラテン語fascisの複数形——を指す。ファスケスとは斧の周囲に一〇本程度の木の束を巻きつけたもので、権力の象徴として用いられ、執政官はこれに先導される特権を有した。

(11) 第一巻第二章18および同箇所の注(6)参照。

(12) サトゥルナリア祭はローマの祭礼で、一二月一七日から一週間にわたって開かれ、その間は奴隷も自由人と同等とみなされた(第一巻第二五章8および同箇所の注(4)参照)。

(13) 「したがって、この人は神的なものである」という間違った帰結が生じるということ。この推論の誤りは、小前提で「最大の益をもたらす権限を有するもの」をある特定の人間に帰属させたところにある。

(14) 写本の οὐκοῦν のままで読む。底本は οὐκ οὖν (Elter)の修正案(「そんなことであれば、君は恐怖や心配を免れることはないだろう」)を読んでいるが、採らない。

(15) 苦痛は恐怖を抱いている事柄が現在したときに生じるが、恐怖を免れることができれば、苦痛に対してもなんの関わりもないだろうという意。なお、伝承写本のカンマの位置を変えて、ὧν γὰρ προσδοκωμένων φόβος, γίνεται καὶ λύπη παρόντων (Capps)と読む。

(16) 都市(ポリス)の中の小高い丘に築かれたアクロポリスのことで、神殿が置かれ、宗教的、軍事的中核となっていた。

(17) Schweighäuser の解釈にしたがって読む。原語は「城をめぐらす」の意だが、文脈からこのように解する。

(18) ダイモーンについては第三巻第一章注(7)参照。

(19) 奴隷解放の儀式の一部として、奴隷は自分の解放者を差し出さねばならなかった。

(20) シノペのディオゲネスがアンティステネスの弟子になり、キュニコス的な生きかたを始めたという伝承を踏まえる。この逸話と、続く海賊に捕まったという話については、第三巻第二四章66−67および同箇所の注(16)、注(18)を参照。

(21) ディオゲネスは奴隷として売られるとき、コリントスのクセニアデスを指さして、「この人に俺を売ってくれ。彼は「主人」を必要としている」と言ったとされる(ディオゲネス・ラエルティオス『ギリシア哲学者列伝』第六巻七四参照)。

(22) 「教化された」と訳された原語はヘーメロンで、通常は、野獣に対する馴れた動物を表すのに用いられる。

(23) ローマ帝政期の政治家でストア派哲学者。皇帝ウェスパシアヌスによって追放され、その後処刑されている(第一巻第二章19、および同箇所の注(7)参照)。

(24) クレアンテスの「ゼウス賛歌」の一部。本書で繰り返し引用される(『要録』五三参照)。

(25) 「立派なことは善であり(ἀγαθὰ δὲ τὰ καλά)」の一文は写本にはないが、文意を明確にするために補う(Schweighäuser)。

(26) ここでエピクテトスが念頭に置いているのは、ネロ帝時代のストア派の哲学者で密告者でもあったプブリウス・エグナティウス・ケレル(後六〇頃)のことかと思われる。自分が居候していた主人のバレア・ソラヌスを告発し、死に追いやった。ウェスパシアヌス帝の時代に処刑されている(ユウェナリス『諷刺詩』第三歌一一六、タキトゥス『年代記』第一六巻三二参照)。

(27) 写本の τίς を読む。τί(Schenkl)の修正案では「何を証拠に」となるが、意味に大差はない。

(28) 遺産を目当てに言っているものと思われる。

(29) アピュラはローマの婦人の名前。ここでは金持ちの老婦人の例として挙がっているのであろう。

(30) 第三巻第二四章76参照。

(31) ネロ帝の奴隷(第一巻第一九章17で既出)。

(32) エピクテトスは足が不自由であった。

(33) キュニコス派のシノペのディオゲネス。本書で何度も出てくる。

(34) ディオゲネスの父親は両替商を営む自由人であったから、この文章は奇妙に思われるが、おそらくここで言われる意味で真の自由人ではなかった、ということであろう。

(35) 宇宙国家のこと。コスモポリタニズム思想のことを言っている。

(36)　ラケダイモン(スパルタ)の王アルキダモス三世(前四〇〇頃―三三八)。
(37)　法(ノモス)は天上にある国家の神的な法を指す。
(38)　ソクラテスはポテイダイア、アンピポリス、デリオンへ三度出征している(プラトン『ソクラテスの弁明』二八E)。
(39)　ペロポンネソス戦争がアテナイの敗戦で終わったあと、三十人独裁政権が誕生した。サラミスのレオンがこの僭主たちの政権に反対したため、ソクラテスを含む数人がレオンを連行してくるように命じられたが、違法だという理由でソクラテスは拒否した(プラトン『ソクラテスの弁明』三二C)。
(40)　プラトン『クリトン』四五D参照。
(41)　魂のこと。ここでは、クリトンの脱獄の提案(『クリトン』四五D―四六A)に対するソクラテスの回答(同、四七D)が要約して示されている。
(42)　ペロポンネソス戦争末期の前四〇六年、アルギヌサイ沖での海戦でアテナイはスパルタに勝利したが、沈没船の乗組員たちが暴風雨のため救助されず見捨てられ、そのため一〇人の将軍が責任を問われた。実際に裁判にかけられたのは六名で、処刑されることになったが、その時の性急な裁判に対して、政務審議会の執行委員でただひとりソクラテスだけが反対した(プラトン『ソクラテスの弁明』三二B、クセノポン『ソクラテス言行録(思い出)』第一巻第一章一八参照)。
(43)　プラトン『クリトン』五四A。テッサリア(テッタリア)はギリシア中北部地域。なお、『クリトン』では国の法がソクラテスに語りかけているが、本文ではソクラテス本人の言葉になっている。

(44)　原文を修正する案もあるが、写本のまま読む。アテナイから逃亡すれば、助けるべき相手がいなくなるだろうという意味。

(45)　プラトン『パイドン』六四A以下参照。死の練習とは、魂をできるだけ身体から離して、真の知を獲得することを言う。

(46)　ローマのパラティウム丘には皇帝の宮殿が建てられていた。

(47)　現存する資料では、クレアンテスが同様の発言をしたという記録はほかにはない(『初期ストア派断片集』I六一九(Arnim))。「常識に反すること」と訳された原語は *παράδοξα* で、パラドックス、すなわち一般の理解に反するようなことを意味する。

第二章

(1)　テルシテスについては第三巻第二二章注(3)を参照。

第三章

(1)　第三巻第四章4参照。観劇の場面で、ふさわしくない声を上げたり、立ち上がったりすることを言っている。

(2)　マスリウス・サビヌスはアウグストゥス帝とティベリウス帝時代の法学者。ガイウス・カッシウス・ロンギヌスはティベリウス帝とウェスパシアヌス帝時代の法学者。

第四章

(1) 前者は官職がなく無駄に余暇があたえられている場合、後者は官職があるために余暇がない場合を言っている。心の平安を求める努力をしなければ、官職の有無は重要ではないということ。

(2) Oldfather は「神のおかげ」の後に脱文を想定しているが、文脈から意味は明らかであろう。

(3) 五種競技者が走り幅跳びをするときに、弾みをつけるために用いる亜鈴。

(4) 第三巻第一五章4および同箇所の注(3)参照。

(5) ストア派の用語にしたがっている。第三巻第八章4および同箇所の注(1)、『要録』四五および同箇所の注(31)を参照。『把握について』はクリュシッポスの著作を指す(『把握、知および無知について』、ディオゲネス・ラエルティオス『ギリシア哲学者列伝』第七巻二〇一参照)。

(6) 有力写本(S)に書き込まれた修正案 εὖ を補って読む。

(7) これらの論文はいずれもストア派の著作と考えられる。一番目と三番目はゼノンの著作目録にある(ディオゲネス・ラエルティオス『ギリシア哲学者列伝』第七巻四参照)。

(8) Schweighäuser にしたがって οὐκ を補う。

(9) 狂犬病で引き起こされる病状。

(10) プラトン『クリトン』四三Dにおけるソクラテスの言葉。ただし、正確な引用ではない(第一巻第四章24参照)。

(11) リュケイオンについては、第三巻第二四章注(23)を参照。アカデメイアはアテナイの北西郊外にあった英雄アカデモスの聖地。ソクラテスがこれらの地をよく訪れたことについては、プラトン『リュシス』二〇三A、『エウテュプロン』二Aなど参照。

(12) ソクラテスが牢獄にいたときアポロンへの讃歌を書いたことについては、プラトン『パイドン』六〇D、ディオゲネス・ラエルティオス『ギリシア哲学者列伝』第二巻四二参照。

(13) ローマ社会では、早朝に自分を庇護する有力者の家を訪問し、挨拶するのが日課であった。

(14) 写本の欄外には、この後に「話が好きなためであれば、話し好きだと言う」という一文が書き込まれている。

第五章

(1) クセノポンの小品。原題はシュンポシオンで『饗宴』と訳されることもあるが、文字通りの酒の席での談論なので『酒宴』と訳す。

(2) トラシュマコスはプラトン『国家』第一巻の登場人物、ポロスやカリクレスは同『ゴルギアス』の登場人物で、ソクラテスは彼らと議論を戦わせたが、つねに冷静な態度で接した。

(3) ソクラテスには妻が二人いたとされるが(ディオゲネス・ラエルティオス『ギリシア哲学者列伝』第二巻二六)、ここで言われているのは悪妻伝説で知られるクサンティッペのこと。なお、クサンティッペを悪妻とするのはクセノポン(『酒宴』第二章一〇)やディオゲネス・ラエルティオス(同、第二巻三六―三七)などであるが、プラトンは『パイドン』(六〇A)ではごく普通の女性として描いている。

（4）ソクラテスに関する現存資料にはこのような記事はみられない。クセノポン『ソクラテス言行録（思い出）』（第二巻第二章一）では、長男のランプロクレスと問答しているが、むしろ息子を宥めるような態度をとっている。

（5）原文が破損しているが、前後から意味は明らかであろう。

（6）これはソクラテスの思想である（プラトン『クリトン』四九B、『国家』第二巻三六六E—三六七D参照）。

（7）ネメアのライオンを素手で殺した（これがネメア祭の起源である）ヘラクレスが念頭に置かれている。

（8）キュニコス派のディオゲネスのことを言っている（第三巻第一二章注（2）を参照）。

（9）括弧でくくられた二つの文は、エウリピデスの失われた悲劇『クレスポンテス』（断片四四九（Nauck））からの引用。

（10）原語はカラクテール。貨幣は皇帝などの刻印が押されることではじめて流通しうる。同時にこの語は、人に言わば彫りつけられた刻印として、その人の特徴、性格をも意味する。

（11）文字通りには四アス貨（アスはローマの銅貨）で、帝政期には一セステルティウスの真鍮貨を意味した。

（12）トラヤヌス帝（在位九八—一一七）の貨幣は流通するが、ネロ帝のものは貨幣としての価値がないということ。ネロ帝の貨幣は良貨でなかったわけではないから、エピクテトスがここで言っているのは、本文にあるように、両者の人格の違いのことであろう。

(13) 善悪の根源は人間の「思い、考え(ドグマ)」にあるという、エピクテトスの基本的な考えで、何度もくり返し語られている。

(14) エテオクレスとポリュネイケスはテバイ王オイディプスとイオカステとの間に生まれた兄弟。オイディプスがテバイを去った後、二人は交互に一年ずつ統治する約束を交わすが、期限が来ても兄のエテオクレスは王位を譲らずに弟を追放する。ポリュネイケスはアルゴスへ逃れ、そこで支援を得て王権を奪還すべく祖国に攻め寄せるが、ともに討ち死にする(アイスキュロス『テバイ攻めの七将』、エウリピデス『フェニキアの女たち』に詳しい)。

(15) ここで言われる善は道徳的な意味でのそれ(例えば、善いことをするという意味での善)ではなく、自分にとって有益であるものを指す。ギリシア語のアガトン(善)はオーペリアー(有益性)と不可分の言葉である。

(16) ソクラテスの頭に水をぶっかけたことをはじめ、クサンティッペの気性が激しかったことについては、ディオゲネス・ラエルティオス『ギリシア哲学者列伝』第二巻三六—三七に記載がある。また、友人のアルキビアデスがソクラテスにお菓子を贈ったところ、クサンティッペがそれを足で踏みつけたことについてはアイリアノス『ギリシア奇談集』第一一巻一二参照。なお、このお菓子(プラクース)は平らな焼きパンで、食卓では珍重された(アテナイオス『食卓の賢人たち』第一四巻六四三e以下参照)。

(17) アリストパネス『平和』(一一八九)には「家ではライオンだが、戦いではキツネだ」という言葉が引用されている。同箇所の古注によれば、ラケダイモン(スパルタ)人が小アジアでの戦役で失策を重ねたことから作られた諺である（エペソスは小アジアの沿岸地域の都市）。

第六章

（1）　底本にしたがって ἀνάρχοντι（Upton）を読む。

（2）　ἐπιφανεστάτων（Elter）を読む。

（3）　キュロスは年代からして、アカイメネス朝ペルシアの王ダレイオス二世の子である小キュロス（前五世紀後半）のことであろう。彼の事蹟については、クセノポンの『アナバシス』に詳しい。ディオゲネス・ラエルティオス『ギリシア哲学者列伝』（第六巻三）によれば、ソクラテスの弟子アンティステネスの言葉とされているが、そこにはキュロスへの言及はない。なお、マルクス・アウレリウス『自省録』（第七巻三六）にも引用されている。

（4）　ピュタゴラスの作と伝えられる『黄金詩』（四〇）の一節。第三巻第一〇章2でも引用されていた。ここではむしろ皮肉の意で用いられている。

（5）　同じく『黄金詩』（四二）からの引用（第三巻第一〇章3）。

（6）　ストア派によれば、賢者は誤りを犯すことはないが、嘘を利用することがあるとされる。ストバイオス『精華集』第二巻七・一一m（『初期ストア派断片集』Ⅲ五五四（Arnim））参照。

第七章

（1）　キリスト教徒を指している。信仰のために平然と磔（はりつけ）にされ殺された、当時のキリスト教徒は、エピクテトスの目には狂信者にしか映らなかった。マルクス・アウレリウス帝(『自省録』第一一巻三)も同様の見方をしている(なお、同箇所でのキリスト教徒への言及を後世における挿入とみなすのは、明らかに誤りである)。

(2) 人生を劇に喩(たと)えることについては『要録』一七参照。

(3) 括弧でくくった部分(φέρε. θέλεις ἀναρχίαν; φέρε. ἀλλὰ πόνους θέλεις;)は写本にはないが、古注から補われる(Lindsay による)。

(4) 底本通り写本の κατέφαγον を読む。

(5) 文脈上では主語は「兵士」でなければならないが、後の文章にかんがみて、多くの訳者とともに「僭主」を補う。

(6) 写本は「私自身」になっているが、Upton の修正にしたがう。

(7) このエピソードについては、第四巻第一章160および同箇所の注(39)を参照。

(8) 埋葬されないことは死者に対する侮辱となる。

(9) 写本は判読不可能であるので、οὓς πρότερον(Schweighäuser)の修正案を採る。

(10) 写本は οἰχήσεται とあるが、修正案 οἰκῇς, ἔτι(Schenkl)を読む。

(11) 写本の πιλάτοι はこのままでは読めないが、ラテン語の pilleatus(解放奴隷)に近い πιλλᾶτοι を読む。

第八章

(1) 当時のキュニコス派の哲学者たちの容姿を言っている。「襤褸の衣服」と訳した原語はトリボーンで、すり切れた外衣のこと。キュニコス派のシンボルと言ってもよかった。

(2) 『初期ストア派断片集』I五一(Arnim)参照。

(3) 現存写本は「ふさわしくないかのように」とあるが、写本の欄外訂正によって修正する。

(4) 第三巻第一五章注(4)を参照。

(5) ヘパイストスはギリシア神話で火と鍛冶の神。

(6) ホメロス『オデュッセイア』第一一歌五二九―五三〇。オデュッセウスがアキレウスの子ネオプトレモスについて語った言葉の一部。

(7) アドニスはギリシア神話で絶世の美青年。多くの神々に愛されるが、狩猟中にイノシシに突かれて死ぬ。ギリシア各地で彼の復活を願うアドニア(Adonia)祭が執りおこなわれたが、そのさい女性たちは壺に植物を植え、湯を注いで芽生えを早め、これを「アドニスの庭」と呼ぶ風習があった。

(8) 諸家が指摘しているようにここの記述は誤っており、植物学的には逆が正しい。

第九章

(1) ゼノンとクリュシッポスは既出で、ともにストア派の哲学者。ミレトスのアリステイデス(前一五〇頃―一〇〇頃)は好色な物語集『ミレトス物語』全六巻(散逸)の著者で、ラテン語にも翻訳され広く流布した。エウエノスに関しては不詳であるが、同類の作家と思われる。後者はオウィディウス『悲しみの歌』（第二巻四一三以下）でアリスティデス（アリステイデス）とともに言及されているエウビウス（エウビオス）のことかもしれない。

（2）広場に出かけるのは裁判をするためである。

第一〇章

（1）ヘラクレスの難業への言及（第一巻第六章32、第二巻第一六章45、第三巻第二六章32参照）。

（2）第三の領域に関しては第二巻第一七章16を参照。

（3）写本は *παρέβηναι* であるが、*παρέβην*（Schweighäuser）の修正案で読む。

（4）Schweighäuser は〈*χάριν ἔχω*〉*ὅ*...（Reiske）と補っている。その方が文意がより明らかになる。

（5）セネカは運命の女神に対してほぼ同じような内容のことを語っている（『心の平静について』一一・三）。

（6）第四巻第一章注（10）を参照。

（7）主人が被保護者に毎日分けあたえていた夕食（ラテン語の sportula）。

（8）第四巻第六章30にも出ていた諺。

（9）この独白部分は、エピクテトスの思想を最も端的に表している。

（10）ホメロス『イリアス』（第二四歌五）において、アキレウスが友人のパトロクロスのことを思い出しながら、寝返りを打ち、眠ることができなかったのを踏まえる。

(11) アンティロコスはギリシア軍の将のひとりでアキレウスの親友。パトロクロスの死の報をいちはやくアキレウスにもたらした。メネラオスはギリシア軍の大将アガメムノンの弟で、トロイア戦争が起きるきっかけとなった美女ヘレネの夫。なお、メネラオスは特にアキレウスの親友ではなく、ほかの二者のように殺されたわけではない。そのため、トロイア上陸のさいにまっさきに殺されたプロテシラオス(Πρωτεσίλαον)に読み替える案(Oldfather)もある。

(12) アキレウスとエピクテトスとの仮想問答。

(13) アキレウスとパトロクロスの御者。

(14) ホメロス『イリアス』第一九歌三二一。「これより」とは友人パトロクロスの死を指す。

第一一章

(1) 原語はコイノーニコンで、文字通りには共同体をつくるという意味(第一巻第二三章1、第二巻第一〇章14、第二〇章6参照)。

(2) 当時の浴用の器具が列挙されている。水と石けん(ソーダ灰)で体を洗い流すと、垢すり(ラテン語の strigilis で通常金属でできている)で体についた油、垢をこすりとり、亜麻布のタオルで拭くと、体が乾燥しないようにオリーブ油を塗った。

(3) 「風呂上がりにサンダルをはいたソクラテス」(プラトン『饗宴』一七四A)の姿は珍しかったと語られている。ほかにも、アリストパネス『鳥』(一五五四)にも言及がある。

(4)　若者たちがソクラテスのそばに座ろうとする様子は、プラトン『饗宴』(一七五C－E、二二三A－B)に描かれている。

(5)　写本にはこの後 κἂν θερμῷ μὴ θέλῃς, ψυχρῷ という文があるが、底本(Schweighäuser の提案)にしたがって32節に移動する。同箇所の注(9)を参照。

(6)　アリストパネス『雲』からの引用。その前後の言葉を記す。ペイディピデス「それは何者ですか」。ストレプシアデス「詳しい名前は分からないが、空想に思いを馳せる立派な人たちだ」。ペイディピデス「へえ、あんなくだらない連中ですか。法螺を吹き、顔の青白い、靴をはかない奴らでしょう。悪しきダイモーンに憑かれたソクラテスとか、カイレポンとかの仲間ですね」(一〇〇－一〇四)。

(7)　アリストパネス『雲』二二五(「われは空中を歩み、太陽に思いを馳せる」)、一七九(「体育場から衣服をこっそり失敬する」)参照。

(8)　ポレモンについては第三巻第一章14および同箇所の注(4)を参照。クセノクラテス(前三九六頃－三一四頃)はアリストテレスと同時期の哲学者で、アカデメイアの第三代学頭。

(9)　19節から「もし温水が嫌なら、冷水で」の一文を移動させる。当時は川での沐浴も普通のことで、温水浴を嫌う人が少なくなかった。

(10)　緋色の衣装は高官が着る衣服である。身体は清潔であることを求められるが、そのような高価な衣装をまとうくらいなら、むしろ今着ている衣服を汚すか引き裂けばよい、という皮肉を言っている。

(11) 写本に空隙がある。底本は写本にある修正案にしたがい μαθησόμενον を補う。παιδευθησόμενον (Schenkl) を補う案もあるが、意味に大差はない。

第一二章

(1) 写本には明らかな空隙がある。底本とともに、τεκταίνει ἀκριβέστερον; ὁ κυβερνήτης μὴ προσέχων (Upton) の六語を補って読む。

(2) 底本にしたがって、文末に ἐμοί (Diles) を補う。

(3) われわれが置かれた社会的な関係によって、なすべきことも定まってくるということ。

第一三章

(1) メデイアについては第一巻第二八章注(2)を参照。

(2) 瀝青(木タール)も車輪も拷問用の道具として言及されている。前者は熱して用いられた(ルクレティウス『事物の本性について』第三巻一〇一七)。後者については、第二巻第六章注(7)を参照。

(3) 写本には欠けているが、ほかの巻に合わせて補う。

断　片

（1）「忙殺されている」は原文にはない。写本は文字が欠損しており、πολυπραγμονοῦντα（Wachsmuth）を補って訳す。

（2）「不可分なもの」だと前の原子と同じ意味になるので、「同質部分的なもの（ホモイオメレー）」（Gesner）などの改訂案もある。原子はデモクリトスなどの原子論者が主張する万物の基本要素で、同質部分的なものはアナクサゴラスが主張する基本要素である。

（3）後四－五世紀の人で、ギリシア人作家の作品を整理して、息子のために抜粋集を編んだ。『精華集』（全四巻）には、ホメロス以下五〇〇人以上の作品からの抜粋が収録されている。

（4）ギリシア語で「イディオーテース」。本書で何度か現れる言葉で、通常は公人に対する私人の意味であるが、ここでは哲学に素養のない一般人を指している。

（5）原文に欠損があると考えられるが、Schweighäuser にしたがって καὶ εὐλογίστω⟨ς⟩ τὰ ἀπ' αὐτῶν と読む。

（6）ここで言われる宇宙（コスモス）は神と同義である。『語録』第一巻第一四章1－5参照。

（7）われわれ人間にとっては、判断（意志の決定）が本来自分のものであると言えるが、それだけが宇宙（神）に逆らいうると考えるのは誤りだということ。

（8）ラケダイモン人はスパルタ人のこと。リュクルゴスはスパルタのなかば伝説的な立法家（前九－八世紀）。

（9）この話を採録しているプルタルコス『リュクルゴス伝』（一一）やアイリアノス『ギリシア奇談集』（第一三巻二三）によれば、アルカンドロスという名前の市民であった。

(10) フォティオスの『古典文献解題（ビブリオテカ）』（codex. 58）では、『語録』は全部で八巻の書物とされている。現存するのは四巻のみである。また、書名も意味の違いはないが、『ディアトリバイ（Διατριβαί）』ではなく、『ディアレクシス（Διαλέξεις）』になっている（書名と巻数に関しては本書上巻の「解説」を参照）。

(11) これを手短に述べた記事は、アウグスティヌス『神の国』第九巻四にもみえる。なお、ゲリウスの本文はラテン語で書かれているが、「　」の部分はギリシア語で書かれている。

(12) 「是認する」と訳された原語は προσεπιδοξάζει であるが、この箇所以外には用例がない。

(13) ファウォリヌス（ギリシア式の表記ではパボリノス）は、ガリア地方のアレラテ（現アルル）出身の哲学者（八〇年頃―一五〇年頃）。

(14) ディオゲネスのようなキュニコス派が用いる表現をあえてすれば、という意味。

(15) ギリシア語はそれぞれ「アネクー」「アペクー」と語呂がよいが、並べて使われている例はない。前者は『語録』（第二巻第一章36、第三巻第四章11、第二六章7）に、後者は『要録』三三・10にみられる。

(16) 現存するエピクテトスの言葉にはないが、Schweighäuser は『要録』三二・3を挙げている。

(17) 北アフリカのシッカ出身のキリスト教護教家（後三二六頃没）。原文はラテン語で書かれている。

(18) マケドニア王（在位 前四一三―三九九）。ギリシア文化を愛好し宮廷に多くの著名人を集めたが、ソクラテスは招きに応じなかった（アリストテレス『弁論術』第二巻第二三章一三九八a二四、ディオゲネス・ラエルティオス『ギリシア哲学者列伝』第二巻二五参照）。

(19) 一コイニクスは約一・〇八リットルなので、四コイニクスだと約四・三二リットルになる。一オボロスはギリシアの貨幣単位で、六分の一ドラクマに相当する。デモステネスの『冠について』（二八）では観劇の料金が二オボロスとされている。さして高価でない金額である。

(20) アイギナ出身のポロスは、前四世紀の著名な悲劇役者。

(21) テバイ王オイディプスは、父親を殺し母親と交わったことが露見すると、テバイから逃れ、放浪の末に終焉の地であるアテナイの近郊コロノスに赴く。この伝説を描いたのがソポクレスの悲劇『オイディプス王』と『コロノスのオイディプス』である。

(22) ストア派が理想とする賢者のこと。

(23) ダイモーンの声（ダイモニオン）は各人を見守る守護霊的な存在。第三巻第一章注（7）を参照。

(24) 原語はプロソーポン。顔や人格を意味するが（ラテン語のペルソーナに相当）、劇の配役の意味にもなる。人生を劇に喩える例は『要録』一七にもみられる。

(25) ローマでは政府の高官だけが紫色の服を着た。第一巻第二章注（6）参照。

(26) ホメロス『オデュッセイア』第一八歌六六以下参照。

(27) 原語はアポムネーモネウマタ（ἀπομνημονεύματα）。

(28) 先の「断片」三などと同様に、宇宙（コスモス）は神を指している。

(29) 悪徳（κακίας）は写本の読みであるが、所有や財産を読む解釈もある。

(30)エピクロス派の快楽主義者。次の気むずかしい哲学者たちとは、ストア派を指している。
(31)エピクロス「断片」四二五(Usener)。
(32)エピクテトスを指している。
(33)ギリシア語でアイドース。恥ずべき行為に対する慎みとともに、神的なものへの畏怖を表す言葉。
(34)プラトン『国家』(第五巻四五七B―四七一C)では、妻子を共有すべしという議論が展開されている。
(35)ヘラクレイトス派のクラテュロスが、流転する事象に関してはなにも真実を語りえず、ただ指頭を動かすことができるだけと主張した、という話を踏まえる(アリストテレス『形而上学』Γ巻第五章一〇一〇a一〇)。ここでは哲学の教説は厳密に理解されるべきことが言われている(『語録』第二巻第一一章17も参照)。
(36)ここでは長所と短所というほどの意味。
(37)ストア派のパコニウス・アグリッピヌス(『語録』第一巻第一章注(11)参照)。
(38)同じ話は『語録』第一巻第一章28―30にもみえる。
(39)本断片はGaisfordによって、エピクテトスの断片に加えられたが、Oldfather他はその関連を疑っている。
(40)アグリッピヌスはクラウディウス帝の下でクレタ、キュレナイカの総督(proconsul)を務めた。

(41) クセノポン『ソクラテス言行録(思い出)』第一巻第四章七。
(42) 腹を指して言っている。
(43) 原文に空隙があるが、校訂案にしたがって括弧内の文章を補う。
(44) 原語はヘーメロスで、教化されたという意味をもつ。人間は教化されたものであるという考えは、第二巻第一〇章14、第四巻第一章121にもみえる。
(45) マルクス・アウレリウス『自省録』第九巻二四でも「死体を担いでいる小さな生気」というよく似た表現をしている。人間の指導的部分である魂に対して、肉体は死体に喩えられている。
(46) 心像に対してどのような承認(シュンカタテシス)をあたえるかに関わる技術のこと。
(47) 衝動の対象が実現不可能なものであれば、別のものと取り替えてもよいということ。
(48) それぞれのものの価値に応じて、衝動を感じるべきであるという意味。
(49) この文章はLeopold以来エピクテトスの断片に加えられているが、マルクス・アウレリウス『自省録』においては特にエピクテトスの言葉とされているわけではなく、関連性は低いとみるべきである。
(50) この文章はSchenkl版には収録されておらず、またエピクテトスの言葉として紹介されているわけでもないが、H. Fränkel(*Philologus*, 1924)が文章表現においてエピクテトスのものと類似していることを指摘して以来、エピクテトスの断片に収録されている。
(51) 人間の自然本性が本来的に意志しているものの意味。
(52) 本断片にみられるような言葉は『要録』にはなく、エピクテトスの言葉かどうか疑わしい。

(53)「断片」三三―三四はデモクリトスの断片で、誤ってエピクテトスのものとされたもの。

(54)この断片も誤ってエピクテトスのものとされたが、ピュタゴラス派の箴言だと思われる。

(55)アントニウス・メリッサはキリスト教教父（一一世紀頃か）。メリッサは蜜蜂の意味であり、彼の著作の『総覧（*Loci Communes*）』に付けられた名称かと思われるが、確かなことは分からない。初期キリスト教ではエピクテトスの言葉からさまざまな翻案がつくられたが、本断片もそのような書物から引かれたものと思われる。

『要　録』

(1)病気、死、貧困は、われわれの力の及ばないものに属する。

(2)これは哲学の初心者に向けての教訓である。

(3)古代にはサラダとして食用に用いられた。

(4)従順でない奴隷として、という意味。

(5)神のこと。

(6)キュニコス派のシノペのディオゲネスと、エペソスのヘラクレイトス（前五四〇頃―四七五頃）。

(7)人は運命にまかせ、あたえられた役を演じなければならないが、その役をあたえるのは自分ではなく、他者である神であるということ。

（8）ここでは人生を劇に喩(たと)えている。同様の比喩は、デモクリトス（「断片」一一五 DK）やマルクス・アウレリウス（『自省録』第一二巻三六）にもみられる。
（9）『語録』第三巻第二四章注（10）参照。
（10）『語録』第三巻第二四章注（11）参照。
（11）『語録』第一巻第一七章14－15にも出てくるが、「ゼウスの意志」と同義。
（12）宇宙を矢が射られる的に喩える。的（宇宙）は命中しない（悪が存在する）ためにあるのではないという意味（シンプリキオス）。
（13）『語録』第三巻第一五章でも、ほぼ同じ内容の忠告が語られている。
（14）写本のままに読むが、『語録』（第三巻第一五章8）に合わせて「エウプラテス」と読む校訂もある。哲学者のエウプラテスについては、同箇所の注（4）を参照。
（15）走り幅跳び、円盤投げ、徒競走、やり投げ、レスリングの五種目からなる競技を争う。
（16）義務（カテーコン、複数はカテーコンタ）もストア派の用語で、文字通りには「ふさわしい行為」のこと（『語録』第一巻第七章注（2）も参照）。
（17）「つながりをもつ」は親密性（オイケイオーシス）を意味する言葉の動詞形で、これもストア派の用語である（『語録』第一巻第一九章注（7）参照）。
（18）Schweighäuser による修正案 καταιτεταχότων を読む。
（19）『語録』第四巻第五章注（14）参照。
（20）占いについては、『語録』第二巻第七章も参照。

(21) 「善悪に無関係なもの(善悪無記)」(アディアポロン)もストア派の重要概念であるが、エピクテトスはすべて外的なものは自分の力の及ばないものであり、善や悪とは関係がないと考える。

(22) 底本の改訂案を採らず、写本のままに読む。

(23) 「人間には明らかでないことについては、占いによって神々から聞くようにすべきである」(クセノポン『ソクラテス言行録(思い出)』第一巻第一章九)。

(24) アイリアノス『ギリシア奇談集』(第三巻四四)に、アポロン神に詣でるために、デルポイに出かけた三人が途中盗賊に遭遇し、このうち友人を見捨てて逃げ去った人については、巫女を通じて、神殿から追い出すように告げたという話が出ている(シンプリキオス『エピクテトス「要録」注解』も同じ話に言及している)。

(25) ストア派の祖、キティオンのゼノン。

(26) ストア派の論理学では、選言命題(ディエゼウグメノン)は「AであるかBであるか」という離接を示す命題を、連言命題(シュンペプレグメノン)は「AでありかつBである」という結合を示す命題を意味する(ディオゲネス・ラエルティオス『ギリシア哲学者列伝』第七巻七二参照)。「昼であるか、夜であるか」は有意味だが、「昼でありかつ夜である」は無意味である。なお、ここでは「アクシアー」という語が、両義的に用いられ、「有意味」と「価値」の両方の意味を含んでいる。

(27) 寸法のことではなく、次の例からも明らかなように品質のことを言っている。

(28) 原語のキュリアーは家政を任されるということで、適齢期に入ったことを意味する。より正確には女性の場合、婚姻可能な年齢は一二歳からであった。

(29) 壺の左右にある二つの取っ手を喩えにして述べている。

(30) 『語録』第三巻第一四章11以下参照。

(31) 目の前にあるものを、自分が知っているものと同定することを、ストア派では把握(カタレープシス)、あるいは、「把握されうる心像に対する承認(カタレープティケース・パンタシアース・シュンカタテシス)」と呼んでいる。『語録』第三巻第八章4および同箇所の注(1)を参照。

(32) 簡素な生活に甘んじていることを言っている。

(33) 『語録』第三巻第一二章注(2)参照。

(34) 『語録』第一巻第一七章16以下を参照。

(35) ストア派の教義を指している。

(36) 原語のメイラキオンは二〇歳前後の青年を指している。

(37) 底本通り ὑπερθέσεις ἐξ ὑπερθέσεως を読む。別の写本の προθέσεις ἐκ προθέσεως を採れば、「口実(文字通りには、目的)に口実を重ねて」の意味になる。

(38) クレアンテスの「ゼウス讃歌」の一節。エピクテトスは『語録』第二巻第二三章42ほか何度か引用している。セネカ『倫理書簡集』(一〇七・一一)から、五行目が「運命は望む者を導き、望まぬ者を引きずりゆく」であったことが分かる。

(39) エウリピデスの失われた悲劇作品の一節(「断片」九六五 Kannicht)。

(40) 最初の引用は、プラトン『クリトン』(四三D)、二つ目の引用はプラトン『ソクラテスの弁明』（三〇C）におけるソクラテスの言葉であるが、現行のテキストと少し異なる。エピクテトスは『語録』第一巻第二九章18などで、何度か言及している。

解説　エピクテトスの思想

國方栄二

エピクテトスが生きた紀元後一世紀後半から二世紀前半という時代は、ローマの帝政時代の初期にあたり、首都ローマにもギリシアからさまざまな哲学が入っていた。当時の主要な哲学の学派としては、ストア派と快楽主義のエピクロス派、さらに懐疑主義的な傾向を強めていたアカデメイア派の三つが並存していた。エピクテトスはみずから称するようにストア学徒であり、思想史では後期ストア派に属しているが、彼独自な哲学思想もみられる。今日に遺されている『語録』と『要録』を読むと、彼の哲学が意外と単純な原則から成り立っていることに驚かされる。下巻の解説ではその概要を中心に紹介するが、その前にストア派の哲学が成立した経緯を紹介することから、話を始めることにしよう。

ストア学徒として

ストア派は、キュプロス島の南岸に位置するキティオン出身のゼノン（前三三四頃―二六二頃）を祖とする。アレクサンドロス大王の死去（前三二三年）以降のいわゆるヘレニズム時代が到来すると、それまでの都市国家（ポリス）が次第に有名無実のものとなっていくなかで、新しい時代に合った哲学が求められるようになり、ストア派はそうした哲学の学派の一つとして成立した。

ストア派という名称は、アテナイの広場、アゴラの近くにあった彩色柱廊（ストアー・ポイキレー）の中で講義したことに由来する。なかでもよく知られた哲学者が第三代学頭クリュシッポス（前二八〇頃―二〇七頃）であり、『語録』でも何度か登場する。彼らは一般に初期ストア派と呼ばれている。その後、パナイティオス（前一八五頃―一〇九）、ポセイドニオス（前一三五頃―五〇頃）らの中期ストア派を経て、彼らの哲学はローマに移入される。ローマのストア派は後期ストア派と呼ばれ、上巻の解説で紹介したエピクテトスの哲学の師ムソニウス・ルフスもこの時期のストア派に属していた。そのために、エピクテトスもおのずからストア哲学を学ぶようになったわけである。

したがって、エピクテトスは後期ストア派のひとりとして、ルキウス・アンナエウス・セネカ（前四―後六五）などと同じ思想圏に属するわけであるが、セネカの仕事が多方面にわたり、しかもエピクロスなどストア派以外の思想家からの影響も受けているのとは対照的に、エピクテトスの哲学はそのような多様さを欠いている。あるいは、そのような多様性を排除していると言ったほうがよいかもしれない。その意味では、後続のマルクス・アウレリウスの思想と共通するところがある。

エピクテトスとマルクス・アウレリウスの二人がともに追い求めたのは、「精神がいかにして自由となりうるか」という問いであるが、現実の生活において両者は対照的であった。一方は後に解放されたとはいえ、奴隷という不自由な境遇を生きたのに比べて、もう一方はローマでも有数の家に生まれ、皇帝ハドリアヌスの寵愛を受けて、後にみずからも皇帝となる。生まれながら自由な身の上であった。しかしながら、ストア哲学によれば、自分が生まれた境遇はなんら精神の自由を保障するものではなかった。社会的地位や財産がどれほどあろうとも、人は自分の力を超えた運命によって翻弄され、容易に奈落の底に突き落とされる。そうした外的な力に対してどのように対処し、どのようにして精神の自由を得ればよいのか。そこに彼らの哲学の出発点があった。

意　志

エピクテトスの哲学において、最も重要であるのは「意志」の概念である。本書を読んで気づくのは、「意志と関わりのあるもの」と「意志と関わりのないもの」との区別が何度もくり返されていることである。後者は「外的なもの」とも呼ばれる。外的なものとは、自己の外にあるものを指すが、とりわけ富や健康や病気や死などが念頭に置かれている。これらは自分の意志とは関わりのないものであるが、自分とまったく無関係なものだと言われているわけではない。

善の本質はある種の意志であり、悪の本質もある種の意志である。
「それでは、外的なものとは何のことですか」
それは意志にとって材料となるものであり、それと関わりあうことで自分の善や悪を獲得することになるだろう。

（『語録』第一巻第二九章１―２）

普通われわれは富や健康を願い、病気や死を忌避するが、エピクテトスによれば、前者があることで人が善くある、つまり幸福であるわけではないし、また後者があるから人が悪くある、つまり不幸であるわけでもない。むしろ、それらは善悪の中間にあるものであって、それらをどのように扱うかによって善と悪が、幸福と不幸が決定されるというわけである。その意味ではそれらは幸不幸となるための材料でしかない。

それでは、意志とは何か。意志はギリシア語ではプロアイレシスと言う。文字通りには、他に「先んじて(プロ)取ること(ハイレシス)」という意味で、「選択」と訳されることが多いが、本書では「意志」という訳語を採用している。古代ギリシア哲学には「意志という概念はなかった」と指摘されることがある。意志の概念は古代末期のキリスト教思想の中で発見されたものであり、人間の自然本性に関する古代の理論は、こうした機能を欠いたまま発展してきたと言われる理由である。こうした議論は、意志という言葉で何を意味しているかで異なってくるから、しばしば不毛な議論に陥ることが多いのでここで立ち入ることはしない。むしろ、エピクテトスの場合に意志という概念がどのように成立したかを簡単にみておきたい。

もともとプロアイレシスという語を倫理学における重要な概念に仕立てたのはアリストテレスである。アリストテレスは『ニコマコス倫理学』において、このプロアイレシスを「われわれの力が及ぶ（エピ・ヘーミン）ことへの、熟慮に基づく欲求である」（第三巻第三章一一一三a一〇—一二）と定義している。プロアイレシスによる行為には、目的に至る手段に関する熟慮や理性的な判断が含まれている。したがって、われわれの力の及ぶ事柄に関して、理性的な判断に基づいておこなう行為が、プロアイレシスによる行為ということになる。

今述べたことをもう少し丁寧に説明してみよう。人間の魂（心）については、かつてプラトンやアリストテレスにおけるように、理性、気概、欲望という三部分説がとられていた。ストア派になると、この説は廃棄され、かわりに推理や言語を用いる能力である指導的部分（ヘーゲモニコン）が中心となるはたらきをして、このほかには非理性的な部分というものは認められない。では、魂において感情はどのようにして起きるのか。まず、目の前になんらかの対象が現れて、それに対する欲求（オレクシス）、あるいは忌避（エククリシス）が生じる。そして、それによって行動を起こすことになるが、その行動は衝動（ホルメー）あるいは反発（アポルメー）と呼ばれる。文字通りには、ホルメーとはなにかに向かっていく動きであり、アポルメーとは、逆になにかから離れようとする動きである。そして、この衝動や反発を受けとり、それに同意、あるいは承認（シュンカタテシス）をあたえることによって、その行動が行為として確認されるわけである。

初期ストア派では、魂のもつ感情やそれにともなう行動の説明に意志（プロアイレシス）という概念はほとんど出てこない。したがって、エピクテトスはこのアリストテレス的な概念を受け継いで、ストア派の感情論に適用した哲学者であると言っても過言ではない。両者はプロアイレシスを人間の倫理的行為における主要因と考えた点では同じ立場に立っているわけであるが、エピクテトスの場合には、欲求・忌避、衝動・反発、承認に至るみずからの行動を意志という言葉で表現し、そして、この意志はいかなるものによっても妨げられたり強制されたりすることがないと考える。その意味において、意志は人間の自由と直結することになる。

私の意志はゼウスだって支配することはできない。

（『語録』第一巻第一章23）

……意志は自然本性において自由で強制されぬものである……

（同、第二巻第一五章1）

同様の趣旨の発言は、『語録』において繰り返し現れている。ストア派の運命観はしばしば他学派から非難されたが、エピクテトスの意志が決定論だとするストア派一般に対する批判を完全に免れえたものであるかは別としても、これほど意志の自律性を主張した人はストア派においてほかにはなく、その点では、むしろ後にラテン教父たちが開拓した自由意志(liberum arbitrium)に近接したものであるということは言えるだろう。それでは、意志はいかにして自由でありえるのだろうか。

精神の自由

『要録』の冒頭部分は、「物事のうちで、あるものはわれわれの力の及ぶものであり、あるものはわれわれの力の及ばないものである」(『要録』一・1)という言葉で始まっている。われわれの力の及ぶものとは、判断、衝動、欲望、忌避など、一言でいえば、われわれの働きによるもののことである。他方、肉体、財産、評判、官職など、われわれの働きによらないものは、われわれの力の及ばないものだと言われる。われわれの力の及ぶものは本性上自由であり、ほかのものによって妨げられも邪魔されもしないが、われわれの力の及ばないものは脆弱で隷属的で、ほかのものによって妨げられるために、本来は自分のものではない。

意志はつねに「われわれの力の及ぶもの」を対象とする。したがって、意志だけは、どのような状況にあっても、「妨げられず強制されることもない」(『語録』第一巻第一七章21)。そこに人間の自由がある。当時の社会は、一般市民である自由民と奴隷とから成り立っていたが、ここで言われる自由とは、そのような社会的地位を示すようなものではない。むしろ、精神があらゆる桎梏から解放されるところに、エピクテトスが言う自由がある。したがって、エピクテトスはかつて奴隷であったが、たとえ奴隷の身分にあっても、精神において自由であることができる。精神において自由であるとは、「自分のものでないものをなにひとつ求めない」(『語録』第四巻第一章129)ことを言う。そして、自分のものでないものはわれわれの力が及ばないものである。逆に、自分のものでないものを願う人は、たとえ社会的に自由な身分であっても、精神においては奴隷だということになるだろう。

このようにして、エピクテトスは、人間の行為の本来の対象をわれわれの力の内にあるものに限って、他人が介入する余地のないその世界において、真の精神の自由を見出そうとするわけである。では、その精神の世界において人はいかにして幸福であることができるのか。

心像との戦い

『語録』第二巻第一八章は「いかにして心像と戦うべきか」をテーマとする。心像とはギリシア語でパンタシアーであり、「表象」と訳されることもあるが、本書では心像という訳語を用いている。心像とは人の心に現れてくるいっさいのものを言う。人は欲望などのさまざまな要因によって、理性的な判断ができなくなることがあるが、その要因となるものがその人の前に現れて、その心(魂)を魅惑するからである。実を言えば、その人を魅惑しているのは向こうにある対象そのものではなく、その対象があたえている心像である。お金で言えば、お金を欲しいと思っている人間の心を惑わすのは、お金そのものではなく、お金に対してわれわれがもつ心像である。

それではこれらの心像とどのように戦えばよいのか。エピクテトスは、「心像よ、少し待ってくれ。お前は誰なのか、何の心像なのかをみせてくれ。お前を調べさせてくれ」(同章24)とまず言ってみることを勧める。そして、その後は心像の思い描くままにさせておいてはならない。さもなければ、心像が望むところにわれわれを連れていってしまうだろう。

このような心像に対してみずからを鍛える必要がある。心像を正しく認識することは、心を正しく導くのに役立つが、それだけでは十分ではない。エピクテトスは、「あらゆる習慣や能力は、それに対応する行為によって維持され、増進される」（同章1）と言う。歩いたり走ったりすることで、歩行や疾走の能力が増進するように、あるいは読んだり書いたりすることで、読み書きの能力が増進するように、倫理的行為もたえずそれを実践するようにせねばならないのだ。

三つのトポスと訓練

かくして、心像との戦いは訓練を伴うことになるが、その訓練は段階を踏んでおこなわれる。その段階は三つのトポス（領域）として示されるが、人はその階段を一段ずつ登っていかねばならない。

(a) 欲求と忌避に関する領域
(b) 衝動と反発に関する領域、一般に義務に関する領域

(c) 欺かれず性急な判断を下さないことに関する領域、一般に承認に関する領域

(『語録』第三巻第二章1―2)

(a) 人には欲しているのにそれが起こらなかったり、欲しないのにそれが起こったりすることがある。そのためにわれわれの心によくない感情(パトス)が生まれる。自分が望んだものが得られず、他人がこれを手にすれば、われわれの心に悲しみや妬(ねた)みが生じてくる。そうした感情には、悲しみや妬みのほかにも、不安、混乱、不運、不幸、嫉妬などがある。これらが生じるのは、われわれが自分の力が及ばないことを望んだり、忌避したりするためである。富を望み、貧窮を忌避しようとすればするほど、富を得そこない、貧窮に出会うことになる。官職、名誉、祖国、友人、子供など、意志の外にあるものを求めるならば、不幸は避けられない。

(b) そして、その中で人はしかるべき行動を求められる。これは義務と呼ばれる。義務とはギリシア語でカテーコンで、「ふさわしい行為」が本来の意味に近い。「神を敬(うやま)う者として、息子として、兄弟として、父として、市民として、生まれながらの関係と生まれた後に得た関係を保つのでなければならない」(『語録』第三巻第二章4)と述べている

ので、他者との適切なる関係がこの場合のカテーコンの意味になる。しかし、他人との関係を適切に生きるというのは、どのような意味なのか。人間関係はしばしば愛憎を伴う。例えば、自分を罵(ののし)ったり殴ったりする父親がいるとする。その場合、自分が父親に対してもつ関係(対人関係)は、悪しき(あるいは善き)父親をもっていることではなく——どのような父親をもつかを選ぶことはできないから——、父親をもっていることそのものにあり、父親との親和的な関係を保ちながら、その関係の中でのふさわしい行為(義務)が何かを考え、理性的に行動するのでなければならない(『要録』三〇)。

(c)　さらに、人は睡眠中や酩酊の時に、あるいは憂鬱な時に、吟味されない心像によって欺かれることのないようにしなければならない。現れてくる心像を理性が吟味し、これを受け入れることを承認する。『語録』にはそのような具体例が何度も出てくる。

「だれそれの息子が死にました」

意志と関わりのないものであるから悪ではない、と答えよ。

「だれそれをその父親が廃嫡にしました。あなたはどう思いますか」

意志と関わりのないものであるから悪ではない。

「皇帝があの人に有罪を宣告しました」

　意志と関わりのないものであるから悪ではない。

「そのことで苦しんでいますよ」

　意志と関わりのあることだから悪だ。

（第三巻第八章2―3）


　こうした問答を重ねていくことが重要になる。

われわれはこれらの三つの段階を経ることで、平静な心を得ることができる。ストア派はこの平静な心の状態を「ものに動じない心」（アパテイア）と呼んでいる。哲学はこうした境地に至ることを目標としているわけであるが、これはしばしば誤解されるような、外的なものの一切から自分を遮断して、「彫像のような無感覚」の状態を目指した人間味のない生を生きることではない。むしろどのような心像と遭遇しても自分をけっして見失うことのない意志の強さをもつことなのである。

エピクテトス批判

　現代の哲学者ハンナ・アーレントは、エピクテトスが語る意志を形容して「意志の全能」と呼んで、キリスト教の使徒パウロの「意志の無力」と好対照のものとして比較している（死後出版の『精神の生活　第二部　意志』*The Life of the Mind*, vol.2, Willing, 1978）。「救済はその人の意志や努力にはなく、むしろ神の哀れみにある。……神はみずからが意志する人はだれでも哀れみ、みずからが意志する人をかたくなにさせる」（『ローマ信徒への手紙』九・一六、一八〔アーレントの趣旨にしたがって訳出する〕）というパウロの言葉には、人間のもつ意志の絶対的な無力さを感じとることができるだろう。一方、エピクテトスの場合には、先に述べたように、意志の力はゼウスをも超えると言われていた。けれども、人の意志の力がどれほど強くても、圧倒的な力を前にすればどうなのか。エピクテトスが主張する意志の強さによる無制限の自由は、最後には自殺の可能性によって保障される。

家の中が煙っているのか。それほど煙っていなければ私は家にとどまるが、あまりひどかったら私は出ていくだろう。ドアが開いていることを忘れず、しっかりと心にとどめておかねばならない。

（『語録』第一巻第二五章18）

極限の状態に置かれたならば、あえて死を選ぶことによってみずからの意志を貫くことができる。こうした教説に対してラテン教父のアウグスティヌスは徹底的に反駁している。ストア派は幸福論をもって出発するが、現世における幸福を求めながらその根拠をみずからの死に求めるのは自己矛盾であり、「望むことが可能でないために、可能なものを望んでいるのだ」と言う(『三位一体論』第一三巻七・一〇)。近代においてはフランスの哲学者パスカルがこうしたエピクテトスの態度を「傲慢」(「パスカルのサシとの対話」)以外のなにものでもないと断罪したことは、上巻の解説でも触れた。

……エピクテトスはこれから申し上げるように、傲慢に陥っています。……精神は自分が誤りだと知っていることを信じるように強制されることはなく、意志は自分を不幸にすると知っているものを愛するように強制されることはないから、この二つの能力は自由なものであり、これらによってわれわれは自分を完全なものにすることができる。また、これらの能力によって、人間は神を完全に知り、愛し、したがい、その意にかない、自分のあらゆる悪徳を癒やされ、あらゆる徳を獲得し、かくして聖なる者にも神の友にもなりうる、と言うのです。これらの悪魔のように尊大な原則は、彼を別の誤りにも導きます。すなわち、魂は神の存在の一部であるとか、苦痛や死は悪ではないとか、迫害を受けて、神が自分を呼んでいると信じられるときは自殺してもよいとか、ほかにもまだあるのです。

（「パスカルのサシとの対話」）

パスカルはエピクテトスの傲慢さの例に自殺の容認を加えている。一般にストア派が自殺を認めたことはよく知られている。ショーペンハウアーは「ストア派の書いたものをみると、われわれは彼らが自殺を英雄的行為として賛美しているのを見出す」（「自殺について」『パレルガ・ウント・パラリポメナ』）と述べている。エピクテトスや一般にストア派が認めたとされる自殺とは、はたしてどのような意味のものなのか。

ドアが開いている

人がみずからの意志の対象となるものについては、いかなるものによっても妨げられることなく、気高く自由に行動しなければならない。しかし、圧倒的な力によってみずからの人格が失われるような場合にはどうすればよいのか。

例えば、女性が辱めを免れることができないような場合はどうか。ローマでは、セクストゥス・タルクィニウスの凌辱を受けた後自殺したルクレティアの例が――それは史実というよりは、伝説に近いものであったが――よく知られており（リウィウス『ローマ建国以来の歴史』第一巻五八）、これはアウグスティヌスを悩ませた問題でもあった（『神の国』第一巻一九）。自殺についてエピクテトスは、次のように述べている。

「自由のための唯一の手段は死ぬことである」〔ディオゲネスからの引用〕

（『語録』第四巻第一章30）

もし私がそれほどあわれな境遇にあれば、死ぬことは港になる。死はすべての人の港であり避難所である。

（『語録』第四巻第一〇章27）

自殺はこのような場合に、人が難を避け、逃れるべき避難所となる。けれども、エピクテトスが――一般にストア派もそうであるが――自殺を英雄的な行為として賞賛していると言うのはけっして正しくない。自殺の意味を考える場合には、むしろ次の箇所が重要である。

神が合図して、君たちをこの奉仕から解放してくれるとき、その時にこそ神のところへ立ち去るがいい。だが、現在のところは我慢して、神が君たちを配置したその場所に留まっているのがいいのだ。

（『語録』第一巻第九章16）

この言葉は、現在の境遇を嘆いて生から解放されることを望んだ人に対して語られたものであるが、明らかにエピクテトスは安易な自殺を支持していない。その意味では、エピクテトスよりも少し前に生きたセネカの場合も同様である。

私は苦痛のゆえに自分の身に手をかけることはしないだろう。そのような場合には死に負けているのである。しかし、私が永久に苦しまねばならないことが分かれば、この世から出ていくであろう。それは苦痛のせいではなく、私がそのために生きているいっさいのものにとって、そのことが妨げになるからである。

（『倫理書簡集』第六巻五八・三六）

セネカもまた、「出口は開いている。お前たちが戦いたくなければ逃げ出してもよい」(『摂理について』六・七)、あるいは「どんな屈辱的な状況にあっても、自由への道は開かれている」(『怒りについて』第三巻一五・三)と言っているが、安易な自殺を勧めているわけではない。では、どのような場合には許されるのか。

人　格

ストア哲学では、人間らしい生き方とは理性をそなえた人間として生きることである。それは人間としての尊厳を保持しつつ生きることにほかならない。「鬚(ひげ)を剃(そ)れ、さもなければ首を切ろう」と言われたら、首を切られるほうを選ぶと答えるのが、「人格」にかなった行為である(『語録』第一巻第二章27―30)。つまり、人間の尊厳や人格が失われるとき、自殺が認められるわけである。

人格と訳したギリシア語のプロソーポンは顔の意味であるが、仮面をも意味しうる。いわば内面の自己である。それは本来の人間性を指し、同じく仮面を意味するペルソーナ(persona)によってラテン語化されて、キケロなどを通じて後に近代の人格概念(personality）へと受け継がれる。基本的には人格の喪失が個人の存在意義の喪失を結果させることを意味するわけであるが、尊厳を失わないための手段とされる自殺は、今日的な意味よりも範囲が広いことが注意されてよいであろう。自殺が容認される場合の「正当な理由（causa justa）」（キケロ）あるいは「合理的な退出〔自殺〕（εὔλογος ἐξαγωγή）」（『未刊行資料集』*Anecdota Graeca*: e codd. manuscriptis Bibliothecae Regiae Parisiensis, ed. J. A. Cramer, IV 403）には、国や友人たちのために自分の命を犠牲にせねばならないときや、病気が治癒不可能と判断されたとき（いわゆる安楽死）なども含まれており、文字通りの自死ではない場合も含まれている。

さらに、ソクラテスやプラトンもこのような条件の下での自殺について、けっして否定的ではなかった。プラトンの『パイドン』では、ピュタゴラス派の説として自殺の禁止について言及されているが、その考えを紹介するソクラテスの発言は、必ずしも自殺の全面的な否定になっていないことに注意せねばならない。

> 現に今僕にあたえられているような運命の必然を神が下したまうまではみずからの命を絶ってはならないというのは、けっして理不尽なことではないのだ。

（『パイドン』六二C）

ここで言われる「運命の必然」とは、いうまでもなくソクラテスの刑死を指している。われわれは普通刑死を自殺とはみなさないが、当時のアテナイでは刑の執行は毒ニンジン（コーネイオン）をすり下ろしたものを死刑囚がみずから飲むという形態でおこなわれていたから、刑死はみずからの手で死ぬという意味では、広義の自殺とみなされていたわけである。このような「運命の必然」への言及は、プラトンの晩年の『法律』（第九巻八七三C）にもみられる。対話者のアテナイからの客人が、自殺者に対する刑罰を語っているが、自殺はここでも全面否定されず、裁判によって科された場合、逃れることのできない運命に見舞われた場合、救われる見込みのない、生きてもいられないほどの辱めを受けた場合などが挙げられており、これと怠惰や臆病から自分を死に追いやる場合とが区別されており、後者の場合にかぎって刑罰が科されると言われている。

このようにみると、ストア派の自殺に対する見解は、ソクラテス、プラトン以来のギリシア人の見解と特に異なるものではないことが分かるであろう。

傲慢な哲学者か？

ストア派によれば、正当な理由のある場合の自殺は、神意に背くものではない。むしろ神からあたえられた「合図」にしたがって、死を選ぶことを意味している。先に挙げた『語録』第四巻第一〇章27におけるエピクテトスの言葉は、その直前に書かれた言葉を読むことではじめてその真意を理解することができる。

「……あなたがあたえてくれたものに、私は感謝しています。こんなに長い間あなたのものを使用して、私は満足しています。それらをまた元に戻して、お好きな場所に置いてください。すべてはもともとあなたのものであり、あなたは私にそれらを下さったのですから」。このような気持ちでこの世から去ることで満足ではないか。そして、このような生よりも優れた、立派な生がほかにあるだろうか。どんな終わりがより幸福であろうか。

（『語録』第四巻第一〇章16―17）

エピクテトスの思考と行動を支えているのはつねに神であった。多神教の世界に生きたエピクテトスは「神」とも「神々」とも「ゼウス」とも呼んでいるが、その意味するものは同一である。神に絶対的に帰依するといっても過言ではないように、神にしたがって生きることであった。もとよりそれはアウグスティヌスやパスカルらのキリスト教の理念と同じであるわけではないが、異教哲学者の傲慢な思想と片づけてしまうのは、軽率の誹(そし)りを免れないであろう。このようなキリスト教哲学者たちの批判とは対照的に、上巻の解説でも紹介したように、真宗の僧侶、哲学者の清沢満之(まんし)がエピクテトスに心酔したと言われている。時代も異なり、宗教も異なるが、それにもかかわらずこの古代ローマの異教哲学者が語ったことは、清沢の心を深く捉えたわけである。それは彼が信奉するものと通底するものを見出したからではないかと思われる。

エピクテトスを読む楽しさ

エピクテトスが生きたのは、今から二〇〇〇年ほど前であるが、ニコポリスにあった彼の哲学学校に通う若者たちの願望は、現代のわれわれと本質的にはそれほど違っているわけではない。豊かな生活を願い、衣食が足りればさらに栄誉を得たいと思う。偶然的に起きる惨事によってわれわれの生命は脅(おびや)かされるから、人はいつでも病気や死の恐怖にさいなまれる。富や栄誉や地位を願望し、病気や死を忌避するのは、人間なら当然のことだと言えるだろう。

その中でわれわれの前にさまざまな心像が現れてくる。そんな時、エピクテトスは「ちょっと待て」とわれわれに語りかけてくる。その心像は善なのか、その心像は悪なのか。ストア哲学の知恵は、富も栄誉も地位も、さらに病気も死も、それ自体としては善でも悪でもないことを教えてくれる。むしろ、自分がそれらの心像に対してどのような態度をとるかで、善と悪が分かれてくるわけだ。われわれが幸福であるために、立ち止まって自分の考えをあらためて問い直してみる。エピクテトスが求めるのは、そのように自省する精神なのである。

参考文献

翻訳にあたって参照した文献を左に掲載する。今日の欧米圏におけるストア哲学やエピクテトスに関する研究はかなり充実しており、そうした研究から裨益されることが少なくなかったが、数があまりにも多いためすべて割愛した。本書の底本および訳注で参照した主要な文献については「凡例」を参照されたい。

〔注解・翻訳〕

Carter, E., *All the Works of Epictetus, Which Are Now Extant, Consisting of His Discourses, Preserved by Arrian, in Four Books, the Enchiridion, and Fragments*, London, 1758.

Higginson, T. W., *The Works of Epictetus, Consisting of His Discourses, in Four Books, the Enchiridion, and Fragments*, a new and revised edition, 2 vols., New York, 1890.

Long, G., *The Discourses of Epictetus, with the Encheiridion and Fragments*, translated, with notes, a life of Epictetus, and a view of his philosophy, London, 1890.

Matheson, P. E., *Epictetus, The Discourses and Manual: Together with Fragments of His Writings*, 2 vols., Oxford, 1916.

Billerbeck, M., *Epiktet, vom Kynismus*, Philosophia Antiqua 34, Leiden, 1978.

White, N., *The Handbook of Epictetus*, translated with introduction and annotations, Indianapolis, 1983.

Dobbin, R., *Epictetus, Discourses Book I*, translated with an introduction and commentary, Clarendon Later Ancient Philosophers, Oxford, 1998.

Boter, G. J., *The Encheiridion of Epictetus and Its Three Christian Adaptations*, Transmission and Critical Editions, Philosophia Antiqua 82, Leiden, 1999.

Seddon, K., *Epictetus' Handbook and the Tablet of Cebes, Guides to Stoic Living*, London, 2005.

Nickel, R. ed., *Epiktet, Anleitung zum glücklichen Leben, Encheiridion* (*Handbuch der Moral*), Griechisch–Deutsch, Sammlung Tusculum, Düsseldorf, 2006.

Dobbin, R., *Epictetus, Discourses; and Selected Writings,* Penguin Classics, London/New

York, 2008.
Hard, R., *Epictetus: Discourses, Fragments, Handbook*, a new translation, with an introduction and notes by C. Gill, Oxford World's Classics, Oxford, 2014.

［日本語訳］

ギリシア語原典から『語録』『要録』を全訳したものは、岩波文庫の鹿野治助訳しかなかった。

『エピクテートス　人生談義』全二冊、鹿野治助訳（岩波文庫、一九五八年）。

古い時代の翻訳には、稲葉昌丸訳（『エピクテタスの教訓』浩々洞、一九〇四年）、高橋五郎訳（『エピクテタス遺訓』玄黄社、一九一二年）、中島祐神訳（『我等は如何にして自己を救ふべき乎』早稲田大学出版部、一九二二年）、佐久間政一訳（『エピクテータス語録』文明書院、一九二三年）があるが、いずれも英語訳から重訳したものである。なかでは、中島訳が重訳ながら全訳であり優れている。

ギリシア語原典から訳したものでは抄訳であるが、原納一富訳（『精神の自由について』

養徳社、一九四九年）、鹿野治助訳（「語録」「要録」『世界の名著13』所収、中央公論社、一九六八年。中公クラシックス、中央公論新社、二〇一七年）、斎藤忍随訳（「エピクテートス語録（抄）」『世界人生論全集3』所収、筑摩書房、一九六四年）、長坂公一訳（「談話集」「言行録から」「手短かに」『世界文学大系63 ギリシア思想家集』所収、筑摩書房、一九六五年）、荻野弘之訳（『奴隷の哲学者エピクテトス　人生の授業』ダイヤモンド社、二〇一九年）がある。

翻訳にあたっては、内山勝利先生（京都大学名誉教授）からさまざまな助言を得た。また、実際の編集にあたっては岩波書店文庫編集部の小田野耕明氏にたいへんお世話になった。この場を借りて衷心より御礼申し上げます。

岩波文庫の最新刊

マックス・ウェーバー著／野口雅弘訳

支配について

I 官僚制・家産制・封建制

支配の諸構造を経済との関連で論じたテクスト群。『支配の社会学』として知られてきた部分を全集版より訳出。詳細な訳註や用語解説を付す。（全二冊）

〔白二一〇-一〕 定価一五七三円

網野善彦著

中世荘園の様相

動乱の時代、狭い谷あいに数百年続いた小さな荘園、若狭国太良荘。「名もしれぬ人々」が積み重ねた壮大な歴史を克明に描く、著者の研究の原点。（解説＝清水克行）

〔青N四〇二-一〕 定価一三五三円

J・L・ボルヘス作／内田兆史・鼓直訳

シェイクスピアの記憶

分身、夢、不死、記憶、神の遍在といったテーマが作品間で響き合う、巨匠ボルヘス最後の短篇集。精緻で広大、深遠で清澄な、磨きぬかれた四つの珠玉。

〔赤七九二-一〇〕 定価六九三円

ヘルダー著／嶋田洋一郎訳

人類歴史哲学考(二)

第二部の第六～九巻を収録。諸大陸の様々な気候帯と民族文化の関連を俯瞰し、人間に内在する有機的力を軸に、知性や幸福について論じる。（全五冊）

〔青N六〇八-二〕 定価一二七六円

……今月の重版再開……

有島武郎作

カインの末裔 クララの出家

定価五七二円

〔緑三六-四〕

プルタルコス著／柳沼重剛訳

似て非なる友について 他三篇

定価一〇七八円

〔青六六四-四〕

定価は消費税10％込です

2023.12

岩波文庫の最新刊

フロイト著／高田珠樹・新宮一成・須藤訓任・道籏泰三訳

精神分析入門講義（下）

精神分析の概要を語る代表的著作。下巻には第三部「神経症総論」を収録。分析療法の根底にある実践的思考を通じて、人間精神の新しい姿を伝える。（全二冊）〔青六四二-三〕 定価一四三〇円

イリイチ著／玉野井芳郎・栗原 彬訳

シャドウ・ワーク

家事などの人間にとって本来的な諸活動を無払いの労働〈シャドウ・ワーク〉へと変質させた、産業社会の矛盾を鋭く分析する。現代文明への挑戦と警告。〔白二三二-二〕 定価一二一〇円

ロゲルギスト著／松浦 壮編

精選 物理の散歩道

談論風発。議論好きな七人の物理仲間が発表した科学エッセイから名作を精選。旺盛な探究心、面白がりな好奇心あふれる一六篇を収録する。〔青九五六-一〕 定価一二一〇円

川村晃生・柏木由夫・伊倉史人校注

金葉和歌集

天治元年(一一二四)、白河院の院宣による五番目の勅撰和歌集。撰者は源俊頼。歌集の奏上は再度却下され、三度に及んで嘉納された。平安後期の変革時の歌集。改版。〔黄三〇-一〕 定価一四三〇円

……今月の重版再開……

南波 浩校注

紫式部集 —付 大弐三位集・藤原惟規集—

〔黄一五-八〕 定価八五八円

ベーコン著／桂 寿一訳

ノヴム・オルガヌム（新機関）

〔青六一七-二〕 定価一〇七八円

《東洋文学》〔赤〕

楚辞　小南一郎訳注
杜甫詩選　黒川洋一編
李白詩選　松浦友久編訳
唐詩選　全三冊　前野直彬注解
完訳 三国志　全八冊　小川環樹・金田純一郎訳
西遊記　全十冊　中野美代子訳
菜根譚　洪自誠　今井宇三郎訳注
阿Q正伝・狂人日記 他十二篇（吶喊）　魯迅　竹内好訳
魯迅評論集　竹内好編訳
歴史小品　郭沫若　平岡武夫訳
家　全二冊　巴金　飯塚朗訳
新編 中国名詩選　全三冊　川合康三編訳
唐宋伝奇集　全二冊　今村与志雄訳
聊斎志異　全二冊　蒲松齢　立間祥介編訳
李商隠詩選　川合康三選訳
白楽天詩選　全二冊　川合康三訳注
文選　全六冊　川合康三・富永一登・釜谷武志・和田英信・浅見洋二・緑川英樹訳注
曹操・曹丕・曹植詩文選　川合康三編訳
ケサル王物語 ―チベットの英雄叙事詩　アレクサンドラ・ダヴィッド＝ネール　アプル・ユンテン　富樫瓔子訳
バガヴァッド・ギーター　上村勝彦訳
ダライ・ラマ六世恋愛詩集　今枝由郎・海老原志穂編訳
朝鮮童謡選　金素雲訳編
朝鮮短篇小説選　全二冊　大村益夫・長璋吉・三枝壽勝編訳
尹東柱詩集 空と風と星と詩　金時鐘編訳
アイヌ神謡集　知里幸惠編訳
アイヌ民譚集 付 えぞおばけ列伝　知里真志保編訳
アイヌ叙事詩 ユーカラ　金田一京助採集並ニ訳

《ギリシア・ラテン文学》〔赤〕

ホメロス イリアス　全二冊　松平千秋訳
ホメロス オデュッセイア　全二冊　松平千秋訳
イソップ寓話集　中務哲郎訳
アイスキュロス アガメムノーン　久保正彰訳
アイスキュロス 縛られたプロメーテウス　呉茂一訳
アンティゴネー　ソポクレース　中務哲郎訳
ソポクレス オイディプス王　藤沢令夫訳
ソポクレス コロノスのオイディプス　高津春繁訳
バッカイ ―バッコスに憑かれた女たち　エウリーピデース　逸身喜一郎訳
ヘシオドス 神統記　廣川洋一訳
女の議会　アリストパネース　村川堅太郎訳
アポロドーロス ギリシア神話　高津春繁訳
ダフニスとクロエー　ロンゴス　松平千秋訳
ギリシア・ローマ抒情詩選 ―花冠　呉茂一訳
オウィディウス 変身物語　全二冊　中村善也訳
ギリシア・ローマ神話 付 インド・北欧神話　ブルフィンチ　野上弥生子訳
ギリシア・ローマ名言集　柳沼重剛編

論理哲学論考　ウィトゲンシュタイン　野矢茂樹訳
自由と社会的抑圧　シモーヌ・ヴェイユ　冨原眞弓訳
根をもつこと　全二冊　シモーヌ・ヴェイユ　冨原眞弓訳
重力と恩寵　シモーヌ・ヴェイユ　冨原眞弓訳
全体性と無限　全二冊　レヴィナス　熊野純彦訳
啓蒙の弁証法　―哲学的断想　M・ホルクハイマー　T・W・アドルノ　徳永恂訳
ヘーゲルからニーチェへ　―十九世紀思想における革命的断絶　全二冊　レーヴィット　三島憲一訳
統辞構造論　付『言語理論の論理構造』序論　チョムスキー　福井直樹　辻子美保子訳
統辞理論の諸相　方法論序説　チョムスキー　福井直樹　辻子美保子訳
快楽について　ロレンツォ・ヴァッラ　近藤恒一訳
古代懐疑主義入門　―判断保留の十の方式　J・アナス　J・バーンズ　金山弥平訳
ニーチェ　みずからの時代と闘う者　ルドルフ・シュタイナー　高橋巖訳
フランス革命期の公教育論　コンドルセ他　阪上孝編訳
フレーベル自伝　長田新訳
旧約聖書　創世記　関根正雄訳
旧約聖書　出エジプト記　関根正雄訳
旧約聖書　ヨブ記　関根正雄訳

旧約聖書　詩篇　関根正雄訳
新約聖書　福音書　塚本虎二訳
文語訳　新約聖書　詩篇付
文語訳　旧約聖書　全四冊
キリストにならいて　トマス・ア・ケンピス　大沢章　呉茂一訳
聖アウグスティヌス　告白　全二冊　服部英次郎訳
アウグスティヌス　神の国　全五冊　服部英次郎　藤本雄三訳
新訳　キリスト者の自由・聖書への序言　マルティン・ルター　石原謙訳
キリスト教と世界宗教　シュヴァイツェル　鈴木俊郎訳
水と原生林のはざまで　シュヴァイツェル　野村実訳
コーラン　全三冊　井筒俊彦訳
エックハルト説教集　田島照久編訳
ムハンマドのことば　ハディース　小杉泰編訳
新約聖書外典　ナグ・ハマディ文書抄　荒井献　大貫隆　小林稔　筒井賢治　編訳
後期資本主義における正統化の問題　ハーバーマス　山田正行・金慧訳
シンボルの哲学　―理性、祭礼、芸術のシンボル試論　S・K・ランガー　塚本明子訳

ジャック・ラカン　精神分析の四基本概念　全二冊　ジャック＝アラン・ミレール編　小出浩之　新宮一成　鈴木國文　小川豊昭訳
精神と自然　―生きた世界の認識論　グレゴリー・ベイトソン　佐藤良明訳
人間の知的能力に関する試論　全二冊　トマス・リード　戸田剛文訳
開かれた社会とその敵　全四冊　カール・ポパー　小河原誠訳

- プロレゴメナ　カント／篠田英雄訳
- 学者の使命・学者の本質　フィヒテ／宮崎洋三訳
- シュライエルマッハー 独白　木場深定訳
- ヘーゲル 政治論文集 全二冊　金子武蔵訳
- 哲学史序論 —哲学と哲学史　ヘーゲル／武市健人訳
- 歴史哲学講義 全二冊　ヘーゲル／長谷川宏訳
- 法の哲学 —自然法と国家学の要綱　ヘーゲル／上妻精・佐藤康邦・山田忠彰訳
- 学問論　シェリング／西川富雄・藤田正勝監訳
- 自殺について 他四篇　ショウペンハウエル／斎藤信治訳
- 読書について 他二篇　ショウペンハウエル／斎藤忍随訳
- 知性について 他四篇　ショーペンハウエル／細谷貞雄訳
- 不安の概念　キェルケゴール／斎藤信治訳
- 死に至る病　キェルケゴール／斎藤信治訳
- 体験と創作 全二冊　ディルタイ／柴田治三郎・小牧健夫訳
- 眠られぬ夜のために 全二冊　ヒルティ／草間平作・大和邦太郎訳
- 幸福論 全三冊　ヒルティ／草間平作・大和邦太郎訳
- 悲劇の誕生　ニーチェ／秋山英夫訳

- ツァラトゥストラはこう言った 全二冊　ニーチェ／氷上英廣訳
- 道徳の系譜　ニーチェ／木場深定訳
- 善悪の彼岸　ニーチェ／木場深定訳
- この人を見よ　ニーチェ／手塚富雄訳
- プラグマティズム　W・ジェイムズ／桝田啓三郎訳
- 宗教的経験の諸相 全二冊　W・ジェイムズ／桝田啓三郎訳
- 日常生活の精神病理　フロイト／高田珠樹訳
- 純粋現象学及現象学的哲学考案 全二冊　フッセル／池上鎌三訳
- デカルト的省察　フッサール／浜渦辰二訳
- 愛の断想・日々の断想　ジンメル／清水幾太郎訳
- ジンメル宗教論集　深澤英隆編訳
- 笑い　ベルクソン／林達夫訳
- 道徳と宗教の二源泉　ベルクソン／平山高次訳
- 時間と自由　ベルクソン／中村文郎訳
- ラッセル教育論　安藤貞雄訳
- ラッセル幸福論　安藤貞雄訳
- 存在と時間 全四冊　ハイデガー／熊野純彦訳

- 学校と社会　デューイ／宮原誠一訳
- 民主主義と教育 全二冊　デューイ／松野安男訳
- 我と汝・対話　マルティン・ブーバー／植田重雄訳
- アラン 幸福論　神谷幹夫訳
- アラン 定義集　神谷幹夫訳
- 天才の心理学　E・クレッチュマー／内村祐之訳
- 英語発達小史　H・ブラッドリ／寺澤芳雄訳
- 日本の弓術　オイゲン・ヘリゲル述／柴田治三郎訳
- ことばのロマンス —英語の語源　ウィークリー／寺澤芳雄・出淵博訳
- ヴィーコ 学問の方法　上村忠男・佐々木力訳
- 国家と神話 全二冊　カッシーラー／熊野純彦訳
- 天才・悪　ブレンターノ／篠田英雄訳
- 人間の頭脳活動の本質 他一篇　ディーツゲン／小松摂郎訳
- プラトン入門　R・S・ブラック／内山勝利訳
- 反啓蒙思想 他二篇　バーリン／松本礼二編
- マキアヴェッリの独創性 他三篇　バーリン／川出良枝編
- ロシア・インテリゲンツィヤの誕生 他五篇　バーリン／桑野隆編

《哲学・教育・宗教》〔青〕

ソクラテスの弁明・クリトン　プラトン　久保勉訳
ゴルギアス　プラトン　加来彰俊訳
饗宴　プラトン　久保勉訳
テアイテトス　プラトン　田中美知太郎訳
パイドロス　プラトン　藤沢令夫訳
メノン　プラトン　藤沢令夫訳
国家　全二冊　プラトン　藤沢令夫訳
プロタゴラス　―ソフィストたち　プラトン　藤沢令夫訳
パイドン　―魂の不死について　プラトン　岩田靖夫訳
アナバシス　―敵中横断六〇〇〇キロ　クセノポン　松平千秋訳
アリストテレス　ニコマコス倫理学　全二冊　高田三郎訳
アリストテレス　形而上学　全二冊　出隆訳
アリストテレス　弁論術　戸塚七郎訳
アリストテレース　詩学　ホラーティウス　詩論　松本仁助・岡道男訳
物の本質について　ルクレーティウス　樋口勝彦訳
エピクロス　―教説と手紙　出隆・岩崎允胤訳

生の短さについて　他二篇　セネカ　大西英文訳
怒りについて　他二篇　セネカ　兼利琢也訳
エピクテトス　人生談義　全二冊　國方栄二訳
人さまざま　テオプラストス　森進一訳
マルクス・アウレーリウス　自省録　神谷美恵子訳
老年について　キケロー　中務哲郎訳
弁論家について　全二冊　キケロー　大西英文訳
キケロー書簡集　高橋宏幸編
平和の訴え　エラスムス　箕輪三郎訳
方法序説　デカルト　谷川多佳子訳
哲学原理　デカルト　桂寿一訳
情念論　デカルト　谷川多佳子訳
パンセ　全三冊　パスカル　塩川徹也訳
スピノザ　神学・政治論　全二冊　畠中尚志訳
知性改善論　スピノザ　畠中尚志訳
スピノザ　エチカ（倫理学）　全二冊　畠中尚志訳
スピノザ　国家論　畠中尚志訳

スピノザ往復書簡集　畠中尚志訳
デカルトの哲学原理　―附 形而上学的思想　スピノザ　畠中尚志訳
スピノザ　神・人間及び人間の幸福に関する短論文　畠中尚志訳
モナドロジー　他二篇　ライプニッツ　谷川多佳子・岡部英男訳
市民の国について　全二冊　ヒューム　小松茂夫訳
自然宗教をめぐる対話　ヒューム　犬塚元訳
エミール　全三冊　ルソー　今野一雄訳
人間不平等起原論　ルソー　本田喜代治・平岡昇訳
ルソー　社会契約論　桑原武夫・前川貞次郎訳
言語起源論　旋律と音楽的模倣について　ルソー　増田真訳
ディドロ　絵画について　佐々木健一訳
道徳形而上学原論　カント　篠田英雄訳
啓蒙とは何か　他四篇　カント　篠田英雄訳
純粋理性批判　全三冊　カント　篠田英雄訳
カント　実践理性批判　波多野精一・宮本和吉・篠田英雄訳
判断力批判　全二冊　カント　篠田英雄訳
永遠平和のために　カント　宇都宮芳明訳

読書子に寄す

──岩波文庫発刊に際して──

岩波茂雄

真理は万人によって求められることを自ら欲し、芸術は万人によって愛されることを自ら望む。かつては民を愚昧ならしめるために学芸が最も狭き堂宇に閉鎖されたことがあった。今や知識と美とを特権階級の独占より奪い返すことはつねに進取的なる民衆の切実なる要求である。岩波文庫はこの要求に応じそれに励まされて生まれた。それは生命ある不朽の書を少数者の書斎と研究室とより解放して街頭にくまなく立たしめ民衆に伍せしめるであろう。近時大量生産予約出版の流行を見る。その広告宣伝の狂態はしばらくおくも、後代にのこすと誇称する全集がその編集に万全の用意をなしたるか。千古の典籍の翻訳企図に敬虔の態度を欠かざりしか。さらに分売を許さず読者を繫縛して数十冊を強うるがごとき、はたしてその揚言する学芸解放のゆえんなりや。吾人は天下の名士の声に和してこれを推挙するに躊躇するものである。このときにあたって、岩波書店は自己の責務のいよいよ重大なるを思い、従来の方針の徹底を期するため、すでに十数年以前より志して来た計画を慎重審議この際断然実行することにした。吾人は範をかのレクラム文庫にとり、古今東西にわたって文芸・哲学・社会科学・自然科学等種類のいかんを問わず、いやしくも万人の必読すべき真に古典的価値ある書をきわめて簡易なる形式において逐次刊行し、あらゆる人間に須要なる生活向上の資料、生活批判の原理を提供せんと欲する。この文庫は予約出版の方法を排したるがゆえに、読者は自己の欲する時に自己の欲する書物を各個に自由に選択することができる。携帯に便にして価格の低きを最主とするがゆえに、外観を顧みざるも内容に至っては厳選最も力を尽くし、従来の岩波出版物の特色をますます発揮せしめようとする。この計画たるや世間の一時の投機的なるものと異なり、永遠の事業として吾人は微力を傾倒し、あらゆる犠牲を忍んで今後永久に継続発展せしめ、もって文庫の使命を遺憾なく果たさしめることを期する。芸術を愛し知識を求むる士の自ら進んでこの挙に参加し、希望と忠言とを寄せられることは吾人の熱望するところである。その性質上経済的には最も困難多きこの事業にあえて当たらんとする吾人の志を諒として、その達成のため世の読書子とのうるわしき共同を期待する。

昭和二年七月

エピクテトス 人生談義（下）〔全2冊〕

2021年2月16日　第1刷発行
2023年12月25日　第5刷発行

訳　者　國方栄二

発行者　坂本政謙

発行所　株式会社 岩波書店
〒101-8002 東京都千代田区一ツ橋2-5-5

案内 03-5210-4000　営業部 03-5210-4111
文庫編集部 03-5210-4051
https://www.iwanami.co.jp/

印刷 製本・法令印刷　カバー・精興社

ISBN 978-4-00-336084-2　Printed in Japan

人名索引

（神話における登場人物も含める）

ア　行

マ　行

ラ　行

事項索引

(エピクテトスの哲学を理解するうえで
重要と思われる箇所のみを挙げる)

ア　行

カ　行

サ　行

タ　行

ハ　行

マ　行

ヤ　行

ラ　行

ワ 行